国家示范性高等职业院校重点建设专业教材

桥梁下部构造施工

Qiaoliang Xiabu Gouzao Shigong

主　编　汪迎红
副主编　张伟华
主　审　梅世龙

人民交通出版社

内 容 提 要

本书是国家示范性高等职业院校重点建设专业教材。本书以企业调研为基础，确定工作任务，明确课程目标，制订课程设计的标准；以培养学生桥梁施工能力为主线。全书共设置了四个学习情境，分别为：认知常用桥梁墩、台和基础构造，施工前的准备工作，下部构造施工，桥梁下部构造施工综合实训。各学习情境末附有复习题。

本书为高等职业院校道路桥梁工程技术专业教学用书，也可供路桥类工程相关技术人员参考。

图书在版编目（CIP）数据

桥梁下部构造施工／汪迎红主编. —北京：人民交通出版社，2010.11

ISBN 978-7-114-08583-3

Ⅰ.①桥… Ⅱ.①汪… Ⅲ.①桥梁结构：下部结构－工程施工－高等学校：技术学校－教材 Ⅳ.①U443②U445

中国版本图书馆 CIP 数据核字（2010）第 152138 号

国家示范性高等职业院校重点建设专业教材

书　　名：**桥梁下部构造施工**
著 作 者：汪迎红
责任编辑：黎小东
出版发行：人民交通出版社
地　　址：(100011) 北京市朝阳区安定门外外馆斜街 3 号
网　　址：http://www.ccpress.com.cn
销售电话：(010) 59757973
总 经 销：人民交通出版社发行部
经　　销：各地新华书店
印　　刷：北京鑫正大印刷有限公司
开　　本：787 × 1092　1/16
印　　张：9.75
字　　数：232 千
版　　次：2010 年 11 月　第 1 版
印　　次：2015 年 1 月　第 3 次印刷
书　　号：ISBN 978-7-114-08583-3
定　　价：23.00 元

贵州交通职业技术学院教材编写委员会

序

《教育部关于全面提高高等职业教育教学质量的若干意见》(教高[2006]16号)明确指出:“高等职业教育作为高等教育发展中的一个类型,肩负着培养面向生产、建设、服务和管理第一线需要的高技能人才的使命”。探索类型发展道路、构建高技能人才培养模式、开发特色教学资源,是高职院校的历史责任。

2007年,贵州交通职业技术学院被列为国家示范性高等职业院校建设单位。国家示范性院校建设的核心是专业建设,而课程和教材又是专业建设的重要内容之一。如何通过课程的建构来推动人才培养模式的改革和创新?教材编写工作又如何与学校人才培养模式和课程体系改革相结合?如何实现课程内容适合高素质技能型人才的培养?这均是学院示范性建设中的重要命题。

令人欣慰的是学院教师历经3年的不断探索和实践,为学院示范建设作出了功不可没的成绩。其中教材建设就是部分成果的体现,也是全体专业教师、一线工程技术人员共同的智慧结晶和劳动成果。在这些教材中,既有工学结合的核心课程教材,也有专业基础课程教材。无论是哪种类型的教材,在编写中,学院都强调对教材内容的改革与创新,强调示范性院校专业建设成果在教材中的固化,强调教材为高素质技能型人才培养服务,强调教材的职业适应性。因为新教材的使用,必须根植于教学改革的成果之上,反过来又促进教学改革目标的实现,推进高职教育人才培养模式改革。

本教材与传统教材相比有如下三个方面的特点:

第一,该教材由原来传统知识体系的章节结构形式,改为工作过程的项目、模块结构形式;教材中的项目来源于岗位工作任务分析确定的工作项目所设计的教学项目,教材中的模块来源于完成工作项目的工作过程。

第二,教材的内容不再依据相关学科的理论知识体系,而来源于相应岗位的工作内容。教学内容的选取依据完成岗位工作任务对知识和技能的要求,建立在行业专家对相应岗位工作任务分析结果和专业教师深入行业进行岗位调研结果的基础上。注重学生实践训练、培养学生完成工作的能力。

第三,教材不再停留在对课程内容的直接描述,而是十分注重对教学过程的设计,注重学生对教学过程的参与。在教材的各个项目之前,一般都提出了该项目应该完成的工作任务,该任务可能是学习性的工作任务,也可能是真实的工作任务。

在这些教材的编写过程中，也倾注了相关企业有关专家的大量心血和辛勤劳动，在此谨向他们表示衷心的感谢！由于开发时间短，教学检验尚不充分，错误和不当之处难免，敬请专家、同行指教。

贵州交通职业技术学院教材编写委员会

2009.11.20

前　言

“桥梁下部构造施工”是高职道路桥梁工程技术专业的核心课程。通过本课程的学习，使学生能够在掌握桥梁下部构造施工的基本知识、实践技能的基础上，结合施工执业资格证书的相关要求，科学地总结当前桥梁施工新工艺、新技术，培养学生桥梁施工和组织能力，以及运用国家现行施工规范、规程、标准的能力，促进学生处理实际桥梁工程问题能力的提高。编者与企业（贵州高速公路开发总公司、贵州省桥梁总公司、贵阳公路桥梁工程有限公司、贵州省公路集团总公司）合作，共同编写了本教材。

本教材以企业调研为基础，基于桥梁下部构造施工过程的系统化设计原则，以培养桥梁下部构造施工能力为主线，对道路桥梁工程技术专业所涵盖的岗位群进行任务和职业能力分析，确定桥梁下部构造施工的工作任务，明确培养学生桥梁下部构造施工能力的目标。

本教材由汪迎红任主编，张伟华任副主编；贵州高速公路开发总公司梅世龙研究员担任主审。具体编写分工情况如下：学习情境 1、学习情境 2 由贵州交通职业技术学院汪迎红编写，学习情境 3 由贵州交通职业技术学院周敏编写，学习情境 4 由贵州交通职业技术学院张伟华编写。

本教材在编写过程中，得到了贵州高速公路开发总公司梅世龙研究员和贵阳公路桥梁工程有限公司周华工程师的指导和帮助；附于书末主要参考文献的作者们对本书完成给予了支持，在此一并致以诚挚的谢意！

由于编者的水平有限，加上时间紧迫，书中疏漏之处在所难免，敬请使用本书的教师和学生对书中的不妥和误漏之处予以批评指正。

编　者

2010 年 10 月

目　　录

引　言

一、桥梁下部构造施工技术在桥梁工程中的地位和作用

一座桥梁的建设，一般要经过规划、工程可行性研究、勘测和施工等几个阶段。施工是具体体现桥梁设计思想和设计意图的一个过程。其最终目的是要建造一个既满足营运要求，又能作为一种空间艺术结构存在于社会之中的工程实体，而桥梁下部构造施工技术无论在设计还是在施工阶段，都起着举足轻重的作用。在科学技术高速发展的今天，对于某些桥梁结构而言，虽然在结构理论的分析和计算上都已不存在任何障碍，但桥梁设计者的设计意图能否真正得以实现，仍是一个有悬念的问题。另一方面，桥梁下部构造施工技术的发展，为实现桥梁设计意图提供了灵活多样的方法，也为增大桥梁跨度、改善桥梁体形以及应用新材料提供了充分的条件。建造桥梁下部结构所采用的施工方法不同，在施工阶段结构内力变化也不一样。在施工阶段，结构的这种内力变化反过来又对整个桥梁设计提出了新的要求。设计与施工的完美结合，必须要有与之适应的施工技术来保证，两者相互依存、相互促进，从而推动桥梁施工建设事业不断向前发展。

二、桥梁下部构造施工技术与施工组织的关系

桥梁下部构造施工过程是一项较大的系统工程，涉及大量的人力、资金、材料和机具设备。施工组织的任务，是根据桥梁下部构造施工的产品生产的技术经济特点，以及国家基本建设方针和各项具体的技术政策，提供下部结构的施工准备工作内容，对人力、资金、材料、机械和施工方法等进行科学合理的安排，协调各施工单位、各工程资源与时间之间的关系，实现工程建设规划和设计的要求。在整个桥梁下部构造施工过程中，施工单位应按照客观的技术、经济规律，作出科学合理的安排，使工程施工取得相对最优的效果。由此可见，桥梁下部构造施工技术与施工组织的关系应是相辅相成的，单纯强调技术的重要性而忽视组织管理的作用，以及仅注重组织管理而不重视技术，都是不适宜的。

三、桥梁下部构造施工技术与机械设备的关系

随着社会经济的发展和工业制造水平的提高，在现代化的桥梁下部构造施工过程中，已普遍、大量地使用各种机械设备，特别是一些特大型、大型桥梁下部构造施工过程中，采用专用设备代替以往的手工操作，极大地提高了工作效率，缩短了工期。因此，先进的桥梁下部构造施工过程，还应有先进的机械设备作为保证手段，否则再先进的技术也无法得以实现。实际上，一些大跨深水及结构形式较特殊的桥梁，在确定施工方法时往往是以相配套的机械设备为依据的，即桥梁下部构造施工方法的确定有时要取决于机械设备。换句话说，采用何种机械设备也就决定了其桥梁下部构造的施工方法。先进机械设备的大量使用，使得各种类型的桥梁下部构造施工、桥梁下部构造施工方法和施工手段更加丰富，可供选择的桥梁下部构造施工方案也更加多样化，由此推动了先进桥梁下部构造施工技术的发展。另一方面，在先进桥梁下部构造施工技术发展的同时，又促进了机械制造工业水平的不断提高。

四、桥梁下部构造施工技术与桥梁工程造价的关系

桥梁下部结构,特别是大型桥梁下部结构工程的建造,其投资是巨大的。根据桥梁下部结构工程在规划、工程可行性研究、勘测设计、征地拆迁、施工等阶段的资金分配情况来看,施工费用一般要占工程费用很大比例,因此,在采取节约材料、提高机械设备的利用率等措施外,一条重要途径是在桥梁下部构造施工中应用新技术、新工艺来改善施工条件,以达到降低工程成本、节省投资的目的。合理地采用先进的施工技术,对于降低工程造价的作用是显而易见的。即使是同一项工程,所采用的施工方法不同,其所需费用也必然不同。科学合理的先进桥梁下部构造施工方法,既能保证工程的质量和进度,也能使桥梁下部构造施工费用处于最合理的水平。反之,不合理的、落后的施工技术不仅无法保证施工质量和施工进度,而且还会造成极大的浪费,导致工程成本提高。因此,施工的组织管理者和工程技术人员都必须高度重视桥梁下部构造施工技术的合理应用;在制订桥梁下部构造施工方案、确定施工方法和施工工艺以及选择机械或设备时,要使施工技术更好地服务于工程建设,减少不必要的浪费,以提高经济效益。

学习情境1　认知常用桥梁墩、台和基础构造

工作任务1.1　桥墩、桥台的定义、主要类型和适用情况

学习目标

1. 叙述桥墩、桥台的定义、主要类型和适用情况；
2. 掌握桥墩、桥台和基础的内容。

任务描述

利用某在建公路桥梁设计文件、多媒体教学资源和教师的讲解，使同学们能掌握桥墩、桥台的定义、主要类型和适用情况。

学习引导

本学习任务沿着以下脉络进行学习：

第一步　结合课件，教师讲解相关知识；

第二步　展示某在建公路桥梁设计文件；

第三步　掌握桥墩、桥台的定义、构造、主要类型和适用情况。

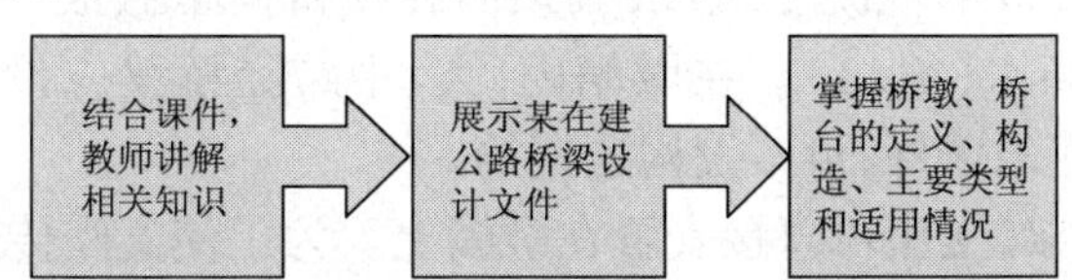

桥墩(pier)是指在两孔和两孔以上的桥梁中除两端与路堤衔接的桥台外其余的中间支承结构。桥墩是桥梁的重要组成部分，它决定着桥跨结构在平面上和高程上的位置，并将荷载传递给地基。梁式桥桥墩主要分为五大类：重力式实体桥墩，钢筋混凝土薄壁墩，V形桥墩和Y形桥墩，柱式桥墩和桩柱式桥墩，柔性排架桩墩。拱桥桥墩主要分为三大类：重力式实体桥墩，柱式桥墩和桩柱式桥墩，单向推力墩。

桥台(abutment)是指位于桥梁两端并与路基相连接的支承上部结构和承受桥头填土侧压力的构造物。它起着支承上部结构和连接两岸道路、挡住桥台背后填土的作用。桥台具有多种形式，主要分为重力式桥台、轻型桥台、框架式桥台、组合式桥台等。

桥台的常用高度不超过10m，少数高达20m左右。一般以桥头路基填土高度确定桥台的高度。桥梁全长在满足桥孔排洪或桥下交通要求的前提下，可在桥头修筑高桥台、高路堤，也可用引桥取代高路堤，延长桥梁长度，这主要取决于桥位附近地形、地质、土石方调配、合理使用土地及环境美化等方面的条件。

墩台的造价通常在桥梁总造价中占有很大的比例。同时，墩台的修建，在很多情况下较之

建造桥跨结构更为复杂和艰巨。

一、桥墩构造

（一）梁桥桥墩构造

1. 重力式桥墩

重力式桥墩的主要特点是靠自身重力（包括桥跨结构重力）来平衡外力（偏心力矩）和保证桥墩的稳定（抗倾覆稳定和抗滑稳定）。因此，圬工体积较大，阻水面积大并对地基承载力的要求高。墩身多做成实体式的，可以不用钢筋，而用天然石材或片石混凝土砌筑，如图 1-1 所示。

图 1-1　重力式桥墩

重力式桥墩由墩帽、墩身和基础三部分组成。

墩帽一般用不低于 C20 的混凝土筑成，其顶面在横桥向常做成一定的排水坡，四周应挑出墩身约 5 ~ 10cm 作为滴水（檐口）。在墩帽内，大、中跨径桥梁应设置构造钢筋；小跨径桥梁，当桥宽较窄时，除严寒地区外，可不设构造钢筋。

对于中、小跨径的桥梁，支座可直接安置在墩帽上。为了使支座传来的压力均匀分布到墩顶上，可在支座下设置 1 ~ 2 层钢筋网。钢筋网的尺寸为支座的两倍，钢筋直径一般为 8 ~ 12mm。网格间距为 7 ~ 10cm。

对于大跨径的桥梁，需在墩顶上设置钢筋混凝土支承垫石，支座放在支承垫石上。支承垫石的平面尺寸要根据支座大小、支座传来的荷载大小和支承垫石下墩顶混凝土强度而定，一般要求支座边缘距支承垫石边缘的距离不小于 15 ~ 20cm，支承垫石的厚度一般为其长度的1/3 ~ 1/2。

墩身的平面形状，在河中可以做成圆端形或尖端形，无水岸墩或高架桥也可做成矩形，在水流与桥梁斜交时，可做成圆形。墩身可用浆砌块石或混凝土筑成。

设在天然地基上的桥墩基础一般采用 C15 以上的混凝土或 M5 砂浆砌片石（或块石）筑成。基础平面尺寸应较墩身底面尺寸略大。在竖向，基础可以做成单层式或 2 ~ 3 层台阶式。

重力式桥墩的优点是承载能力大，缺点是圬工数量多，重力大，适用于荷载较大或河流中流冰和漂浮物较多的桥梁。

2. 钢筋混凝土薄壁桥墩

钢筋混凝土薄壁墩又可分为单肢薄壁墩和双肢薄壁墩两种形式。前者墩身重量较轻，可节约圬工材料，适用于地质条件较差时的简支梁桥上；后者适用于墩梁固结的连续刚构桥上，如图 1-2 所示。

由于重力式桥墩重力大，当地基土质条件较差时，为了减轻地基的应力，可考虑采用钢筋混凝土薄壁桥墩。其墩身厚度约为墩高的 1/15 ~ 1/10（一般为 30 ~ 50cm）。圬工数量比重力式桥墩节省 70% 左右，但需耗用较多的钢筋。

图 1-2　钢筋混凝土薄壁桥墩

3. V 形桥墩和 Y 形桥墩

大跨径桥梁，当上部结构为连续梁时，为了缩短两桥墩的跨径，桥墩结构可采用顶部分开、底部连在一起的 V 形桥墩和顶部分开、底部与直立桥墩连在一起的 Y 形桥墩（图 1-3）。由于这种桥墩能缩短上部结构的跨径，所以上部结构所产生的弯矩比用其他形式的桥墩减小很多。V 形桥墩的高度一般都设计成等高，墩底可以是固结的，也可以是铰接的。Y 形桥墩的高度可以不同，但斜臂顶至底的距离应保持不变，这样可以使所有的斜臂都具有统一的体形。

图 1-3　Y 形桥墩

V 形和 Y 形桥墩具有优美的外形，它能增加上部结构的跨径，减少桥墩数目，但施工比较复杂，需设置临时墩和用钢脚手架来支承斜臂的重力。

4. 柱式桥墩和桩柱式桥墩

柱式桥墩和桩柱式桥墩是用能承受弯矩的盖梁来代替实体式桥墩上的墩帽，当采用桩基础时，还须在桩顶设置承台或横系梁，使各桩共同受力，并通过它使柱与桩相连。

柱式桥墩(图1-4)和桩柱式桥墩是公路桥梁采用较多的桥墩形式之一,它能减小墩身重力,节约圬工材料,外形又较美观。

图1-4 柱式桥墩

桩柱式桥墩一般分为两部分,在地面以上(或柱桩连接处以上)称为柱,在地面以下称为桩。桩柱式桥墩有:单柱式桩墩,适用于斜交桥;等截面双柱式桩墩,桩位施工的精度要求高。图1-4为等截面双柱式桩墩。为了增加桩柱的横向刚度,在桩柱之间设置横系梁。桩柱式桥墩施工方便,特别是采用钻孔灌注桩时,钻孔直径较大,墩身的刚度也比较大,桩内钢筋用量不多。

5. 柔性排架桩墩

钢筋混凝土柔性排架桩墩是由成排的钢筋混凝土桩与钢筋混凝土盖梁连接组成,如图1-5所示。

图1-5 钢筋混凝土柔性排架桩墩

钢筋混凝土柔性排架桩墩适用于跨径小于13m的桥梁。对于漂浮物严重和流速较大的河流,由于桩墩容易磨耗,则不宜采用。

柔性排架桩墩可分为单排架墩和双排架墩。单排架桩墩高不超过4~5m。当桩墩高度大于5m时,为了避免行车可能发生的纵向晃动,宜设置双排架墩。桩一般是采用预制的钢筋混凝土方桩，其截面为 25 ~ 40 cm 的矩形。

6. 轻型桥墩

小跨径的钢筋混凝土板桥，一般采用石砌或混凝土轻型桥墩较为经济，如图 1-6 所示。

图 1-6　轻型桥墩

墩帽用混凝土浇筑，厚度不小于 30cm。墩帽四周挑檐宽度为 5cm，周边做成 5cm 削角。当桥面的横向排水不用三角垫层调整时，可在墩帽顶面以中心向两端加做三角垫层。墩帽上要预埋栓钉，位置与上部结构块件的栓孔相适应。

墩身用混凝土或浆砌块石做成，宽度不小于 60cm，两边坡度为直立，两头做成圆墩形。

基础采用 C15 混凝土或 M5 浆砌片石（或块石）做成，平面尺寸较墩身底面尺寸略大（一般大于 20cm）。基础多做成单层式的，其高度在 100cm 左右。

（二）拱桥桥墩构造

1. 重力式桥墩

拱桥重力式桥墩，其形式基本上与梁桥重力式桥墩相仿，如图 1-7 所示。因为承受较大的水平推力，所以，拱桥重力式桥墩的宽度尺寸比梁桥大。同时，墩帽顶部做成斜坡。

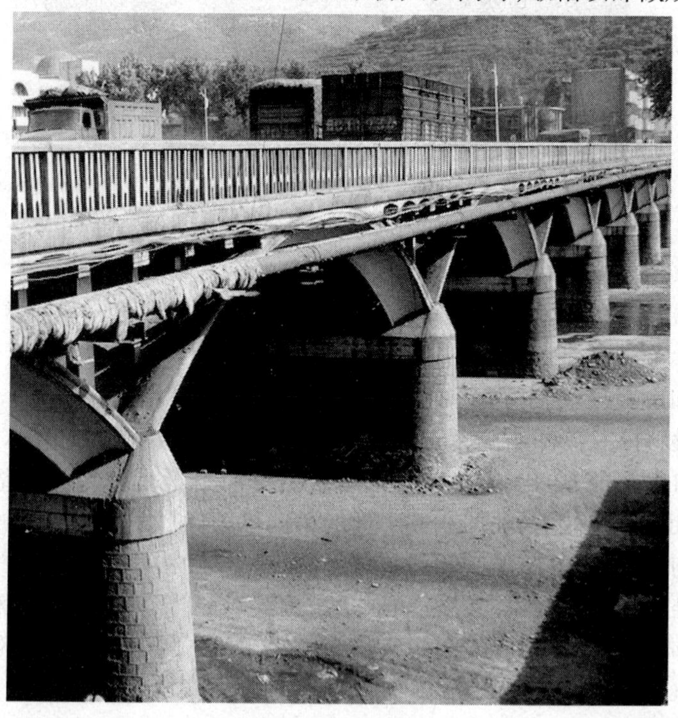

图 1-7　重力式桥墩

墩帽可用浆砌块石(或料石)做成(对应于石拱桥)或用混凝土做成(对应于混凝土或钢筋混凝土拱桥)。拱桥墩身体积较大,除了用块石砌筑外,也有用片石混凝土浇筑。有时为了节省圬工砌体,可将墩身做成空心,中间填以砂石。

拱桥桥墩基础与梁桥相同。

2. 柱式桥墩和桩柱式桥墩

拱桥的柱式桥墩(图1-8)和桩柱式桥墩与梁桥相同。由于会承受较大的水平推力,柱和桩的直径比梁桥大,根数也比梁桥多。当跨径较大(40~50m)时,可以采用双排桩。拱座(盖梁)采用钢筋混凝土,构造与重力式桥墩拱座基本相同。

图1-8 柱式桥墩

3. 单向推力墩

多跨拱桥根据施工和使用要求,每隔3~5孔设置单向推力墩。目前常用的单向推力墩有以下几种形式。

1)普通柱墩加设斜撑及拉杆的单向推力墩

普通柱墩加设斜撑及拉杆的单向推力墩是在普通墩柱上对称增设一对钢筋混凝土斜撑,以提高其抵抗单向水平推力的能力。接头只承受压力而不承受拉力。在基础埋置深度不大,地基条件较好时,也可把桥墩基础加宽成⊥形的单向推力墩。

2)悬臂式单向推力墩

悬臂式单向推力墩是在桥墩的顺桥向双向挑出悬臂。当邻孔遭到破坏后,由于悬臂端的存在,使拱支座竖向反力通过悬臂端而成为稳定力矩,保证了单向推力墩不致遭到损坏。

3)实体单向推力墩

当桥墩较矮及单向推力不大时,只需加大实体墩身的尺寸,做成实体单向推力墩即可。

二、桥台构造

(一)梁桥桥台构造

1. 重力式U形桥台

重力式U形桥台由台帽、台身(前墙和侧墙)和基础三部分组成,如图1-9所示。前墙除承受上部结构传来的荷载外,还承受路堤的水平压力。前墙顶部设置台帽,以放置支座和安设上部构造,其构造要求与墩帽基本相同。台顶部分用防护墙(雉墙)将台帽与填土隔开,侧墙用以连接路堤并抵挡路堤填土向两侧的压力。侧墙长度可根据锥形护坡长度决定,侧墙后端应伸入路堤锥坡内75cm,以防填土松坍。尾端上部做成垂直形式,下部按一定坡度缩短,前端与前墙相连,改善了前墙的受力条件。桥台前墙的下缘一般与锥坡下缘相齐。两个侧墙间应填以渗透性较好的土。为了排除桥台前墙后面的积水,应于侧墙间略高于高水位的平面上铺一层向路堤方向设有斜坡的夯实黏土作为防水层,并在黏土层上再铺一层碎石,将积水引向设于桥台后横穿路堤的盲沟内。

图1-9　重力式U形桥台

桥台两侧设有锥形护坡,锥形的坡度一般由纵向(顺路堤方向)为1:1逐渐变至横向为1:1.5,以便和路堤边坡一致。锥坡的平向形状为1/4的椭圆,锥坡用土夯筑而成,其表面用片石砌筑。对于侧墙,其构造虽然简单,但圬工数量大,并由于自身重力而增加对地基的压力,因此,一般宜在填土高度和跨径不大的桥梁中采用。U形桥台构造简单,但台身较高时工程量较大,一般用于桥梁跨度较小的低矮桥台。

2. 钢筋混凝土薄壁桥台

钢筋混凝土薄壁桥台是由扶壁式挡土墙和两侧的薄壁侧墙所构成。挡土墙由厚度不小于15cm(一般为15~30cm)的前墙和每隔2.5~3.5m设置的扶壁所组成。台顶由竖直小墙和支于扶壁上的水平板构成承梁部分,以支承桥跨。侧墙由两个边扶壁构成,在边扶壁上建有钢筋混凝土耳墙。这种桥台比重力式U形桥台可减少圬工体积40%~50%,同时还因自身重力小而减小对地基的压力。但其构造复杂,钢筋用量也比较多,适用于在软土地基上建造的桥梁。

3. 重力式埋置桥台

当路堤填土高度超过6～8m时,可采用重力式埋置桥台(图1-10)。它是将台身埋在锥形护坡中,只露出台帽,以安放支座和上部结构。由于台身埋入土中,利用台前锥坡产生的土压力来抵消台后的主动土压力,可以增加桥台的稳定性,桥台的尺寸也相应减小。但重力式埋置桥台的锥坡挡水面积大,对桥孔下的过水面积有所压缩。

图1-10 重力式埋置桥台

重力式埋置桥台台顶部分的内角到路堤锥坡表面的距离不应小于50cm,否则应在台顶缺口的两侧设置横隔板,使台顶部分与路堤锥坡的填土隔开,防止土壅到支承平台上。桥台通过耳墙与路堤衔接,耳墙伸进路堤的长度一般不小于50cm。

重力式埋置桥台的台身可用混凝土、片石混凝土或浆砌块石筑成,耳墙用钢筋混凝土做成。台身常做成向后倾斜,这样可减小台后土压力和基底合力偏心距。但施工时应注意桥台前后均匀填土,以防倾倒。重力式埋置桥台将台身埋在锥形护坡中,利用台前锥坡产生的土压力来抵消台后的主动土压力,可以增加桥台的稳定性,桥台的尺寸也相应减小。

除了重力式埋置桥台外,还有立柱式埋置桥台、框架式埋置桥台和桩式埋置桥台。这些桥台均较重力式桥台轻巧,能节约大量圬工。

在高等级公路中,对于桩式埋置桥台,当桩的下沉量很小、路基下沉量较大而引起桥头跳车时,需设置桥头搭板。埋置式桥台因台身埋置于锥体填土中而得名。它具有台身短、工程量省的优点。但锥体填土伸出桥台前缘,侵占桥孔过水面积,因而桥台易受水流冲刷毁坏。埋置式桥台因台身短、重量小、台后填土高、土压大,为抵挡台后土压力,一般均做成台身后仰的形式,因此,也称为后伸式埋置桥台。这种桥台适用于桥梁跨度较大和填土较高的桥台。耳墙式桥台的外形相当于割去台尾下部的U形桥台。这种桥台较U形桥台具有工程量少的优点,但其构造较复杂,钢筋混凝土耳墙施工也较困难,因而应用尚不普遍。

4. 轻型桥台

轻型桥台用于跨径不大于13m的板(梁)桥,且不宜多于3孔,全长不大于20m。台帽用混凝土浇筑,厚度不小于30cm。当填土高度较高或跨径较大时,宜采用有台背的台帽。当上部构造不设三角垫层时,可在台帽上做成有斜坡的三角垫层。台身用混凝土浇筑或块石砌筑,宽度不小于60cm,两边坡度为直立。两边翼墙与桥台连成整体,成为一字形桥台;也有把翼墙与桥台设缝分离,翼墙与水流方向成30°夹角,成为八字形桥台。为了节约圬工数量,也可在边柱上设置耳墙。为了增加桥台抵抗水平推力的抗弯刚度,也可将台身做成T形截面。八字翼墙的顶面宽度,混凝土不宜小于30cm,块石砌筑不宜小于50cm,端部顶面应高出地面20cm。

轻型桥台基础按支承于弹性地基上的梁进行验算,一般用混凝土浇筑。当其长度大于12m时,应按构造要求配筋。基础埋置深度一般在原地面(无冲刷时)或局部冲刷线以下不小于1m。

桥台下端与相邻桥台(墩)之间应设置支撑梁,并设在铺砌层及局部冲刷线以下。支撑梁可用20cm×30cm的钢筋混凝土浇筑而成,或用尺寸不小于40cm×40cm的混凝土或块石砌筑。支撑梁按基础长度的中线对称布置,其间距2~3m。基础能嵌入风化岩层15~25cm,可不设支撑梁。

轻型桥台主要特点,是利用桥跨结构和设在基础顶面上的支撑梁作为桥台(墩)之间的支撑,墩台、桥跨结构和支撑梁构成一个四铰框架,台身可以按上下铰接支承的简支梁承受水平土压力,因而减薄了台身的厚度。

5. 枕梁式桥台

枕梁式桥台是以枕梁代替台帽,并直接搁于地基上。它是桥梁中最简单的一种桥台,适用于桥梁建筑高度小,桥台下土质比较密实,河床比较稳定,无冲刷的小型桥梁。枕梁用钢筋混凝土浇筑而成,截面为矩形,尺寸按荷载大小、支承情况和地基承载力大小计算确定。枕梁下铺设50~70cm厚的碎石垫层,以保证枕梁均匀下沉。枕梁边缘到河床坡顶的水平距离应为1~1.5m,以保证台前的土堤稳定。

(二)拱桥桥台构造

1. 重力式U形桥台

重力式U形桥台在拱桥中用得最多,其构造与梁桥U形桥台相仿,也是由前墙、侧墙和基础三部分组成 。

前墙承受拱圈推力和路堤填土压力。前墙上设有台帽,构造和拱桥墩帽相同。对空腹式拱桥,在前墙顶设有防护墙。侧墙和前墙连成整体,伸入路堤锥坡内75cm,并抵挡路堤填土向两侧的压力。

2. 组合式桥台

组合式桥台由台身和后座两部分组成(图1-11)。台身基础承受竖向力,一般采用桩基础。

拱的水平推力则主要由后座基底摩阻力及台后的土侧压力来平衡。组合式桥台的承台与后座间必须密切贴合并设置沉降变形缝,以适应两者的不均匀沉降。后座基底高程应低于拱脚下缘高程,力求台后土侧压力和基底摩阻力的合力作用点同拱座中心高程一致。

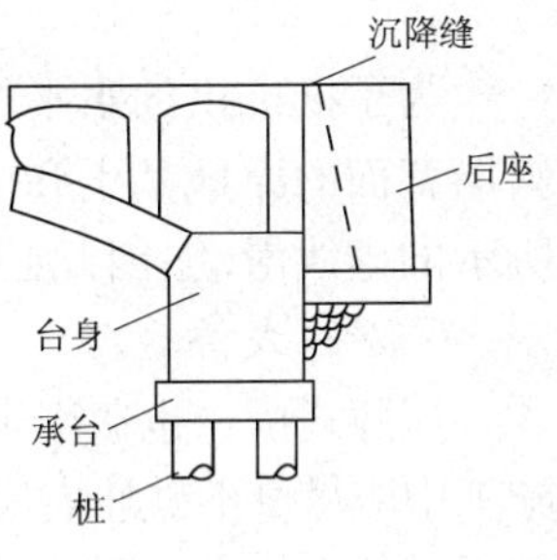

图1-11 组合式桥台

3. 轻型桥台

1)八字形轻型桥台和前倾式轻型桥台

八字形桥台的台身可做成等厚度的或变厚度的(图1-12)形式。变厚度的台身背坡坡度一般为2:1~4:1,台口尺寸应满足抗剪强度要求。两边八字翼墙与台身分开,其顶宽为40cm,前坡坡度为10:1,后坡坡度为5:1。

2)前倾式桥台

前倾式桥台由于台身向桥孔方向倾斜,因此比直立台身的受力情况要好,用料要省。前倾台身可做成等厚度的，前倾坡度可达4:1。其缺点是施工比较麻烦。

3)U形轻型桥台和山字形轻型桥台

U形桥台由前墙(等厚度的)和平行于行车方向的侧墙组成，当桥台宽度较大时，为了保证前墙和侧墙的整体性，可在L形桥台的中间加一道背撑，成为山字形桥台。

4.空腹L形桥台

空腹L形桥台适用于软土地基而桥台本身不高的空腹式拱桥。它由前墙、后墙、基础板和撑墙部分组成。

前墙承受拱圈传来的压力，后墙支承台后土压力。在前后墙之间加设撑墙3~4道，它是前后墙间的传力构件，又是后墙和基础板的加劲构件。上下游的边撑墙还起着挡土的作用。中间的撑墙高度则根据后墙的受力情况决定。空腹可以是敞口的，也可以加设盖板，腹内可以填土，也可以不填土。

5.履齿式桥台

履齿式桥台又称飞机式桥台(图1-13)，由前墙、侧墙、底板和撑墙几部分组成，适用于软弱地基和低路堤的拱桥。桥台的底板一般是用片石混凝土浇筑，其厚度在50cm左右，并不设钢筋。底板下面设齿槛以增加抗滑稳定性，齿槛的宽度和深度一般均不宜小于50cm。底板上设置撑墙以增强刚度。

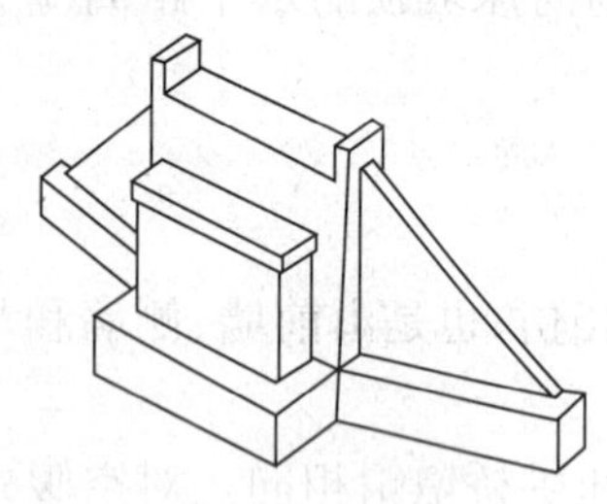

图1-12 八字形轻型桥台

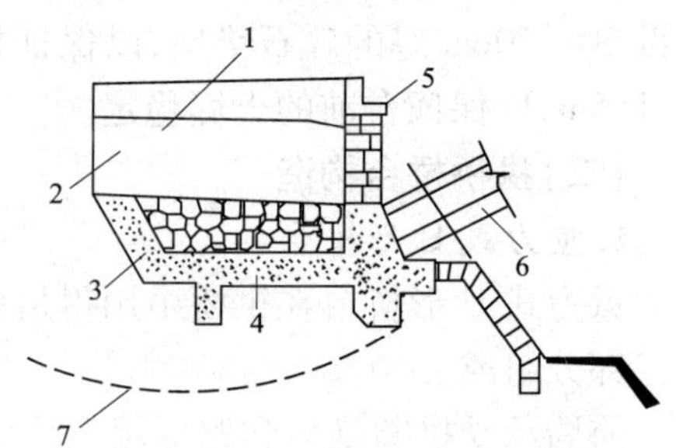

图1-13 履齿式桥台

1-前墙；2-侧墙；3-底板；4-撑墙；5-腹拱台帽；6-主拱圈；7-滑动面

为了抵抗拱的水平推力，可将台背做成斜挡板，使其与老土坡紧贴，这样就可以利用尾部斜墙背面的原地基土和前墙背面新填土的水平土压力来平衡拱的推力。这种桥台容易沿图中所示的虚线滑动，因此必须验算沿此滑动面的稳定性。

6.屈膝式桥台

屈膝式桥台也适用于软土地基。它可以看成为横卧的I形桥台，是直接利用原状土做拱座，施工中应尽量不破坏表层好土。屈膝式桥台在构造上较履齿式桥台更为简单。它的受力面最好与桥台外力的合力方向垂直，且没有偏心是最为理想的。必要时也要验算地基土的稳定性。

工作任务1.2 基础的定义、主要类型和适用情况

学习目标

1.叙述基础的定义；

2.叙述基础的主要类型和适用情况。

任务描述

通过完成本任务,要明确基础的定义、主要类型和适用情况。针对具体基础实例,应能根据不同地质情况提出采用的基础形式。

学习引导

本工作任务沿着以下脉络进行学习:

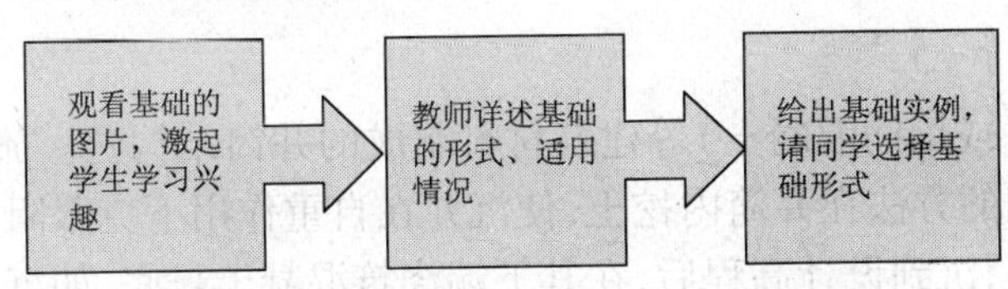

基础(foundation)是指建筑底部与地基接触的承重构件,它的作用是把建筑上部的荷载传给地基。

一般而言,基础多埋置于地面以下,基础按埋深不同分为浅基础和深基础两种类型。

一、浅基础

通常把位于天然地基上、埋置深度小于5m的一般基础(柱基或墙基)以及埋置深度虽超过5m,但小于基础宽度的大尺寸基础(如箱形基础),统称为天然地基上的浅基础。

在桥梁结构中,对于无冲刷河流,埋置深度是指河底或地面至基础底面的距离;对于有冲刷河流,是指局部冲刷线至基础底面的距离。

如果地基属于软弱土层(通常指承载力低于100kPa的土层),或者上部有较厚的软弱土层,不适于埋置浅基础时,也可将浅基础埋置在人工地基上。

天然地基上的浅基础埋置深度较浅,用料较省,无需复杂的施工设备,在开挖基坑、必要时支护坑壁和排水疏干后对地基不加处理即可修建,具有施工工期短、造价低等优点,因而设计时宜优先选用浅基础。

二、深基础

位于地基深处承载力较高的土层上,埋置深度大于5m或大于基础宽度的基础,称为深基础,如桩基和沉井等。

1. 桩基础

由桩和连接于桩顶的承台共同组成。若桩身全部埋于土中,承台底面与土体接触,则称为低承台桩基;若桩身上部露出地面而承台底位于地面以上,则称为高承台桩基。

2. 桩的分类

桩可根据桩身材料、施工方法、成桩过程中挤土效应、承载性状及使用功能等进行分类。

1)按桩身材料分类

按桩身材料不同,可将桩划分为木桩、混凝土桩、钢筋混凝土桩、钢桩以及其他组合材料桩。

2)按施工方法分类

按施工方法可分为预制桩、灌注桩两大类。

3)按成桩过程中挤土效应分类

随着桩的设置方法(打入桩或钻孔成桩等)的不同,桩周土所受的排挤作用也很不相同。挤土作用会引起桩周土天然结构、应力状态和性质的变化,从而影响土的性质和桩的承载力。所以,按设置效应,可分为三类:挤土桩、小量挤土桩和非挤土桩。

4)按承载性状分类

轴向荷载作用下的竖直桩,按达到承载力极限状态时的荷载传递主要方式,可分为端承型桩和摩擦型桩两大类。

3. 沉井

沉井是用混凝土(或钢筋混凝土)等建筑材料制成的井筒结构物。施工时,先就地制作第一节井筒,然后用适当的方法在井筒内挖土,使沉井在自重作用下克服阻力而下沉。随着沉井的下沉,逐步加高井筒,沉到设计高程后,在其下端浇筑混凝土封底,如沉井作为地下结构物使用,则在其上端再接筑上部结构;如只作为建筑物基础使用,则常用素混凝土或砂石填充井筒。

沉井下沉的方法一般有静压法、振动法和气锤法。

沉井的特点:埋深较大,整体性好,稳定性好,具有较大的承载面积,能承受较大的垂直和水平荷载。此外,沉井既是基础,又是施工时的挡土和挡水围堰结构物,其施工工艺简便,技术稳妥可靠,无需特殊专业设备,并可做成补偿性基础,避免过大沉降,因而在深基础或地下结构中应用较为广泛。但沉井基础施工工期较长,对粉砂、细砂类土在井内抽水时易发生流沙现象,造成沉井倾斜;沉井下沉过程中若遇到的大孤石、树干或井底岩层表面倾斜过大,将给施工带来一定的困难。

复习题

1. 什么是桥墩、桥台?
2. 桥墩、桥台和基础的主要类型有哪些?
3. 基础的定义是什么?
4. 基础主要类型有哪些? 在什么情况下采用桩基础和沉井基础?
5. 怎样根据具体地质情况选择基础类型?

学习情境2　施工前的准备工作

施工单位接受施工任务后，即可进行施工前的准备工作。首先，应根据招、投标文件，施工合同，设计文件及有关规范，编报施工组织设计。然后，应做好施工现场准备，修建施工临时设施，安装、调试施工机具及标定试验机具，进行施工测量及复核测量资料，做好材料的储存和堆放以及开工前的试验检测工作。施工组织设计宜包括以下内容：编制说明，施工组织机构，施工平面布置图，施工方法，施工详图，资源计划，总进度计划和进度图，质量管理，安全生产，环境保护。施工单位必须建立、健全质量保证体系，主要内容为质量方针、质量目标、质量保证机构、质量保证程序、质量保证措施。

桥梁施工前的准备工作是保证桥梁施工顺利实施的基本前提。根据规定，如果施工前的准备工作经监理工程师审核后而未达到合同规定的要求，则不予批准开工。因此必须高度重视，认真对待。

桥梁施工准备工作的内容主要包括：技术准备、劳动组织准备、物质准备和现场准备四个方面。

(1)技术准备：熟悉设计文件、进行技术交底、施工调查准备等。

(2)劳动组织准备：施工项目组织机构人员设置、人员分工准备等。

(3)物质准备：驻地建设、临时设施建设、施工机械准备等。

(4)现场准备：恢复桥中线、复测控制点、清理场地等。

工作任务2.1　技 术 准 备

学习目标

1. 叙述桥梁工程施工技术准备的内容；
2. 掌握桥梁工程施工技术交底的内容；
3. 了解桥梁工程施工调查的内容。

任务描述

利用某在建公路桥梁施工技术准备文件、多媒体教学资源和教师的讲解，同学们能掌握技术准备的内容。

学习引导

本学习任务沿着以下脉络进行学习：

第一步　结合课件，教师讲解相关知识；

第二步　展示某在建公路桥梁施工技术准备文件；

第三步　掌握技术准备的内容。

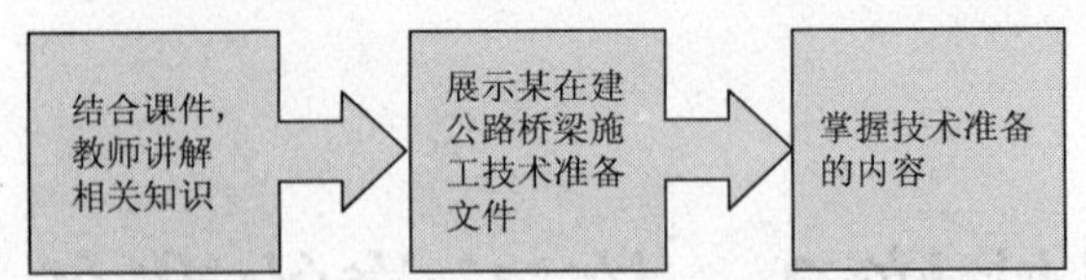

技术准备工作的主要内容就是熟悉设计文件、进行技术交底和实施施工调查。工程开工前，组织技术人员及现场管理人员学习施工规范、工艺标准、招标文件以及业主、监理下发的有关文件，熟悉、了解本工程的施工特点，掌握各项目的施工工艺和技术标准，同时组织专业技术工种进行培训教育，为工程施工顺利进行创造条件。接到施工图纸后，施工单位应立即组织技术人员进行看图、审图，尽快完成审图、工程量计算、材料计划等工作。

1. 熟悉设计文件及技术交底

设计文件是组织施工的主要依据，熟悉、审核施工图纸是领会设计意图、明确工程内容、掌握工程特点的重要环节。图纸会审应着重解决以下几个问题：

(1)核对设计是否符合施工条件。

(2)设计中提出的工程材料、工艺要求，施工单位能否实现和解决。

(3)设计能否满足工程质量及安全要求，是否符合国家有关规范和标准。

(4)设计图纸及说明是否齐全。

(5)设计图纸上的尺寸、高程、工程数量的计算有无差、错、漏、碰现象。

在施工人员熟悉设计文件和充分准备的基础上，施工单位参加由业主召集设计、监理、施工单位组织的设计交底和图纸会审。设计人员向施工单位讲清设计意图和对施工的主要要求，施工单位应对图纸和有关问题提出质询，并由设计单位进行逐条答复，对合理化建议按程序进行变更设计或补充设计。

设计图纸是施工的依据，施工单位和全体施工人员必须按图施工，未经业主和监理工程师同意，施工单位和施工人员无权修改设计图纸，更不能没有设计图纸就擅自施工。

技术交底通常包括施工图纸交底、施工技术交底以及安全技术交底等。这项交底工作分别由高一级技术负责人、单位工程负责人、施工队长、作业班组逐级组织进行。

2. 施工调查

桥梁施工准备阶段的施工调查，目的是为编制施工组织设计提供资料，它主要包括以下内容：施工现场的供水、供电、施工便道的调查，既有管线、建筑物的调查，料场调查，桥梁周边既有的排水设施调查。

工作任务 2.2　劳动组织准备

学习目标

1. 叙述劳动组织准备的内容；
2. 知道项目经理部的功能(作用)；
3. 掌握项目经理部的机构设置。

任务描述

利用某在建桥梁施工准备文件、多媒体教学资源和教师的讲解，同学们能掌握施工劳动组织准备的内容。

学习引导

本学习任务沿着以下脉络进行学习：

第一步　结合课件，教师讲解相关知识；

第二步　展示某在建桥梁施工组织准备文件；

第三步　掌握劳动组织准备的内容。

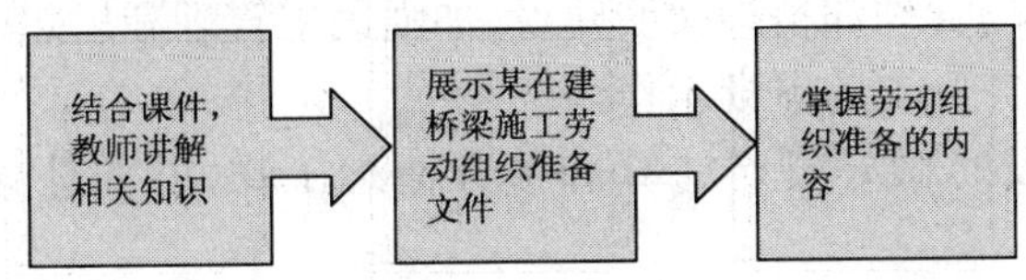

1. 项目经理部的组成

在整个工程项目施工之前，首先要建立一个能完成施工管理任务、使项目经理指挥灵便、运转自如的高效项目组织机构——项目经理部。一个好的组织机构，可以有效地完成施工项目管理目标。

1）项目经理部人员设置的原则

施工项目组织机构的人员设置，以能实现施工项目所要求的工作任务为原则，尽量简化机构，做到高效精干。人员配置要严格控制二、三线人员，力求一专多能，一人多职。同时还要增加项目班子管理人员的知识含量，着眼于使用和学习锻炼相结合，以提高人员素质。项目经理部的人数视工程规模的大小、难易程度而定。

2）项目经理部机构组成及分工

根据工程的大小，一般项目经理部的机构设置为：项目经理为工程的项目负责人，负责全面管理工作；项目总工程师负责工程的质量与技术管理工作；项目副经理负责建立和保持体系的正常运行；项目经理部下设综合办公室、工程质检部、生产部、物资材料部、财务部、试验室、测量组、设备部、安全部等管理部门。为便于组织施工及管理，各项目部可以在项目经理部的统一指挥下，按工程项目类别，分别设基坑开挖、排水、钢筋、混凝土工程等专业作业组（工区）。

2. 项目经理部的岗位职责

1）项目经理岗位职责

项目经理的岗位职责是：统筹负责项目土建工程施工与协调，控制整个工程的施工质量、进度及工程成本，确保整个项目的质量、安全、职安保证体系的正常运行，是项目得以实施的第一责任人。具体职责内容如下。

（1）代表公司履行与业主签订的施工合同，认真贯彻国家有关方针、政策、法规及企业制定的各项规章制度，维护企业及员工的利益，确保工程建设合法、有序。

（2）负责项目的质量策划，建立并完善项目质量保证体系，明确项目管理人员的职责，保证项目质量目标的实现。

（3）主持项目工作会议，研讨工程进展状况，及时处理各级有关部门的各种函件，协调各方关系。

（4）科学组织管理各类资源，做好人力、物力和机械设备的调配与供应，及时解决施工中出现的问题。

(5)协调所有参加施工的各协作队伍,使之合理、有序地进行工作。

(6)作为项目质量、安全的第一责任人,严格按国家有关质量和安全标准要求组织施工,杜绝重大质量、安全事故的发生。

(7)定期向公司经理报告工程情况。

(8)深入施工现场,处理矛盾,解决问题。

(9)做好项目的基础管理工作,保证各种文件、资料、数据等信息准确、及时地得到传递和反馈。

(10)做好项目的现场管理和精神文明建设,加强民主管理和思想政治工作。

(11)负责项目部财务开支的审批工作。

(12)项目完工后,及时做好资产清算和债务清理工作,并向公司工程技术部上报清算结果。

2)项目总工岗位职责

(1)负责建立和保持体系的正常运行。

(2)贯彻执行国家有关技术政策及上级技术管理制度,对项目施工技术、施工质量全面负责。

(3)组织编制本项目的施工组织设计与"三标一体"计划,组织编制施工方案和作业指导书,并组织实施。

(4)组织项目部人员参加图纸会审,负责技术核定、技术变更、技术交底等工作,并负责对现场工人进行岗前培训。

(5)负责组织工程的自检、评定工作,负责技术质量事故调查和处理。

(6)定期主持召开项目部技术会议,对不合格品采取纠正和预防措施。

(7)深入现场指导施工,对质量、进度、安全工作进行监督检查,确保计划实施。

(8)负责技术资料、质量记录的审核,并负责施工图纸、设计变更、技术资料的收集、整理、归档,组织相关部门编制竣工文件。

(9)协助项目经理做好变更索赔工作。

3)项目副经理岗位职责

(1)在项目经理的领导下,组织贯彻落实公司质量方针、质量目标,做好经理助手,当好经理参谋。

(2)完成施工生产任务,科学组织与调配人力、物力、财力等资源,制订施工劳动竞赛方案,加强质量与进度管理。

(3)负责工地现场文明管理工作,处处体现文明施工。

(4)严格执行国家、行业、地方和企业的标准、规范。

(5)进行综合化施工作业,并协调有关部门做好工程质量、进度的监督检查和管理工作。

(6)主持项目施工生产现场的总体规划及布置。

(7)协调各工区及作业队的关系,合理配置施工现场资源,主持召开项目生产调度会议,保证施工顺利进行。

4)综合办公室岗位职责

(1)主任

①处理项目部的日常事务工作,及时传达上级的各项决定和指示,并按要求催办、督办有关事宜。

②进行项目各类会议的人员召集及会议安排工作，确保会议的顺利进行。

③负责经理部对外的交往、接待工作，协调有关接待事宜。

④负责环保体系、职安体系的前期策划、运行、记录及对重大影响因素的纠正和预防管理。

⑤组织、管理项目内部的文化建设、宣传报道以及文体活动工作，办好每月一期的项目部刊物。

⑥负责项目部的公寓化管理工作，做好后勤保障工作，做好食堂环境卫生工作，接受有关部门的卫生检查，防止疾病传播，带领事务长搞好职工的伙食。

⑦负责项目部所有成员的考勤工作并使其透明化。

⑧执行每月一次的伙食事务账目公开制。

⑨及时完成项目部领导安排的其他工作。

(2)干事

①来文的登记、传阅、催办。

②项目部公章的保管及规范使用。

③电话、传真的接送管理及保留相关记录。

④来客的安排接待工作。

⑤领导办公室及办公室、会议室的卫生工作。

⑥内部刊物的定期出版工作。

⑦对所进各类副食进行严格复称、点收。

5)工程质检部岗位职责

(1)部长

①负责编制施工组织计划及总体、阶段进度计划，并根据计划组织相关人员对工程进行监督检查。

②负责组织有关人员每月进行一次工、料、机成本考核，并分析盈亏原因。

③负责合同的起草、修订并监督执行。

④负责组织对协作队伍的调查、评审工作。

⑤负责工程的计量、变更申报及对内计量支付的审核。

⑥负责项目质量的监督检查工作，对各个工序及分项工程质量进行最终检验，合格后报监理工程师检查验收，验收合格后通知有关人员进行下道工序施工。

⑦检查和督促各职能部门、作业队、施工班组的质量管理活动，负责质量体系运行记录及质量体系不合格的纠正及预防措施的管理。

⑧领导工地试验室做好试验检测工作。

(2)统计员

①负责本部门有关文件的收发、分类、建档、保管。

②负责协作队伍的报名、登记、评审记录及其相关资质、证明文件等的收集、整理、归档及“施工许可证”的申报、登记工作。

③负责编制项目工程“成本计划”并进行分解。

④负责工程数量的复核及对各协作队的结算工作。

⑤负责编制、填写相关方要求的进度、计量等统计报表资料。

⑥负责填写项目部的“工程施工日记”。

(3)质检员

①根据批准的项目“施工组织计划”及“质量计划”，编写分项、总体开工报告。

②负责工程项目全过程、全方位的质量跟踪检测。

③负责项目工程质检、试验等有关质量资料的收集、保管、整理。竣工后，全面负责竣工文件的编制工作。

④负责相关方要求的工程质量统计报表资料。

6）物资材料部岗位职责

（1）部长

①在项目经理的领导下，全面负责物资管理与供应工作，组织实施物资计划、订货、采购、运输、验收、储藏、发放工作。

②负责收集市场信息，做好市场调查、预测工作。深入施工现场、仓库，了解供应中存在的问题，提出降低物资供应成本、采购成本、管理费用开支的建议和措施，以加速资金周转，降低流通费用。

③主持制订物资采购计划，审批一般物资的订货与采购计划，检查、落实计划执行情况，并提出解决供应中存在问题的有效措施。

④审查、落实物资采购合同的签订、履行情况，努力提高法律意识，避免经济合同纠纷的发生。

⑤主持制订物资管理、供应制度，核定各类物资储备定额，定期向财务部门提供材料成本分析资料。

⑥组织本部人员参加业务学习，并完成领导临时交办的任务。

（2）采购员

①严格执行有关政策、法规，遵守财经纪律，熟悉有关经济法规，避免违法行为或上当受骗。

②负责了解市场信息，开拓采购渠道，向部长提出至少三种可进行比较的物资报价、质量、数量和结算方法。

③会同有关人员拟定采购计划，拟定分内供货合同。

④按质、按量、按时、经济、安全地运回所需物资。

⑤做好合同的履行和资料的管理工作，整理好信息资料，及时准确地向部长提供有价值的信息。

⑥保持良好的政治素质和职业道德，秉公办事，不谋私利、不受贿赂、不索要回扣。

（3）保管员

①负责分管物资的验收、保管、发放和回收利用，确保生产需要。验收材料质量和数量达到合同要求，并妥善保存验收记录。

②严格按物资仓储的技术规范保管工程所需材料，确保仓库、料场物资规格不窜，材料不混，数量准确，质量完好。

③严格按发料凭证办理领料，凡规定交旧领新的物资，待交回物品后，方可办理领料。

④大宗地材直接供到施工现场时，经使用单位验收质量、数量后，方可办理领用手续。

⑤忠于职守，秉公办事，不谋私利。

（4）统计员

①负责工程项目用物资的订货、到货、调拨、库存的统计工作，及时上报各种物资报表，配合施工部门做好年、季、月度计划。

②负责各种原始凭证、质量证明书的资料整理，按程序准确及时地传递和反馈信息，并装订成册。

③做好对内、对外的各种结算工作，建立各种台账，账面整洁、清晰，账物相符，盈亏有原因，损坏有报告，记账有凭证，调整有依据。

④做好仓库布置工作，使账、物、卡、资金四相符。

⑤做好经济分析工作，调查了解各施工点物资消耗情况，向部长提供分析资料。

⑥实事求是、全面、准确、及时地上报统计资料，为改善管理提供依据。

7）生产部岗位职责

（1）在经理部统一领导下，认真学习合同文件、技术规范、规程及上级颁发的施工技术管理制度，熟悉标书文件，核对设计图纸，绘制细部大样及辅助图，不断提高自身素质。

（2）填写施工原始资料并协助相关部门办理与驻地监理工程师的申报签认手续，为工程计量提供准确的原始资料。

（3）负责对所辖班组或劳务队伍进行现场技术交底、指导、监督与验收，确保工程质量。

（4）制订工程项目施工方案及质量保证措施，并对最终质量负责。

（5）根据总体计划要求，合理划分作业段及调整施工力量，确保各分项工程工期。

（6）积极配合项目部专职安全员落实各项安全规章制度，牢牢树立预防为主、事前控制的指导思想。

（7）提供可以索赔的原始资料，及时协助工程部办理签认手续，并积极参加各项技术攻关活动。

（8）加强环境保护管理，文明施工。

8）财务部岗位职责

（1）会计

①贯彻执行国家有关法律、法规和财经纪律，建立、健全项目内部财务管理制度，并严格执行。

②审核各种原始凭证，进行成本核算，对违反财务规定的收支，应及时制止和纠正。

③建立、健全各种账簿，依据会计凭证登记会计账簿，并分类保管、整理装订。

④参与重要经济合同、协议的签订；参与审查施工预算；督促有关部门提供费用分析资料，组织成本核算。

⑤严格审批借款，严格进行工程结算；及时登记总账账簿，及时掌握项目资金使用情况。

⑥编制决算报表，及时向领导及上级主管部门提供合法、真实、完善的有价值的会计信息。

⑦制订成本计划，实行成本控制，合理调配资金，使资金配置最优化，实现效益最大化。

⑧按工程实体设立各种费用收支明细账，定期进行经济活动分析，提出改进财务状况措施。

（2）出纳

①贯彻执行国家有关法律、法规和财务制度，依据合法的收支凭证办理现金收付和银行结算业务。

②严格执行财经纪律、法规和财务制度，严格审核各种原始凭证，对不真实、不合理、不合法、不准确、不完整的原始凭证不予受理。

③及时处理各种原始核算单据资料，不得积压。

④根据凭证及时登记现金日记账，做到日清月结，严禁白条抵库。

⑤加强银行存款管理，及时编制银行存款余额调节表，发现差错及时纠正。

⑥及时向财务主管提供账面资金及资金使用情况，使财务主管准确把握资金流动情况，合理调配资金，提高资金使用率。

⑦妥善保管现金、支票和印鉴，保证资金安全。

⑧建立备用及往来款项的备查账，及时收回职工欠款和协作队伍借款，减少流动资金占用。

9）试验室岗位职责

（1）主任

①对项目部的试验、检测工作全面负责。

②掌握工程动态，及时组织试验检测人员完成各项试验检测任务。

③提出仪器设备的购置、更换、维修和标定计划。

④审核试验检测原始记录和报告。

⑤考核本室人员的工作情况。

（2）试验员（内业）

①室内外环境卫生及仪器设备的清洁、保管、保养、标识、使用、维修。

②建立、健全各种台账、记录。

③进行各种室内试验检测、记录，填写材料合格签认单，报主任审核，并将结果及时通知有关人员。

④做好试验日记。

（3）试验员（外业）

①施工前，标准试验的取样、送检、提报告、填写材料合格签认单，报主任审批和监理签认。

②施工中，严格按照施工规范、规程、标准进行旁站取样、送检，以及进行试验检测、资料整理，报主任审核和监理签认，并将结果及时书面通知相关部门或成员。

③仪器设备的保管、保养、使用和维修。

④做好施工日记和试验原始记录。

10）测量组岗位职责

（1）组长

①根据"施工组织设计"和施工进度安排，组织全体测量人员做好测量控制工作，熟悉各主要控制桩位的位置，保护好测量标志。

②负责组织测量人员做好放样工作，对关键部位的放样数据进行复核，协同其他测量员对准确性进行互检。

③安排测量人员不定期地对测量标志进行检查复核，确保测量标志位置正确。

④制订测量仪器专人专管、定期保养、校验校准等规章制度；建立仪器设备台账，妥善保存测量资料。

⑤指导测量人员正确使用测量仪器，严禁不熟悉的人员操作仪器。

⑥要求测量人员保护测量仪器,定期进行检查,确保仪器处于良好状态。

⑦对测量人员的工作日记和放样记录,进行定期检查。

(2)测量员

①热爱测量工作,工作踏实认真,实事求是。

②在测量组组长的领导下,做好控制测量工作,熟悉控制标志的位置,保护好测量标志。

③定期对测量标志进行检查、复核,确保标位正确。

④做好施工放样工作,对计算的放样数据进行自检、互检,确保测量结果准确无误。

⑤对导线点、复测点进行复测加密。

⑥认真做好工作日记和放样记录,妥善保管测量资料。

⑦每次放样完毕后,向施工人员发放一式两份的"现场测量放样桩交接签认单",经接收人签认后收回一份,并妥善保管,便于以后查阅。

⑧施工放样自检合格后,协同监理验收并将资料上报质检部。

⑨爱护测量仪器设备,定期维护、校正。

11)机具设备部岗位职责

机具设备人员经常检查设备的完好状况,确保机具、设备的安全保护装置完好,特别是用电设备的漏电保护装置,必须确保灵敏可靠,外壳必须有良好的接地(零)保护。

12)安全部岗位职责

(1)在项目经理的领导下,协助主管领导贯彻落实安全、消防管理工作。

(2)安全部按现场施工人员的1% ~2%配备专职安全员,在现场设置醒目的安全警示牌。经常深入现场检查,及时发现各种事故苗头,并及时组织消除各种事故隐患。监督施工人员应正确穿戴防护用品,制止各种违章操作行为,并按公司有关定置管理规定,指导施工人员搞好现场定置管理,切实做到文明施工、清洁作业,达到"工完料清场地净"。

(3)定期组织特种作业人员的学习、培训和考核,做到持证上岗。

(4)在节段组装及预拼装等高空作业时,在节段四周应设置护栏或安全防护网及脚手架梯道等安全设施。这些设施除连接牢固、保证上下人员安全外,还必须方便安装、拆卸,以满足节段组装及预拼装快节奏制造的需要。

(5)保卫、消防人员对各施工现场进行经常性的检查,根据各场地施工环境,合理布置防火器材,严格执行公司有关"危险作业场所的动火申报审批制度"的规定,做到"预防为主,防消结合",以保障生产的顺利进行。

工作任务2.3　物 资 准 备

学习目标

1. 叙述物资准备的内容;
2. 了解驻地建设的内容;
3. 掌握桥梁施工机械设备;
4. 了解桥梁施工的试验项目和检测项目。

任务描述

利用某在建桥梁施工物资准备文件、多媒体教学资源和教师的讲解，同学们能掌握施工物资准备的内容。

学习引导

本学习任务沿着以下脉络进行学习：

第一步　结合课件，教师讲解相关知识；

第二步　展示某在建桥梁施工物资准备文件；

第三步　掌握物资准备的内容。

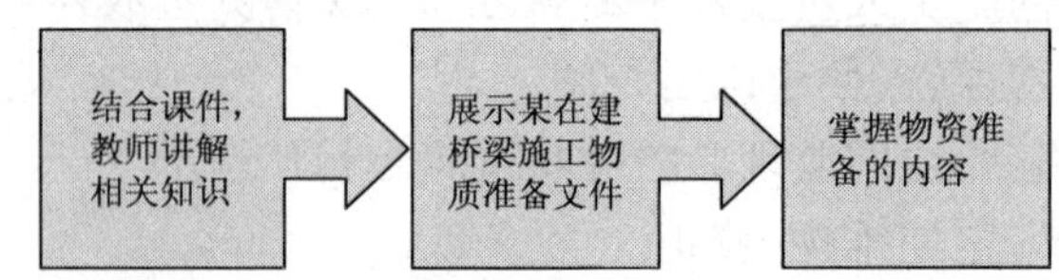

各种材料、构件、制品、机具和设备，是保证桥梁工程施工顺利进行的物质基础，这些物资的准备工作必须在相应的工程开工之前完成，方能满足工程连续施工的要求。

物资准备工作的内容主要包括：驻地建设、工程材料（如普通钢材、预应力材料、木材、水泥和砂石材料等）的准备，构件和制品的加工准备，桥梁施工机具设备的准备以及各种工具和配件的准备。

一、驻地建设

（1）驻地建设应设有职工宿舍、会议室、试验及测量用房、项目经理部各机构办公室、食堂等。

（2）根据工程规模可设置一个或多个预制场、搅拌站、材料库房等。

（3）驻地建设应满足消防安全的要求，并做好消防培训工作。

二、桥梁施工机械设备

桥梁施工设备和机具的好坏，决定着施工技术的先进与否。而施工技术的发展，也要求各种施工设备和机具不断更新和改造。

现代桥涵施工的机械化，要求广泛地使用各种类型的工程机械和机具，以确保工程施工质量，加快施工速度，降低工程成本，最大限度地减轻工人劳动强度，并对克服公害、扩大施工范围、做好文明施工起着极其重要的作用。国内外施工企业都在不断提高工程机械装备率，培训人才，加强工程机械的运用与管理工作。我国自改革开放以来，随着国民经济的快速、稳定、持续发展，公路交通建设任务日趋繁重，全国公路和城市道路基础设施的建设规模逐年扩大，发展速度加快，工程技术标准和质量要求不断提高，促使长期处于滞后状态的桥梁施工设备得到长足的发展。近十年来，我国高速公路的大量兴建和旧路的扩建改造，使得先进机械设备的广泛应用与合理组织机械化施工，取得了高质量、高速度、高效益的丰硕成果。

桥梁施工机械品种繁多，按功能分类主要有桩工机械（图 2-1）、起重吊装机械（图 2-2）、混凝土机械（图 2-3）、钢筋加工机械（图 2-4）和排水机械（图 2-5）等。以上机械有关介绍见《工程机械施工》(第二版)(王定祥、尚晓梅主编,人民交通出版社 2008 年出版)。

图 2-1　桩工机械

图 2-2　起重吊装机械

图 2-3　混凝土机械中泵车

图 2-4　钢筋加工机械

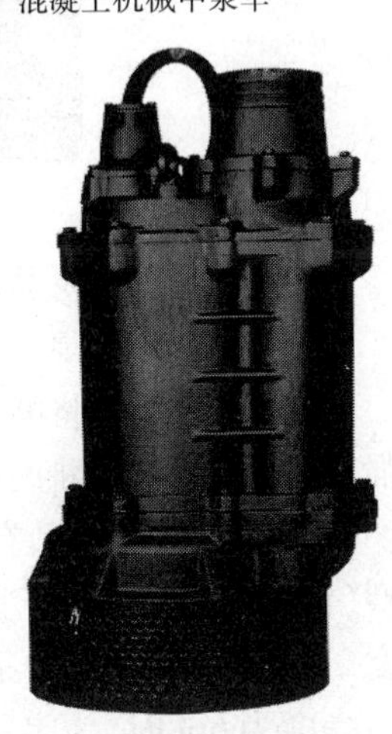
图 2-5　排水泵

桥梁施工中常备式结构部件主要有：万能杆件、贝雷梁、脚手架、钢板桩、组合钢模板等。

1. 万能杆件

万能杆件是用角钢制成的可拼成节间距为 2m × 2m 的桁架杆件。因其通用性强，弦杆、腹杆及连接板等均为标准件，具有装拆方便、运输方便、利用率高等特点，可以拼装成桁架、墩架、塔架、龙门架等形式，还可以作为墩台、索塔施工脚手架等。

万能杆件的构件一般分为杆件、连接板、缀板三大类（图 2-6 ~ 图 2-8）。

图 2-6　万能杆件（万能杆件拼接的 50m 架桥机）

图 2-7　万能杆件

图 2-8　拼装好的万能杆件

杆件：杆件在拼装时组成桁架的弦杆、腹杆、斜撑。

连接板：各种规格的连接板可将弦杆、腹杆、斜撑等连接成需要的各种形状。

缀板：缀板可将断面由四肢或两肢角钢组成的各种弦杆、腹杆等，在其节间中点做一个加强连接点，使组合断面的整体性更好。

万能杆件的类型有铁道部门生产的甲型（M 型）和乙型（N 型），西安筑路机械厂生产的乙型（或西乙型）三种。其中西乙型万能杆件共有大小 24 种构件。用万能杆件组拼桁架，按高度 2m、4m、6m 的模数组拼。其腹杆形式：当高度为 2m 时，为三角形；当高度为 4m 时，为菱形；当高度为 6m 时，为多斜杆形。

2. 贝雷梁

贝雷梁是以形成一定单元的钢架，用它拼接组装成很多构件、设备。如：龙门吊，施工平台等(图 2-9、图 2-10)。

图 2-9　贝雷梁的应用(一)

图 2-10　贝雷梁的应用(二)

3. 脚手架

脚手架是为建筑施工而搭设的上料、堆料与施工作业用的临时结构架(图 2-11)

图 2-11　脚手架

4. 钢板桩

钢板桩是指用于护岸工程、采掘工程、建筑的基础工程等的钢材。钢板桩主要包括薄板桩、组合支承桩和管状支承桩(图 2-12、图 2-13)。

对钢带进行连续冷弯变形，可制成截面为 Z 形、U 形或其他形状，并可通过锁口互相连接的建筑基础用板材。以辊压冷弯成型方法生产的钢板桩，是土木工程中应用冷弯型钢的主要产品的一种，将钢板桩用打桩机打(压)入地基，使其互相连接成钢板桩墙，用来挡土和挡水。常用断面形式有 U 形、Z 形及直腹板式。钢板桩适用于柔软地基及地下水位较高的深基坑支护，施工简便，其优点是止水性能好，可以重复使用。钢板桩的交货状态冷弯钢板桩交货长度为 6m、9m、12m、15m，也可根据用户的要求，定尺寸加工，一般最大长度为 24m(如用户有特殊长度要求，可在订货时提出)。冷弯钢板桩以实际重量交货，也可以按理论重量交货。

冷弯钢板桩产品在土木工程应用中具有施工方便、进度快、不需要庞大施工设备、有利于抗震设计等特点，并可根据工程的具体情况，改变冷弯钢板桩的断面形状和长度，使结构设计更加经济合理。冷弯钢板桩可用于码头、货场、护岸、防波堤、导流堤、浮标、船坞、水闸、地基处理、防渗墙、挡水墙等永久性构筑物，以及挖掘挡土墙、土沙崩溃防止板、临时护岸、围堰工程、封闭、临时中心岛等临时性构筑物。用于永久性工程的钢板桩，表面应涂防锈漆。

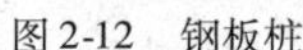

图 2-12　钢板桩

图 2-13　钢板桩用于深基坑支护

5. 组合钢模板

组合钢模板是指宽度 300mm 以下、长度 1500mm 以下、面板采用 Q235 钢板制成、面板厚 2.3mm 或 2.5mm 的钢模板，又称组合式定型小钢模或小钢模板，主要包括平面模板、阴角模板、阳角模板、连接角模等，如图 2-14 所示。

图 2-14　组合钢模板

组合钢模板的特点、适用范围：在全国各地应用较普遍，尤其在北方用量很大，适用于各种现浇钢筋混凝土工程。可事先按设计要求组拼成梁、柱、墙、楼板的大型模板，整体吊装就位；也可采用散装散拆方法，施工方便，通用性强，易拼装，周转次数多，但一次投资大，拼缝多，易变形，拆模后一般都要进行抹灰，个别还需要进行剔凿。

6. 混凝土拌和站（楼）

拌和站（楼）的特点是制备混凝土的全过程是机械化或自动化，生产量大、拌和效率高、质量稳定、成本低、劳动强度减轻。

拌和站或拌和楼的区别是：拌和站（图 2-15）的生产能力较小，结构容易拆装，能组成集装箱转移地点，适用于施工现场；拌和楼体积大，生产效率高，只能作为固定式的拌和装置，适用于产量大的商品混凝土供应。拌和楼如图 2-16 所示。

拌和站（楼）主要由物料供给系统、称量系统、拌和主机和控制系统四大部分组成。

1）物料供给系统

物料供给系统指组合成混凝土的砂、石、水泥、水等几种物料的堆积和提升系统。砂和石料的提升，一般是以悬臂拉铲为主，另有少部分采用装载机上料，配以皮带输送机输送的方式。水泥则以压缩空气吹入散装的水泥筒仓，辅之以螺旋机和水泥秤供料。拌和用水一般用水泵

图 2-15　拌和站

图 2-16　拌和楼

实现压力供水。

2)称量系统

砂石一般采用累积计量,水泥单独称量,拌和用水一般采用定量水表计量。

3)控制系统

控制系统一般有两种方式,一是开关电路,继电器程序控制;另一种是采用运算放大器电路,增加了配比设定,落实调整容量变换等功能。近几年来,微机控制技术开始应用于控制系统,从而提高了控制系统的可靠性。

4)主机系统

拌和主机的选择,决定了拌和站(楼)的生产率。常用的主机有锥形反转出料式(JZ)、主轴涡桨式(JW)和双卧强制式(JS)三种形式,见表 2-1。

三种拌和机的性能和效用比较表　　表 2-1

性能和效用名称	拌和机形式		
	锥形反转出料式(JZ)	主轴涡桨式(JW)	双卧轴强制式(JS)
适用坍落度范围(cm)	15 ~ 25	4 ~ 15	10 ~ 25
最大集料粒径(cm)	8	5	8
进料时间	中	中	快

续上表

性能和效用名称	拌和机形式		
	锥形反转出料式(JZ)	主轴涡桨式(JW)	双卧轴强制式(JS)
拌和时间	最长	最短	较短
拌筒或叶片转速	慢	最快	中
所需功率	小	大	中
材料损耗	最少	最大	中
拌和效果	较差	最好	好
维修保养	简单	中	较繁
生产速度	慢	快	最快
耗用水泥	较多	最少	中
混凝土塑性	较差	最佳	中
对环境污染	大	小	小
价格	低	高	高

三、工地试验室试验设备

工地试验室可以为施工现场提供数据服务,配合桥梁施工,检测工地所用的各种原材料、加工材料及结构性材料的物理力学性能,以及施工结构物的几何尺寸。

桥梁工程工地试验室必备的仪器设备、试验检测项目(参数)如下。

1. 必备的仪器设备

(1)标准筛;

(2)天平(感量0.01g、0.1g、1.0g 各 1 台);

(3)浸水天平(感量1g);

(4)案秤或电子秤(感量1g);

(5)恒温干燥箱;

(6)游标卡尺(除路基工程);

(7)针片状规(水泥混凝土工程);

(8)3m 直尺;

(9)钢卷尺、钢直尺;

(10)容量瓶、烧杯、瓷盘、容积筒、铝盒等若干;

(11)混凝土、砂浆试模若干。

2. 试验检测项目(参数)

(1)含水率(土、集料、混合料);

(2)筛分(粗细集料、砂砾、宕渣);

(3)混凝土、砂浆试件制作;

(4)集料含泥量、泥块含量、针片状含量、密度、细集料云母含量;

(5)路基、路面及桥面平整度;

(6)结构层厚度、宽度、横坡度;

(7)结构构件外形尺寸;

(8)工程产品外观及外形尺寸(锚具、支座、伸缩缝、标志等),水泥标准稠度用水量、凝结时间、安定性;

(9)泥浆比重;

(10)混凝土坍落度(图 2-17)、凝结时间;

(11)水泥浆性能指标(预应力工程);

(12)回弹法测强度;

(13)锚具及支座外观、外形尺寸;

(14)砌石工程平整度、垂直度或坡度。

图 2-17　混凝土坍落度检测

工地试验室所购置的各种重要试验、检测设备,应通过计量部门标定、交通质量监督部门认证合格后,才能投入使用。工地试验室认证工作应在接到中标通知书后,立即开始申办,在工程开工前办理完毕各种证件。

工作任务 2.4　现 场 准 备

学习目标

1. 叙述桥梁工程现场准备的内容;
2. 掌握桥梁施工前复测的项目;
3. 掌握桥梁工程放样的内容;
4. 了解场地清理的工作内容。

任务描述

利用某在建桥梁施工现场准备文件、多媒体教学资源和教师的讲解,同学们能掌握现场准备的内容。

学习引导

本学习任务沿着以下脉络进行学习：

第一步　结合课件，教师讲解相关知识；

第二步　展示某在建公路桥梁现场准备文件；

第三步　掌握桥梁施工前复测的项目、桥梁工程放样的内容。

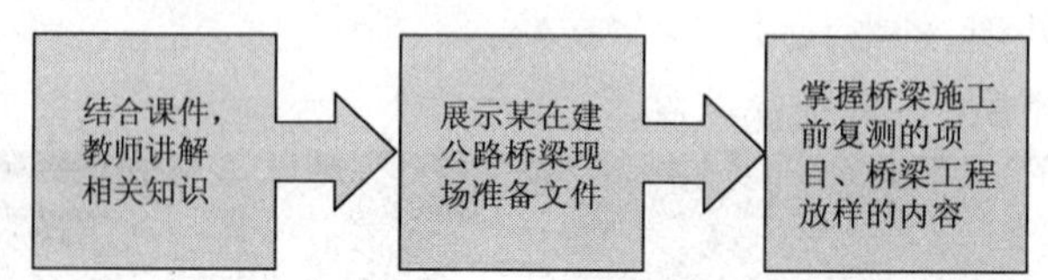

桥梁的现场准备工作包括：桥梁施工前的复测、桥梁放样、清理场地。开工之前，进行现场恢复和固定路线，检查工程已测设的所有永久性标桩并将遗失的标桩在进场 14 天之内通知监理工程师。施工测量工作包括导线、中线及高程、水准点的复测，横断面的检查与补测，增设水准点等。复核无误后在两个月之内将复测结果整理报监理工程师审核批准，作为施工放样、测量控制的依据。

1. 复测

(1)复测项目如图 2-18 所示。

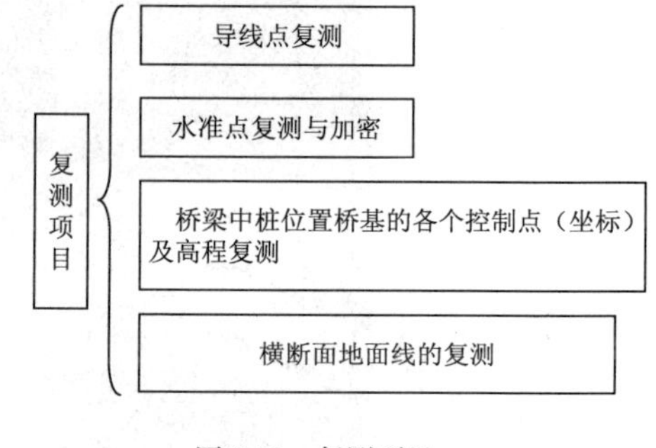

图 2-18　复测项目

(2)复测步骤如下：

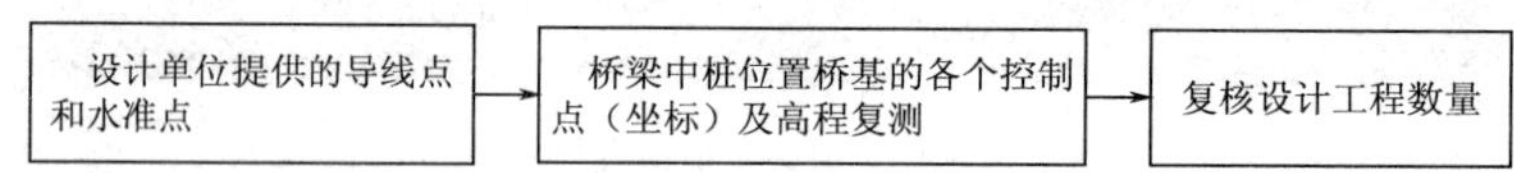

当复测结果与设计文件相差超过允许误差时，应及时向业主和监理报告，提出相应的处理措施。测量精度应满足公路测设规程。

2. 放样

施工中，根据施工需要进行加密和布设施工测量控制网，桥梁必须放出桥轴线、中线以及桥基的各个控制点，并做好附桩。对施工过程中有可能被破坏的点，要做好保护工作或引出到不易破坏的位置，并做好相应记录。测量人员还应经常复核补测控制点。将施工中所有的标桩包括转角桩、中桩、桥涵结构物的起终点、控制点等，进行固定性的保护，并将水准基点、三角网点等树立易于识别的标志。对永久性测量标志进行保护，直到工程竣工后，完整地交给监理工程师。

平面测量包括直线段测量和曲线段测量。一般采用全站仪放样，用极坐标或大地坐标方法，测设桥位点及构造物各控制点。

3. 清场(图 2-19)

(1)公路用地的划界工作一般由建设单位(业主)完成。若个别地段尚未划定时，施工单位应立即报告监理工程师，并会同建设单位尽快解决。

(2)在桥梁施工范围内，对既有的垃圾堆、有机杂质、淤泥、软土、草丛、各类溶穴、池塘等，应妥善处理；对桥梁施工范围内既有房屋、道路、河沟、通信电力设施、坟墓及其他建筑物，均应会同有关部门事先拆迁或改移；对地面实物如树木、树墩、树枝及其他障碍物，应人工清除并用汽车运到指定地点堆放。

(3)清除树木和灌木丛。在桥梁施工范围内,对妨碍视线和影响行车的树木和灌木丛,均应在施工前进行砍伐或移栽。砍伐的树木或灌木丛应用汽车运到指定地点堆放。

图2-19　清场

4. 场地排水

(1)桥梁施工时,应在桥基两侧护道处开挖纵向排水沟,以保证雨水沿排水沟引出桥基外。

(2)在桥基范围内有较大低洼积水地段时,可先做土埂排除积水,并将杂草、淤泥以及不适宜的材料清除至桥基以外,倒入规定的弃土场。

5. 主要分项工程的施工顺序

根据施工计划和施工方法的要求,现对各主要分项工程的施工顺序介绍如下。

施工准备阶段:材料试验、三通一平、工程测量、资源到位→编制实施性施工组织设计→打开工报告→报监理工程师审批→下开工令→开工。

阅读材料——开工报告的编制

当已对施工机具进行调试并试运行；混凝土所用的各种原材料已经过抽验，且得到监理工程师的批复使用文件，混凝土的设计配合比已得到监理工程师和业主的批复文件，现场施工配合比得到监理工程师的批准；各种辅助设备准备齐全，调试正常，各种材料备料充分，已检验合格；施工人员准备待令就绪，质检、试验人员及监理工程师到场齐备后，就可以着手进行开工报告的编制。

一、编制开工报告的原则

(1)响应和遵守××客运专线有限责任公司文件中的安全、质量、工期、环保、文明施工等的规定。

(2)积极响应和遵守招标文件中的安全、质量、工期、环保、文明施工等方面的规定，严格遵守铁路建设工程施工合同条件、合同协议条款及补充协议内容。

(3)坚持"预防为主，安全第一"的指导思想，结合本工程特点，制订积极有效的安全管理、技术、组织措施，确保人身安全和工程安全。

(4)坚持"百年大计，质量第一"的方针，制订完善的工程质量管理制度，建立质量保证组织体系，针对本标段工程特点和质量目标的要求，加强过程控制，从各个环节上保证工程质量目标的实现。

(5)响应工期要求。以总工期为施工控制目标，作为劳力、机械、设备的配置与施工方案选择的前提。根据施工总工期的安排和分阶段节点工期要求，利用网络技术优化工期安排和资源配置，突出重点项目和关键工序，统筹组织，超前计划，合理安排工序衔接。

(6)高度重视文明施工和环境保护工作，珍惜、合理利用土地。

(7)采用先进的施工技术，坚持专业化作业与系统管理相结合，科学安排各项施工程序，通过建立先进的项目信息管理系统，实现施工组织的连续、均衡、紧凑、高效。

(8)按照生产组织工厂化、工序控制专业化、现场作业机械化、过程控制信息化的思路组织施工。

二、开工报告编制要求

(一)开工报告分类

开工报告分为下列三种：

(1)合同段开工报告。

(2)单位工程开工报告。

(3)分项工程开工报告。

(二)合同段开工应满足的条件

(1)征地拆迁工作已经完成。

(2)合同段施工所需的设计文件及图纸能满足开工，对业主发放的施工设计文件及图纸、资料已认真阅读、消化核算。

(3)施工复测已完成，成果资料已得到监理工程师认可，主要控制桩保护完好。

(4)已进场的主要材料满足开工的需要。

(5)施工组织设计已经完成,且得到监理工程师的认可。

(6)组织机构健全,人员、机械设备到位数量能够满足开工需要,且得到监理工程师的认可。

(7)“三通一平”工作已经完成,且满足开工需要并得到监理工程师的认可。

(8)质量保证体系、质量自检体系、安全保证体系、环境保证体系已经建立。

(9)工地试验室建设已经完成,满足施工试验、检测工作,并得到监理工程师的认可。

(三)单位工程开工应满足的条件

(1)单位工程的放样工作已经完成。

(2)单位工程的实施性施工组织设计方案已经完成(包括工程概况、施工方案、施工方法、施工进度计划等)。

(3)单位工程开工所需要的各种材料已经进场,后续进场材料计划已经制订,并能满足连续施工的需要。

(4)进场材料的各种抽检试验及主要试验项目已经完成,并得到监理工程师的认可。

(5)施工机具、人员已经到位并能满足开工需要。

(6)施工现场的平整已经完成并布置完毕,能够满足施工要求。

(7)各种保证体系建立完毕。

(四)分项工程开工

(1)分项工程的放样工作已经完成。

(2)分项工程的实施性施工方案和施工方法已经制订。

(3)分项工程的进度计划已经制订。

(4)所需要的各种材料已进场,并能满足施工需要。

(5)进场材料的各种抽检试验及主要试验项目已经完成并得到监理工程师的认可。

(6)施工机具、人员已经到位并能满足开工需要。

(7)“三通一平”工作已经完成,能够满足施工需要。

(五)分项工程开工报告的内容

(1)封面 (填写桩号、名称)

(2)目录 (分管负责人提供)

(3)分项工程开工通知 (分管负责人提供)

(4)分项工程工程量批复单 (计量组统计)

(5)分项工程开工申请表 (分管负责人提供)

(6)施工放样报验单 (分管负责人提供)

(7)一般水准测量记录 (分管负责人提供)

(8)施工放样(控制)测量记录表 (分管负责人提供)

(9)进场机械设备报表 (分管负责人提供)

(10)进场材料检验单 (分管负责人提供)

(11)分项工程的实施性施工组织设计 (分管负责人提供)

(12)相应施工图纸 (分管负责人提供)

(13)分项工程施工组织设计 (分管负责人提供)

(14)排版、编号、打印、装订、上报 (计量组处理)

(六)分项工程施工组织设计内容

(1)分项工程概况。

(2)施工准备情况(平面布置图)。

(3)具体的施工方案。

(4)施工方法、施工工艺流程。

(5)施工进度计划。

(6)施工现场平面布置图。

(7)劳动力、机械设备、材料供应情况。

(8)质量、安全、技术、工期保证措施。

(9)雨季、冬季、夜间、节假日的工作安排。

(七)注意事项

(1)分项工程开工一定要先上报开工报告,路基土石方、排水工程按照自然段落划分,每段1份;桥梁工程按照基础、下部、上部、桥面、附属工程等每项1份;涵洞整体1份;防护工程按照自然段落划分。

(2)分项工程施工组织设计必须与总体施工组织设计的要求协调统一,所有表格格式以计量组下发格式为准。

(3)分项工程工程量批复单由计量统计部门完成并形成分项工程台账。

(4)所有测量、放样原始资料必须签字完善。

(5)所有分管负责人上报资料以电子版报资料室审核。

下面是某二级公路改建项目某合同段下部构造施工组织设计编制实例。

一、编制说明

(一)进度控制

本施工组织设计的编制以公司现有的施工技术力量和历年来桥梁施工的经验作为基点,以工期×个月,即××××年×月×日正式开工,××××年×月×日前完工作为控制进度目标,统筹考虑全桥的施工工艺、现场布置及施工进度计划。

(二)工、料、机具设备计划

施工组织设计中列出的工、料、机具设备等计划,仅作为施工时参考用,不作为最后的供应计划。其各项数量如有出入时,应以施工预算中的数量为准。

(三)编制依据

本施工组织设计的编制以下列文件和资料为依据:

(1)施工图设计文件。

(2)《公路工程技术标准》(JTG B01—2003)。

(3)《公路桥涵设计通用规范》(JTG D60—2004)。

(4)《公路钢筋混凝土及预应力混凝土桥涵设计规范》(JTG D62—2004)。

(5)《公路圬工桥涵设计规范》(JTG D61—2005)。

(6)《公路桥涵施工技术规范》(JTJ 041—2000)。

(7)《公路工程质量检验评定标准》(JTG F80/1—2004)。

(8)《公路工程施工安全技术规程》(JTJ 076—95)。

(9)《公路工程水泥及水泥混凝土试验规程》(JTG E30—2005)。

(10)《公路工程岩石试验规程》(JTG E41—2005)。

(11)《公路工程集料试验规程》(JTG E42—2005)。

二、工程概况

(一)结构形式

上部构造为3－20m钢筋混凝土连续弯箱梁;箱梁为单箱双室,桥梁全长70m,起讫点桩号为K××＋×××～K××＋××,桥梁起点到K××＋×××.×位于直线上,K××＋×××.×至桥梁终点位于缓和曲线上;下部结构为双柱式圆形墩,挖孔灌注桩基础,两岸桥台均为重力式U形桥台,挖孔灌注桩基础。

(二)设计标准

(1)设计荷载:公路—I级;

(2)桥面宽度:净—9.0m(行车道)＋2×0.5m(防撞护栏)。

(三)地形、地貌

该桥地处黔贵高原某部,海拔×××～×××m,属低山河谷地貌,桥梁起点至桥梁终点地势较为陡峭,河谷较宽,自然坡度为20°～50°,大部分地段覆土极少,基岩裸露,属中山深切河谷溶蚀地段。

(四)水文地质及气象情况

1)工程地质

该桥场区覆盖层为碎石土,覆盖层下伏奥陶系涧草沟组,为××岩。

2)水文地质、气象

场区内属亚热带湿润气候,气候温和,雨量充分,具有云雾多、日照少、绵雨多、湿度大、无霜期长的特点,年平均气温××℃,极端最高气温××℃。极端最低气温－××℃,年平均降雨量为××××mm;年平均风速××m/s,最大风速××m/s。

3)地震烈度

根据国家地震局1990年发布的《中国地震烈度区划图》(1:400万),本地区地震烈度为Ⅵ度,可不考虑抗震设施。

4)不良地质现象

该桥梁工程基本上不受地质太大影响,主要问题是河流的冲刷。

三、组织机构、人员设备与动员

(一)施工组织机构

为了有效控制工程质量、施工安全与工程进度,做到精心组织、科学管理和合理、规范施工,提高效益,成立项目经理部对本项目实行项目法管理。由我公司抽调富有施工经验的工程技术管理人员组成项目经理部,全面负责本分项工程的技术、施工、安全生产、质量控制、材料采购等工作,协调及处理施工中与有关部门的公共关系。项目经理部由项目经理负责,经理部下设工程质检科、物资设备科、安全群工科、财务后勤科、办公室及试验室等职能部门。

(二)施工人员配备及动员

根据本分项工程工程量和计划工期的要求,我公司安排4名工程技术人员与管理人员,担任本分项工程的施工管理和有关技术工作。在我们接到中标通知后,尽快由项目经理组织全体管理人员和工程技术人员学习技术规范、招标文件、投标文件、施工设计图纸等，使全体管理人员和工程技术人员正确理解合同条款精神，熟悉工程内容，掌握质量要求，并向各施工队和作业班组进行全面技术及安全交底，确保在施工全过程中，严格按招标文件的相关规程和施工规范进行，贯彻业主和监理工程师的指示，确保工程质量。

另外，我公司拟安排1名机械人员担任本桥施工机务管理，进行机械操作、车辆驾驶、机械维修和保养工作。进场后立即组织机构人员，按工程的技术要求制订相关的机械操作、维修、安全等规程，以便对拟用于本工程的机械设备进行整修、保养，确保机械设备完好率达100%。

本公司另外还组织10名技工和20名专业工人参加本工程的施工。在进场前，对他们进行全面技术交底，并组织他们学习有关法律、法规，进行安全生产和质量教育，同时，对本合同的重点和难点工序专门进行学习，详细讲述，使全体员工能领会、理解，并按相关规程严格执行，确保工程质量和安全生产实现“双赢”。

首批人员在进场后抵达现场，即刻进行办公室、住房、土地征用等手续的办理，落实部分租用设备，同时组织技术人员进行测量复核，做好场地规划、三通一平、临时设施建设等工作，其余人员，按工程进度计划要求逐步进场，在25d内开始动工。

(三)机械设备配备与动员

根据本项目工程量和计划工期的要求，结合本公司现有设备状况，依据本公司的现有施工经验和平均生产率水平，拟订在桥梁施工中投入的主要施工机械设备。部分设备的租用主要是考虑该部分设备社会力量充裕，就近租用方便且经济，但必要时可随时调动公司同类设备。

桥梁施工队伍进场后将进行场地平整，将桩基施工所需设备运至现场，确保准时开工，其他设备则立即进行全面检修，根据工程进度要求在各项工程开工前将所需机械设备运至现场并进行部署就位，保证工程按计划完工。

(四)材料供应

据本合同段所需外购及当地材料品种、规格和质量要求，由项目经理部按施工计划的安排，向材料部门下达采购计划，由试验室对材料进行试验检查，合格后，经业主和监理工程师批准后进行采购。其中由业主指定统一供应的，应上报采购计划，以便组织供应。

(五)施工条件

1. 水、电等建设条件

本桥范围内有××河流通过，施工用水非常方便，可就近解决，且水质符合施工规范要求。桥梁旁有高压电线通过，施工用电可向州、县供电部门申请，对需连续施工的施工点考虑自备电源。

2. 通信设备及医疗条件

项目经理部设在××镇上，并在温泉镇设立一个施工项目处，经理部本部安装两部座机电话，传真和电子邮件均可开通，各施工及技术管理人员均有专门的移动电话。

四、施工进度计划

(一)整体形象进度

本桥基础及下部工程×个月完成(约×××天)，因自然气候等原因影响，预计延期××天，争取提前完成。

(二)分项工程工期计划

(1)临时设施建设、征地、画线:×月×日～×月×日。

(2)挖孔桩开挖:×月×日～×月×日。

(3)挖孔桩钢筋制作安装及混凝土浇筑:×月×日～×月×日。

(4)系梁施工:×月×日～×月×日。

(5)墩柱钢筋制作安装及混凝土施工:×月××日～×年×月×日。

(6)承台施工:×年×月×日～×年×月×日。

(7)桥台台身浇筑:×月×日～×月×日。

五、施工方案

开工之前,进行现场恢复和固定路线,检查工程已测设的所有永久性标桩并将遗失的标桩在进场14天之内通知监理工程师。施工测量工作包括导线、中线及高程、水准点的复测,横断面的检查与补测,增设水准点等。复核无误后在两个月之内将复测结果整理并报监理工程师审核批准,作为施工放样测量控制的依据。

施工中,根据施工需要进行加密和布设施工测量控制网,桥梁必须放出桥轴线、中线以及桥基的各个控制点,并做好附桩。对施工过程中有可能被破坏的点要做好保护工作或引出到不易破坏的位置,并做好相应记录。测量人员还应经常复核补测控制点。将施工中所有的标桩包括转角桩、中桩、桥涵结构物的起终点、控制点等进行固定性的保护,并将水准基点、三角网点等树立易于识别的标志。对永久性测量标志进行保护,到工程竣工后,完整地交给监理工程师。

平面测量分直线段测设和曲线段测设,采用全站仪放样,用极坐标或大地坐标方法测设桥位点及构造物各控制点。

(一)开工前准备

1. 清理与挖除

(1)将桥基或墩台基础放好后,需将原地面清理,在可能的情况下需平整场地。

(2)将桩基础原地面位置平整,做好围护,订好附桩。

(3)对于地面实物如树木、树墩、树枝及其他障碍物,用人工清除并用汽车运到指定地点堆放。

2. 场地排水

(1)桥梁施工时,在桥基两侧护道处开挖纵向排水沟,保证雨水沿排水沟引出桥基外。

(2)在桥基范围内有较大低洼积水地段时,可先做土埂排除积水,并将杂草、淤泥以及不适宜的材料清除至桥基以外,倒入规定的弃土场。

(二)施工方法

1. 挖孔桩的施工

1)基坑开挖

组织三班制连续作业。挖孔桩出料采用绞车提升。

挖掘时,不必将孔壁修成光面,要使孔壁稍有凹凸不平,增加桩和护壁的摩阻力;在开挖过程中,经常检查桩孔尺寸和平面位置;排架桩桩位误差不得大于5mm,倾斜度不超过1%;及时支撑护壁,特别是在有地下水渗入的情况下,防止孔壁在水的浸泡下造成坍孔,孔内积水及时用抽水泵排出;桩孔的挖掘和护壁的支撑两道工序必须连续作业,不宜中途停顿,以防坍孔。

为提高施工效率，开挖进入岩层后，采用电雷管爆破作业，爆破时严格控制用药量，以松动为主；在有水眼孔要用防水炸药，尽量避免瞎炮，在有瞎炮的情况下，按照有关安全规程处理；炮眼附近的护壁进行加固或设防护措施，防止爆破损坏护壁引起坍孔；在基底高程以上50~80cm，应停止爆破，对基岩进行人工开凿，保证其岩石的完整性和岩体不受扰动。

2）护壁

根据地质水文情况，本桥护壁采用现浇混凝土护壁。由于各桩土层覆盖厚度和地下水位不同，护壁所承受的土压力和水压力不同，因此采用的护壁厚度应根据实际情况而定，一般不低于15cm；护壁混凝土的施工必须严格按配合比进行，并振捣密实，上下护壁之间搭接5~10cm，保证护壁的连续性和整体性，且能够有效地防止地下水的渗透。

3）终孔检查

挖孔达到设计高程后，应进行孔底处理。必须做到平整，无松渣、污泥及沉淀等软层。在开挖过程中，经常检查了解地质情况，并做好记录，若与地质钻探资料不符时，报告监理工程师对地质资料进行复核，及时提出变更设计。在嵌入岩石的深度、桩的倾斜度和桩径满足设计和规范要求时，报现场监理工程师认可后，方可进入下一道工序。

4）钢筋笼的制作和安装

钢筋笼骨架的制作在孔外进行分段加工，采用焊接和绑扎两种方式。为了使钢筋笼正确牢固定位，除在主筋上焊接"耳环"外，在钢筋笼上焊接三角形加劲箍，防止钢筋在吊运过程中产生变形。钢筋的制作和安装必须满足招标文件中"技术规范"和《公路桥涵施工技术规范》（JTJ 041—2000）关于钢筋加工的要求。

5）灌注混凝土

桩基混凝土的灌注应注意以下几点：

（1）混凝土从高处倾卸，为防止混凝土离析，倾落高度大于2m时，通过串筒下落；当高度大于10m时，在串筒上设置必要的减速装置。使用插入式振动棒振捣时，移动的间距不超过振动器作用半径的1.5倍，插入下层混凝土5~10cm，布点要均匀，保证混凝土的密实性。混凝土的坍落度控制在7~9cm；灌注时，孔底的积水不超过5cm，灌注的速度尽可能加快，使混凝土对孔壁的压力大于渗水压力，防止水渗入孔内。孔内混凝土尽可能一次连续浇筑完成，若施工接缝不可避免时，按照施工技术规范关于施工缝处理的规定进行处理，并设置上下层锚固钢筋，锚固钢筋的截面按照桩身截面的1%进行配筋（若钢筋骨架的截面积大于桩身截面的1%时，可以不考虑锚固钢筋）。当混凝土灌注至桩顶后，及时清除表面已离析的混合物水泥浮浆。

（2）若地下水上升的速度大于6mm/min时，采用导管法进行水下混凝土的灌注。在灌注前孔内水位至少和孔外稳定水位保持一致，若孔壁土质易坍孔时，孔内的水位应高出地下水位1.0~1.5m。水下混凝土的灌注采用导管法，导管的接头为法兰盘式连接，直径为300mm，壁厚为10mm，分接长度为1~2.5m，最下端一节长5m。导管在使用前必须进行水密、承压和接头抗拉试验。灌注混凝土前，应将灌注的机具如料斗、溜槽、漏斗等准备好。导管在吊入孔内时，其位置应居中、轴线顺直，稳步沉放，防止卡挂钢筋骨架和碰撞护壁。灌注混凝土之前，应对孔内进行二次清孔，使孔底沉淀厚度符合规定，认真做好灌注前的各项检查记录，并经监理工程师确认后方可进行。灌注首批混凝土时，导管下口至孔底的距离控制在25~40cm，且使导管埋入混凝土的深度不小于1m。水下混凝土灌注应连续进行，并尽可能缩短拆除导管的时间间隔，灌注过程中应经常用测深锤探测孔内混凝土面位置，及时调整导管埋深，导管埋深控制在2～4m为宜,特殊情况下不得小于1m或大于6m。为确保桩顶质量,桩顶加灌0.5～0.8m高度,同时指定专人负责填写水下施工记录,全部混凝土灌注完成后,拔出钢护筒,清理场地。当混凝土面接近钢筋骨架底部时,为防止钢筋骨架上浮,采取以下措施:

①使导管保持稍大埋深,放慢灌注速度,减少对混凝土的冲击力;

②当孔内混凝土面进入钢筋骨架1～2m后,适当提升导管,减小导管的埋置深度,增大钢筋骨架下部的埋置深度。

6)施工安全保证

挖孔时,为确保施工安全,必须做到以下几点:

(1)挖孔工人必须佩戴安全帽,系好安全绳,必要时应搭设掩体;非工作人员严禁进入施工现场。

(2)取土渣的吊桶、吊钩、钢丝绳、卷扬机等机具,必须经常检查,确保机具处于良好工作状态。

(3)井口设置混凝土围护(或砖砌围护),并高出地面20～30cm,防止土、石杂物滚入孔内伤人。

(4)经常检查护壁的稳定情况,发现异常情况,及时处理,防止坍孔。

(5)孔内爆破时,在井口覆盖钢板并压重,防止飞石伤人,或损害车辆。

(6)做好通风设施,保持孔内空气流动。凡超过1.5m深的桩孔,干孔1h用空压机吹风20min/次,有水及涌水孔2～3h吹风一次,以确保井下工作人员的通风和供氧。

2.系梁的施工

系梁的施工,由于开挖量不大,基坑较浅,采用人工进行基坑开挖,凿除桩头混凝土并平整场地,经监理工程师认可后进行系梁施工,采用的模板和支撑方式与承台相同。

钢筋的制作在钢筋加工棚内进行,运至工地现场进行绑扎或焊接成型,按照施工规范和投标文件中技术规范的有关规定执行,并注意钢筋的埋设。

混凝土的浇筑采用混凝土输送泵直接入模,分层浇筑,层厚控制在45cm以内,浇筑过程中派人检查钢筋和模板的稳定情况,发现问题及时处理。混凝土浇筑完成初凝后,立即进行人工洒水覆盖养护,达到规定强度后拆除模板。其质量在监理工程师认可后方可进行基坑回填。

3.墩柱施工

在墩柱施工前,应在系梁上放出墩柱的中心线以及内外轮廓线的准确位置。墩柱模板采用大面积钢模,单块模板的面积大于$2.0m^2$,模板的上下接头采用企口搭接,减少混凝土在模板接缝处漏浆。模板在使用前对模板进行校正,并清除模板表面的污物和混凝土黏结物,用砂布对模板表面进行打磨,使其表面清洁平整,再在模板的表面涂刷脱模剂,以利脱模和保证混凝土外观的光洁平整。模板的加固采用钢管外架配合进行。

钢筋在钢筋棚内进行下料,运至工地现场进行焊接和绑扎。配置垂直方向的钢筋时,下料应有不同的长度,以便在同一断面上的钢筋接头符合《公路桥涵施工技术规范》(JTJ 041—2000)和有关技术文件的规定,水平钢筋接头也应内外、上下错开。钢筋保护层的厚度应符合设计图纸的有关要求。

浇筑混凝土的质量应从准备工作、拌和材料、操作技术和灌注完成后的养生工作这四方面加以控制;严格控制分层厚度和振捣质量;采用插入式振捣器,振捣时应插入下层混凝土10～15cm。

混凝土浇筑完成后,达到一定的强度后拆除模板,并用塑料薄膜对墩柱进行包裹养生,同时避免盖梁混凝土施工时对墩柱的污染。

4. 承台施工

孔桩浇筑完毕并检验合格后，将孔桩顶口凿毛至设计高程并清洗干净，放出承台位置并浇筑5cm厚且与承台同等强度等级的混凝土垫层；完成后按设计图纸安装钢筋，钢筋在钢筋棚内进行下料，运至工地现场进行焊接和绑扎。配置垂直方向的钢筋时，下料应有不同的长度，以便在同一断面上的钢筋接头符合《公路桥涵施工技术规范》(JTJ 041—2000)和有关技术文件的规定，水平钢筋接头也应内外、上下错开。钢筋保护层的厚度应符合设计图纸的有关要求。安装完毕后按规范自检，合格后报现场监理工程师，批准后安装模板。模板采用大面积钢模，单块模板的面积大于2.0m^2，模板的上下接头采用企口搭接，减少混凝土在模板接缝处漏浆。模板在使用前对模板进行校正，并清除模板表面的污物和混凝土黏结物，用砂布对模板表面进行打磨，使其表面清洁平整，再在模板的表面涂刷脱模剂，以利脱模和保证混凝土外观的光洁平整。模板的加固采用钢管外架配合进行。

5. 桥台施工

该桥桥台均为重力式的U形实体桥台，桥台基坑的开挖根据工程量的大小采取不同的施工方式，桥台挖方量较大时，采用挖掘机进行开挖，人工进行修整；开挖量较小时，直接用人工进行开挖。基坑开挖过程中防止基坑四周坍塌，除根据土质情况采取不同的放坡外，需设置必要的支挡和其他防护措施。

桥台在基坑开挖完成后，经监理工程师检查签认后，即可进行桥台的施工。桥台为C20片石混凝土台身，直接从拌和站用输送泵输送混凝土入模。桥台模板采用组合钢模，用钢管外架加固。

在大体积片石混凝土施工过程中，为保证混凝土的质量，在施工过程中应注意以下几点：

(1)混凝土中填充的片石最大粒径不小于15cm，且不超过混凝土结构体积的25%；

(2)选用无裂纹、夹层、煅烧过的石块；

(3)石块的强度应符合《公路桥涵施工技术规范》(JTJ 041—2000)和招标文件中有关规定；

(4)石块在使用前应仔细清扫并冲洗干净；

(5)石块应埋入新灌注捣实的混凝土中一半左右；

(6)石块在混凝土中应分布均匀，两块石的最小间距不小于10cm，便于捣实混凝土，石块距模板的最小距离不小于15cm。

六、工程质量保证措施

(一)工程质量保证措施

建立全面质量管理机构，制订以项目经理为首的各部门负责人和有关人员参加的技术操作规程和质量验收制度，采取预防措施，以确保质量。

(1)根据《质量体系生产、安装和服务的质量保证模式》(GB/T 19002—2000)(ISO 9002)建立一套有效的、全面的质量保证体系。

(2)严格执行《公路桥涵施工技术规范》(JTJ 041—2000)、《公路工程质量检验评定标准》(JTG F80/1—2004)的要求。

(3)加强职工质量意识，牢固树立"质量第一、信誉第一"的思想，落实各部门，各人员的工程质量责任制，把员工的自身利益和质量挂钩，实行质量一票否决权。

(4)开工前，组织本段工程技术部负责人对各施工技术规范及施工设计文件仔细阅读、理解，并进行会审复查，与业主的设计代表及驻地工程师进行全面技术交底，解决好各项技术问题，由技术负责人召开各班组长会议，落实施工方案和施工工艺措施，详述本段的重点和难点，使每个工程技术管理人员、施工员心中有数，同时，由工程部、测量组对全线各控制桩点、水准点，进行全面准确的复测、引桩、加固工作。

(5)由有经验的专业技术人员组成工程质量控制管理机构，根据设计文件、招标文件提供的技术规范及公路工程的有关技术质量标准，规定对各道工序进行日常监督检查，实行定期或不定期的质量检查验收制度。

(6)认真执行业主提供的技术和监理细则，建立完善的自检体系，认真做好自检工作，配合监理工程师做好工程的监理工作，为监理工程师提供工程所需的一切质量检测仪器和测量仪器设备。严格执行监理制度，建立对工程的每道工序交接质量签认制度，由施工现场技术负责人组织人员对作业班组的各道工序和环节的所在位置、各部尺寸、材料进行检查，并坚持自检、联检和专检相结合的三检制度。所有工序都必须经过监理工程师的签字认可，方可进入下一道工序的施工。对不合格的工序坚决返工，并主动接受项目总承包人和省公路质检站的监督，保证工程优质完成。

(7)建立工地试验室，配备各类相应的试验仪器设备，认真做好试验工作，对进场的材料检查验收，并经监理工程师认可，保证所采用的各种材料达到规范要求，对材料的力学性能、水质分析、土工试验、配合比设计分析等要仔细检验，保证施工过程采用的各类原材料和水泥制品都符合质量要求。

(8)建立测量仪器和试验设备台账，定期进行校验计量认定。

(9)做好特殊工种(如焊工、机械工、电工等)、施工工长、质检员、试验员的上岗培训工作，坚持持证上岗。

(10)按规范、标准及建设单位要求编写技术资料，及时做好施工原始记录，定期检查归档，确保资料真实完整。

(二)保证质量技术措施

(1)认真做好测量定位工作，建立统一的控制导线点，采用永久性高程控制桩。

(2)及时做好隐蔽工程验收工作，并做好隐蔽工程验收记录。

(3)钢筋工程：

①钢筋进场、加工、焊接按有关规范规程执行。钢筋进场之前应做材质、焊接试验，并有出厂合格证、质量保证书；钢筋的成品、半成品要进行标识，每一种钢筋都应该与地面隔离起来，在钢筋堆放场地的上方，全部用彩条布或搭棚覆盖。

②控制钢筋保护层的混凝土垫块应使用C40混凝土制成，并绑扎在主筋上。为避免钢筋骨架露天摆放时间过长而锈蚀，应加快施工进度，尽量缩短钢筋绑扎后从模板安装到混凝土浇筑的时间间隔。

(4)混凝土外观控制。在施工过程中，为保证混凝土的表面光滑、平整，特采取如下措施：

①严格控制砂石材料的质量，生产碎石的石料必须是新鲜的、光泽较好的岩层；低强度等级混凝土石料抗压强度大于50MPa，高强度等级混凝土石料抗压强度大于60MPa；碎石用反击式碎石加工，用振动筛严格筛分成各种规格尺寸的碎石；细砂要特别注意含泥量和含粉量，要选择较好的、新鲜的、抗压强度较高的岩石。每一批碎石、砂都要做试验，随时对材料的质量进行监测，以确保混凝土原材料的质量。拌制混凝土根据试验确定配合比，添加减水剂，现场严格控制水灰比。混凝土配合比设计考虑新材料的使用，如硅混凝土的运用，一方面可以提高混

凝土的强度，改善混凝土的各种特性，另一方面可以在保证混凝土强度的前提下减少水泥用量。模板安装牢固平顺，特别注意模板接缝的平整度、相邻模板的接缝高差，使用光洁平整的大块竹胶模板，浇筑混凝土前必须对模板涂脱模剂。

②桥梁墩台采用厂制组合式整体钢模或定型钢模，浇筑混凝土时均匀分层进行，振捣密实。混凝土外层振捣到位，严格控制混凝土的均匀性和坍落度。

③模板内的杂物、积水和钢筋上的污垢应及时清理干净。

④搭设施工平台时，平台与模板分离，不许相接触，不容许任何设备撞击模板。

⑤缝的处理合理、得当。

⑥混凝土浇筑完成后，对裸露表面修整及抹平，待定浆后再抹第二遍并压光。

⑦在混凝土养护过程中，应避免物体对混凝土表面的碰撞及损害。春、夏、秋季可用水养护，冬季就不能用水养护，只能遮盖保温养护。如在0℃以下施工，拌混凝土时应对水加热至15～20℃。浇混凝土时应预先采用保温设备，如外罩包围、内侧高功率灯泡加温，并每隔1h用35～40℃热水养护混凝土顶面。

⑧桩基础施工，成败的关键是防止坍孔。查明坍孔的原因、严重程度，采取回填挖孔、护壁加厚、加钢筋、控制开挖速度等技术措施保证挖孔桩施工。

⑨桥梁墩、台施工，首先精确地测定墩、台位置，正确地进行支架施工。

七、工期保证措施

为确保工期按合同计划完工，特别制订以下措施：

(1)迅速进场开工，技术人员和机械设备现已做好出征准备，一旦接到进场通知书并签订合同后，将立即指挥机构和施工人员及设备尽快到位，做到“三快”，即搬迁快、建点快、开工快。

(2)施工准备抓早抓紧，全面推进，边建营地，边抓紧施工便道、临时电力、临时给水管道等各项临时设施的施工，尽快做到“三通一平”。

(3)积极协助业主和有关单位办理租地及拆迁手续，主动疏通地方关系，使得机械设备正常运转。

(4)有关施工中的重要技术问题、设计及试验资料问题，以及其他内外干扰需要协调的问题，事先进行统筹与安排，多方联系，全方位出动，尽早、尽快落实，确保施工顺利进行。

(5)开工后，随时核对施工组织设计的实际进行情况，发现问题及时修正，提出对策，确保进度的实现，做到均衡生产，合理投入资源。

(6)大力采用新技术、新工艺、新设备、新材料，提高工效。混凝土中掺适量早强剂和减水剂，缩短混凝土强度，增长周期，加快预制周期和场地周转。

(7)对劳动力进行动态管理，优化组合，连续实行三班制连续作业，强化施工管理，严明劳动纪律。

(8)科学合理安排好施工顺序，优化施工方案，保证各工序、各工种的协调顺畅，实现“一条龙流水线”作业。

(9)使生产工入收入与工效挂钩，以促进生产进度。

(10)制订雨季施工措施，安排好季节性施工，根据当地的气象、水文资料，有预见性地调整各项工序的顺序。

(11)根据施工组织设计，做好材料使用计划，重要而紧俏的物资提前订货，保证及时供应。

(12)加强机械维修保养,有计划地储备足量的易损配件,确保施工机械按计划正常进行。

八、安全保证措施

坚持管生产必须管安全,各作业队由一名副队长抓生产安全,施工班组长兼任安全员,齐抓共管,确保每个生产工人"高高兴兴上班,平平安安回家",建立、健全各工种、各施工环境下的施工安全规章制度,做好上岗前职工安全施工培训工作。特殊工种必须持安全考核证上岗,严禁无证操作,违者重罚。进入施工现场的全体职工坚决做到"三不伤害"。

1. 基本原则

(1)严格按施工工艺、施工操作规程、施工方案有关条款进行施工。

(2)加强与当地气象部门的联系,六级以上的大风大雨、暴雨前,做好钻机、龙门架、临时工棚等设备、设施的保护工作,使不被损坏。

(3)夜间施工时,必须配备照明设备,并在危险处设隔离棚、保护网等,确保施工人员和机构设备的安全。

(4)高空作业范围内,设高空坠网及地面明显标志,防止人员坠落及高空落物伤人(或车辆、机械设备)。

(5)通过广播、黑板报、标语牌、安全知识讲座等多种灵活的形式,时时刻刻提醒全体员工保证安全生产。

(6)实行安全施工一票否决制,确保施工万无一失,把事故隐患消灭在萌芽状态,真正做到预防为主。

2. 预防应对措施

(1)两桥台基础开挖采取台阶形开挖方式,以1:0.3的坡度逐节放坡开挖,每节高度控制在5m,坡度分节处平台宽1.0m。

(2)采用混凝土或用灰浆泵压M30水泥浆对开挖边坡作护壁处理。

(3)在边坡外修建排水沟,预防雨季雨水流入施工作业面,防止边坡被流水冲蚀,造成边坡失稳滑塌。

(4)边坡施工严禁大爆破,做好爆破设计,有条件的应尽量采用人工开挖或减震爆破,并及时支护,尽可能保持边坡岩体的稳定性,以免诱发崩塌等地质灾害。

(5)地质灾害的防治工作采取动态管理过程,加强施工过程中的地质环境监测,当附近或边坡后方山体出现地裂或已有建筑物开裂等滑坡前兆现象时,及时向有关部门通报监测结果,以便采取有效措施,以减少人员伤亡等不必要的损失;同时应查明原因,采取必要的工程措施,予以整治,确保施工和工程运营中的安全。

(6)基坑开挖时,应注意爆破对坑壁的影响,施工中如发现新的工程地质问题或情况,应及时通知相关人员。

九、夏季、雨季施工措施

1. 气候状况

该桥位于××河上方,桩基位于河流两侧。根据调查,洪水期为5~9月,最高洪水位在桩基顶2m以下,主要靠降水补给,涨退迅速,该区水文地质条件简单,洪水位不高,容易做好防洪防涝工作。在施工中,桩基井口砌筑高度要高于洪水位高度,确保洪水不会灌入桩基孔,并做好地表排水系统的修建和保养工作,确保排水通畅。

2. 施工措施

为了保证工程质量，夏季热期混凝土施工采取如下技术措施：

(1)对拌和用水使用冷却装置，对水管及水箱加遮荫和隔热设施。

(2)水泥、砂、碎石应加遮荫和隔热设施，可在砂石料堆上喷水降温。

(3)混凝土的浇筑温度应控制在32℃以下，宜选在一天温度较低的时间内进行。

(4)浇筑场地应遮荫，以降低模板、钢筋的温度和改善工作条件。

(5)加快混凝土的修整速度，修整时可用喷雾器洒少量水，防止表面裂纹的出现，但不准直接往混凝土表面洒水。

(6)洒水养护宜用自动喷水系统和喷雾器，湿养护应不间断，不得形成干湿循环。

(7)热期施工如采取的降温、防晒措施不能保证混凝土施工质量，则应停止施工。

(8)热期施工期间施工人员应注意防暑，随身携带十滴水等防暑药品，以防中暑危及人身安全。

十、环境保护、文明施工措施

(1)建立环境保护体系，结合文明施工现场管理工作和安全、质量管理工作，将环境保护纳入日常管理工作中。对职工开展文明施工、保护环境的教育，增强全体员工的环保意识，使职工在施工过程中自觉遵守各项环保条例。

(2)减少、消除污染源。对于环境污染来讲，减少消除污染源是保护环境最直接、最有效的措施，是环境保护的根本。施工中的污染源，主要是施工机械、设备、车辆、施工人员和因施工而遭到生态破坏的地理地貌，相应采取的措施是：

①对施工人员进行环保教育，增强环保意识，提高施工人员的素质，使施工人员能自觉地遵守环保条例，减少人为污染，必要时采取一些经济手段来检查、监督、奖评。

②尽量减少生活垃圾，不可避免的生活垃圾要集中存放，经常消毒，及时运走。搞好环境卫生，减少生活污水。

③严禁非施工建设性的植被破坏现象的发生，严禁乱砍乱伐，爱护植被，美化环境。

④使用运转正常、噪声小的新型机械设备，进场的机械设备必须经过检修，推土机、压路机、发电机和运输车辆经过降低噪声的处理，安装消音器。各零件之间磨合、运转正常，消除杂音和金属咬合的刺耳怪叫声。

⑤运输车辆要经常保持清洁，进出工地要清洗干净，严禁泥车上路污染城市道路。

⑥行驶的机动车辆全部使用低音喇叭，取消防盗报警器，特种车辆经公安部门批准安装的警报器，在执行非紧急任务时禁止使用。

⑦机动车限速行驶，临时道路要定时洒水降尘，经过的路面要设专人清扫、除尘。

⑧合理调整施工方案，测量准确，减少不必要的环境破坏，及时恢复植被，防止雨季产生泥石流，发生水土流失现象。

(3)建立、健全文明施工领导小组，创造良好的施工环境和氛围，保证整体工程的顺利完成。

(4)加强施工人员文明施工意识，组织学习文明施工条例及有关常识，进行上岗教育，讲职业道德、扬行业新风。

(5)对进场施工的队伍签订文明施工协议，建立、健全岗位责任制，把文明施工责任落到实处，提高全体施工人员文明施工的自觉性与责任感。

(6)挂牌施工,标明工程项目名称、范围、开竣工期限、工地负责人,设立监督电话,接受社会监督。

(7)采取有效措施处理生产、生活废水,不得超标排放,并确保施工现场无积水现象。

(8)创建美好环境。在工地现场和生活区设置足够的临时卫生设施,每天清扫处理,同时,在生活区周围种植花草、树木、美化生活环境。

(9)生活垃圾集中堆放,统一搬运至指定地点废弃。

(10)施工期间,经常对施工机械车辆道路进行维修,确保晴雨畅通,并方便沿线居民的生产、生活。

(11)车辆在运料过程中,对易飞扬的物料用篷布覆盖严密,且装料适中,不得超限;车辆轮胎及车外表用水冲洗干净,保证道路的清洁。

(12)车辆通过村镇时减速慢行。

(13)认真进行现场调查,并与有关单位取得联系,及时处理或保护地下管线,以免破坏地下设施。在施工中发现文物时,及时报告并做好现场保护工作。

(14)开展多种便民、爱民活动,搞好与驻地政府、群众之间的关系。

复习题

1. 桥梁施工准备工作的内容主要包括哪些?
2. 项目经理部主要岗位人员的职责有哪些?
3. 物资准备工作的内容主要包括哪些?
4. 桥梁现场的现场准备工作主要包括哪些?
5. 分项工程开工报告的内容主要包括哪些?
6. 技术交底内容有哪些?
7. 桥梁施工前的复测项目有哪些?

学习情境3　下部构造施工

工作任务3.1　桥梁基础施工的基本知识

学习目标

1. 掌握基础施工前的准备工作内容；
2. 叙述桥梁基础施工的目的；
3. 知道桥梁基础的一般形式；
4. 知道桥梁基础施工的主要方法；
5. 知道墩台的定位测量方法。

任务描述

通过完成本任务，要明确公路桥梁基础施工常采用的基础形式及其相应的适用条件。针对具体的基础施工实例，应能选择相应的施工机具及方案，编制出相应的施工流程和施工注意事项。

学习引导

本工作任务沿着以下脉络进行学习：

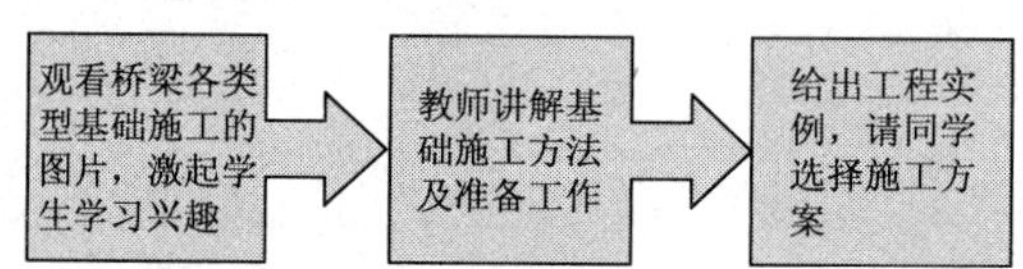

一、基础施工前的准备工作

(1)首先要认真阅读施工图纸，领会设计意图，与现场情况进行核对，必要时进行补充调查，对基底高程、基础尺寸、桩位坐标、工程数量进行复核计算。

(2)根据地层、地质、水文情况、结构形式及现场环境状况，制订施工方案，编制施工组织计划，做出单项开工报告，报监理工程师审批。

(3)认真进行施工放样测量，控制基础桩位中心、平面位置和高程，同时放出相邻几个墩台基础，对其相对位置和坐标进行复核，确保准确无误。

(4)准备好基础施工所需的设备、材料、相应配套设施。例如：临时便道要通畅，砂石、水泥、钢材等材料要运至现场，电力供应要正常。凡与工程有关的事项均应协调妥当，保障工程开工后能顺利实施。

(5)建立工程质量保证体系，制订完善的安全技术措施，进行安全技术交底。

二、基础施工的重要性

基础作为桥梁结构物的一个重要组成部分,它起着支承桥跨结构,保持体系稳定,把上部结构、墩台自重及车辆荷载传递给地基的重要作用。基础的施工质量直接决定着桥梁的强度、刚度、稳定性、耐久性和安全度。而且基础属于隐蔽工程,若出现质量问题不易发现和进行修补处理,因此,必须高度重视桥梁基础施工,严格按规范要求进行施工,确保工程质量,如图 3-1 所示。

图 3-1　基础施工

三、桥梁基础施工的主要方法

桥梁基础因其形式和所处环境、地质、水文条件、桥梁结构体系、环保要求及施工条件等因素的不同,要选用不同的施工方法。旱地土质地基扩大基础及条形基础采用明挖法,既可以采用人工开挖也可以机械开挖,若为岩石地基,还需进行适当的爆破施工。水中明挖基础必须设置围堰或者采取临时改河措施。桩基础的成孔有挖孔和钻孔两种方法,挖孔适用于旱地无水或地下水位较低的密实土质地层或岩石地层。人工挖孔桩径应大于 1.2m,孔深在 15m 以内,机械挖孔一般适用于土质地层。钻孔按地质条件不同可选用旋转钻成孔、冲击钻成孔、冲抓钻成孔等多种形式。

四、墩台定位测量

1. 直线墩台中心坐标计算

直线桥的墩台中心位于桥轴线上,且桥轴线与路中线完全重合。

设桥轴线控制点 A 为施工坐标系的原点,其里程为 DK_A,x 轴与桥轴线相重合,且指向里程增加方向,第 i 号墩的里程为 DKi,则该墩中心坐标 x_i、y_i 为:$x_i = DK_i - DK_A$,$y_i = 0$,如图 3-2 所示。

2. 墩台定位及横轴线测设

在桥梁施工测量中,主要工作是精确地测设出桥梁墩台的中心位置,即所谓的墩台定位。

1)墩台定位

(1)直接量距法

直接量距法只适用于中小桥,其中直接丈量法只适用于小桥。

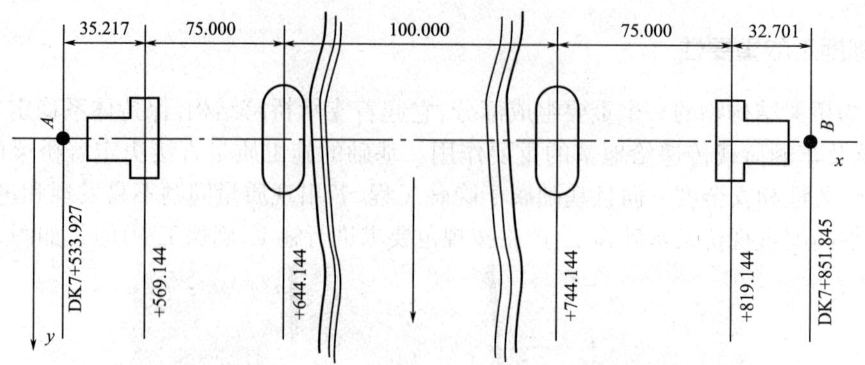

图 3-2 直线墩台中心坐标示意图(尺寸单位:m)

如图 3-3 所示,先根据桥位桩号在线路工程中线上测设处桥台和桥墩的中心桩位 A、B、C 点,在河道两岸测设桥位控制桩 k_1、k_2、k_3、k_4 点,然后分别在 A、B、C 点上安置经纬仪,在与桥的中轴线垂直的方向上测设桥台和桥墩控制桩位 a_1、a_2、a_3…c_1、c_2、c_3、c_4 点,每侧要有两个控制桩。测量时量距要用经过检定的钢尺,并加尺长、温度和高差改正(或可用光电测距仪测距),测距精度应高于 1:5 000,以保证桥的上部结构安装能正确就位。

(2)方向交会法

如果桥墩位置无法直接丈量,也不便于架设反光镜时,可采用方向交会法测设墩位。它既可用于直线桥也可用于曲线桥的墩位测量。

方向交会法测设墩位,需要在河的两岸布设平面控制网,如导线、三角网、边角网、测边网等。

如图 3-4 所示,根据控制点坐标和墩台坐标,反算交会放样元素 α_i、β_i。在控制点 D 上安置仪器并后视已知控制点 A,将度盘安置为 a_{DA},根据测设数据表转动照准部至度盘读数为 a_{Di},得到 $D-i$ 方向,同样方法得到 $C-i$ 方向。在两条视线的交点处打桩,钉出 i 号墩台的中心位置。两交会方向线之间的夹角 γ 称为交会角。

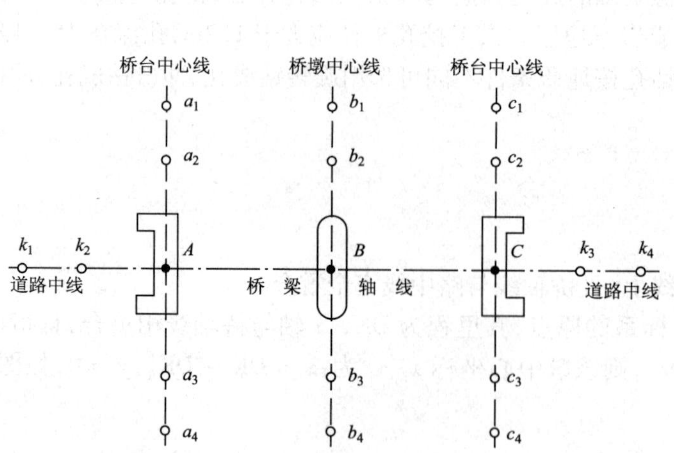

图 3-3 直接量距法示意图

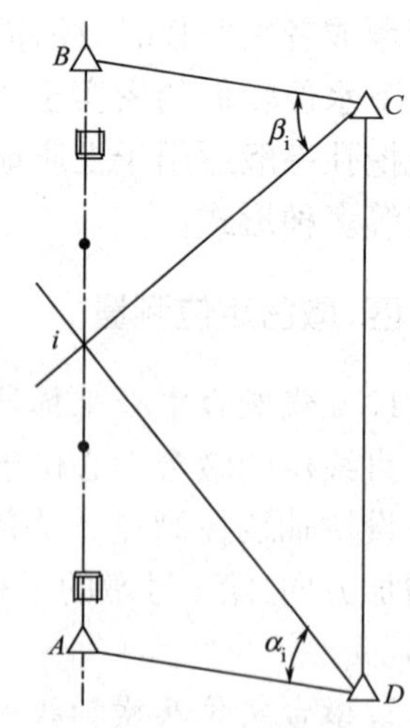

图 3-4 方向交会法

如图 3-5 所示为异侧交会,图 3-6 所示为同侧交会。墩台中心交会的精度与 γ 有关。

交会角的要求:

①当置镜点位于桥轴线两侧时,交会角应在 90°~150°之间;

②当置镜点位于桥轴线一侧时，交会角应在60°～110°之间；

③在桥梁控制网网形设计和布置时，应充分考虑每个墩台中心交会时交会角的大小，必要时，可根据情况增设插入点或精密导线点作为次级控制点。

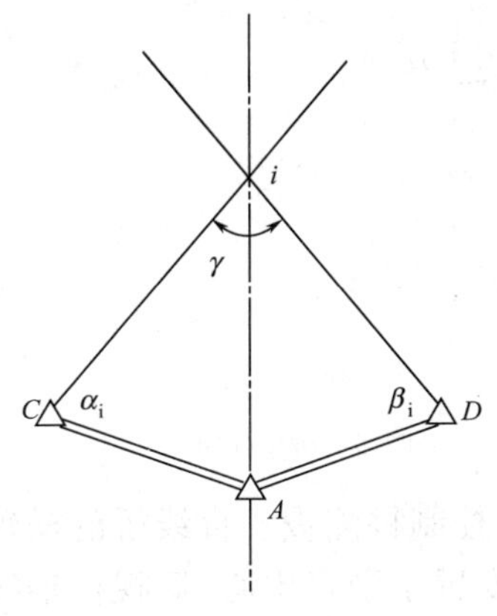

图3-5　异侧交会法(一)

图3-6　异侧交会法(二)

通常将三台经纬仪分别安置于三个控制点上，用三条方向线同时交会。理论上三条方向线应交会于一点，而实际上由于控制点误差和交会测设误差的共同影响，三条方向线一般不会交于一点，而是形成一个小三角形，该三角形的大小反映交会的精度，故称其为示误三角形(图3-7)。示误三角形的最大边长或两交会方向与桥中线交点间的长度，在墩台下部(承台、墩身)不应大于25mm，在墩台上部(托盘、顶帽、垫石)不应大于15mm。若交会的一个方向为桥轴线，则以其他两个方向线的交会点 P_1 投影在桥轴线上的 P 点作为墩台中心。交会方向中不含桥轴线方向时，示误三角形的边长不应大于30mm，并以示误三角形的重心作为桥墩台中心。

施工中多次重复交会的简便方法：在桥梁施工中，随着桥墩的逐渐筑高，桥墩中心的放样工作需要重复进行，而且要迅速和准确。这时可以在第一次求得正确的桥墩中心位置 P_i 以后，将 CP_i 和 DP_i 方向线延长到对岸，设立固定的照准标志 C'、D'。以后每次作方向交会法放样时，从 C、D 点直接照准 C'、D'点，即可恢复对 P_i 点的交会方向，如图3-8所示。

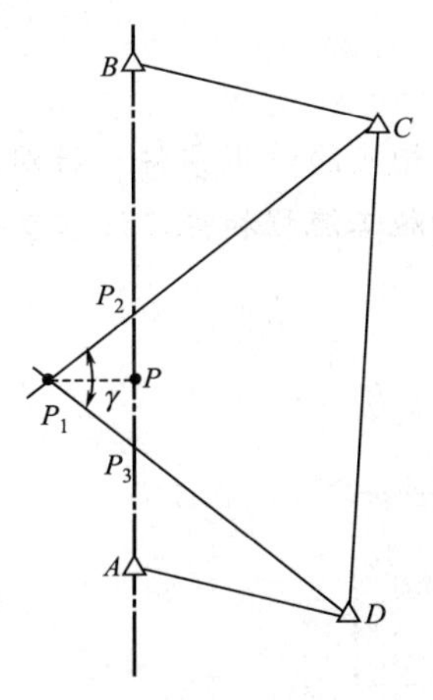

图3-7　示误三角形

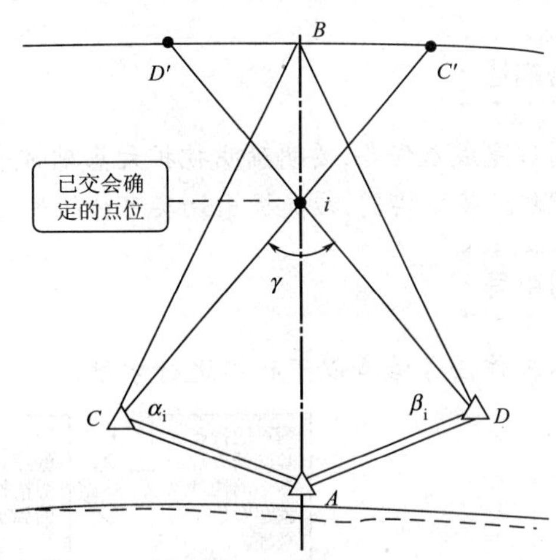

图3-8　交会法

(3)极坐标法

在使用全站仪并在被测的点位上可以安置棱镜的条件下，用极坐标法放样桥墩中心位置更为精确和方便(对于极坐标法,原则上可以将仪器安置在任意控制点上,按计算的放样数据——角度和距离测设点位)。但是,若是测设桥墩中心位置,最好是将仪器安置于桥轴线点 A 或 B 上,照准另一轴线点作为定向,然后指挥棱镜安置在该方向上,测设 AP_i 或 BP_i 的距离,即可测定桥墩中心位置 P_i 点,如图 3-9 所示。

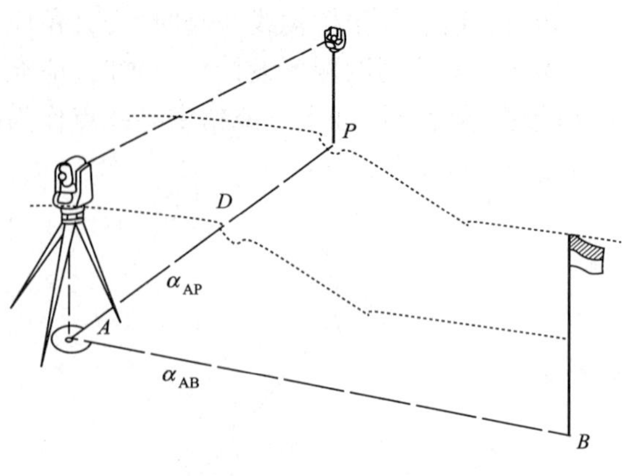

图 3-9 极坐标法

2)墩台横轴线测设

墩台横轴线是测设墩台的依据,也是墩台施工中细部放样的依据。

直线桥各个墩台的纵轴线与桥轴线重合,可根据桥轴线控制桩测设。直线桥的横轴线不与纵轴线垂直时,两者夹角根据设计文件确定,可将经纬仪安置于墩台中心,后视桥轴线控制桩定向,测设规定的角度得到墩台横轴线方向。

工作任务 3.2 明挖扩大基础施工工艺

学习目标

1. 叙述明挖扩大基础的适用条件和施工工艺;
2. 知道基坑开挖、基坑排水的常见施工方法;
3. 分析及选择相应特殊地基的开挖及处理措施;
4. 根据桥涵施工工艺标准完成明挖扩大基础施工技术作业;
5. 正确完成给定的具体明挖扩大基础工程,选择适当的施工机具及处理措施,编制施工工艺流程。

任务描述

通过完成本任务,要明确明挖扩大基础常采用的施工工艺及其相应的适用条件。针对具体的明挖扩大基础实例,应能提出切实可行的处理方案,编制出相应的施工流程和施工注意事项。

学习引导

本工作任务沿着以下脉络进行学习:

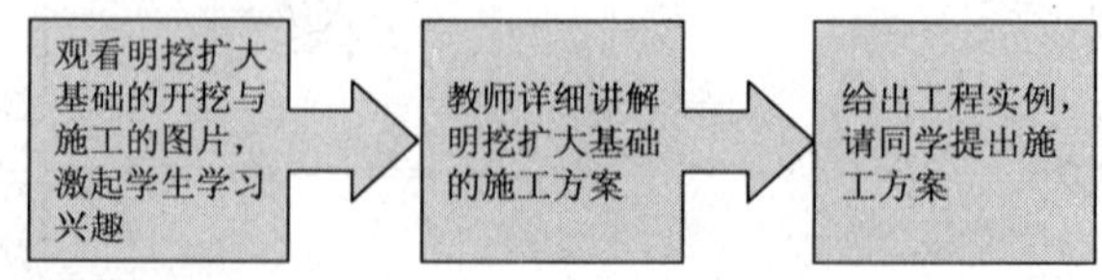

一、施工前的技术准备工作

熟悉和分析施工现场的地质、水文资料,根据结构物,确定基坑的大小和开挖深度,进行施工设计计算，确定施工方案，编制单项施工组织设计，向班组进行书面的一级技术交底和安全交底。

(1)基坑开挖前，必须对基坑围护范围及外周边以内地层中的地下障碍物进行勘探、调查，以便采取必要的措施。

(2)了解所处地段是否对基坑围护结构及开挖支撑施工的噪声和振动有限制，以决定是否采用锤击式打入或振动式打入进行围堰施工和支撑拆除。

(3)施工地段是否有场地可供钢筋加工制作、施工设备停放、施工车辆进出和土方材料堆放，如场地不能满足，则必须选择土方侧运和其他场地。

(4)落实施工方法、施工设备、施工技术，在安全、可靠、经济、合理的前提下，因地制宜确定设计方案，使设计施工方法适应当地的情况。

(5)施工放样：测定基坑纵、横中心线及高程水准点后，按边坡的放坡率放出上口开挖边线桩，并撒出开挖灰线。放样完毕后，驻地监理工程师进行复核、签认。

(6)开挖前对施工人员进行全面的技术、操作、安全二级交底，确保施工过程的工程质量和人身安全。

二、旱地基础的基坑开挖

1. 土质地基开挖(图3-10)

图3-10　土质地基开挖

基坑开挖前，首先要准确放样，定出基础轴线、边线位置及高程，并用骑马桩将中心位置固定。在墩台或其他建筑物附近开挖基坑时，应采取适当的防护措施。弃土堆置地点不得妨碍开挖基坑及其他作业，不能影响坑壁稳定，同时应满足水土保持和环境保护的有关要求。

基坑大小应满足基础施工的要求，一般基底应比设计平面尺寸各边增宽50～100cm，当基坑深度在5m以内，施工期较短，坑底在地下水位以上，土的湿度正常，土层构造均匀时，坑壁坡度可参考表3-1确定。

坑顶与动载间至少应留有1m宽的护道，若工程地质和水文地质不良或者动载过大，还要增宽护道或采取加固措施。

如果放坡开挖场地受限或工程量太大，可按具体情况采用挡板支撑、钢木结合支撑、混凝土护壁(喷射混凝土护壁，现浇混凝土护壁)、钢板桩围堰、锚杆支护及地下连续壁等防护措施。

坑 壁 坡 度 表 3-1

坑壁土类	坑壁坡度		
	坡顶无荷载	坡顶有静荷载	坡顶有动荷载
砂类土	1:1	1:1.25	1:1.5
卵石、砾类土	1:0.75	1:1	1:1.25
粉质土、黏质土	1:0.33	1:0.5	1:0.75
极软岩	1:0.25	1:0.33	1:0.67
软质岩	1:0	1:0.1	1:0.25
硬质岩	1:0	1:0	1:0

注:①坑壁有不同土层时,基坑坑壁坡度可分层选用,并酌设平台;

②坑壁土类按照现行《公路土工试验规程》(JTG E40—2007)划分;

③岩石单轴极限强度 <5.5MPa、5.5 ~ 30MPa、>30MPa 时,分别定为极软、软质、硬质岩;

④基坑深度大于 5m 时,应将坑壁坡度适当放缓或加设平台,如果土的湿度可能引起坑壁坍塌时,坡度应缓于该湿度下土的天然坡度。

开挖作业方式以机械作业为主,采用挖掘机作业辅以人工清槽。挖掘机可以在基坑内或基坑边缘作业,直接把弃土装车运走。挖基土尽可能远离基坑边缘,以免塌方和影响施工。对于小型基坑的弃土处理,可以直接在四周摊平或堆放,待结构物成形后再回填到基坑内。

基坑开挖应连续施工,避免晾槽。

一次开挖距基坑底面以上要预留 20 ~ 30cm,待验槽前人工一次清除至设计高程,以保证基坑顶面坚实,同时保证基底符合设计要求的嵌岩深度。

坚决避免超挖,如超挖,应将松动部分清除,其处理方案应报监理、设计单位批准。

若施工时间较长,又可能遇到暴雨天气时,应在基坑外设临时截水沟或排水沟,防止雨水流入基坑内,使坑内土质发生变化。任何土质基坑挖至设计高程后,都不能长时间暴露、扰动或浸泡而削弱其承载能力。一般土质基坑挖至基底高程时,应保留 10 ~ 20cm 厚一层,在基础砌(浇)筑前人工突击挖除,迅速检验,随即进行基础施工。

在开挖土质基坑时,除了应采取排水措施的同时,还应根据具体的施工情况和地下水、地质条件选取相应的基坑支护方式,防止开挖时基坑塌陷而影响施工。常见的基坑支撑方式见表 3-2。

常 用 支 撑 方 式 表 3-2

支撑方式	简图	适用条件
断续的水平支撑(一挖到底再行支撑)	<2m	能保持直立的干土或天然湿度的黏土类土,地下水很少,坑深 <2m
带间隔的水平支撑(井撑)	竖撑 <3m	能保持直立的干土或天然湿度的黏土类土,地下水很少,坑深 <3m,并随着坑深的开挖相应设置支撑

续上表

支撑方式	简图	适用条件
连续的水平支撑(密撑)	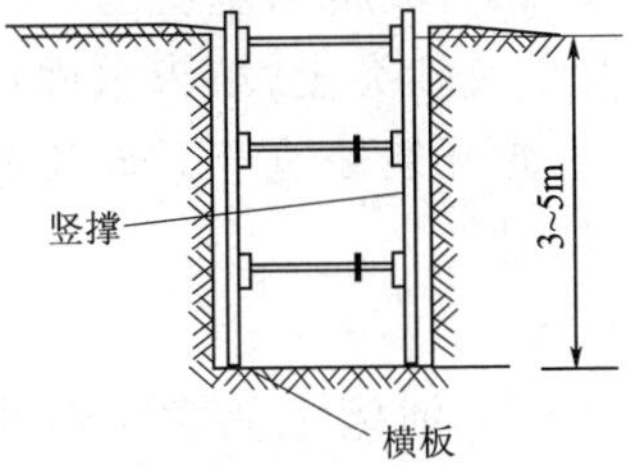 竖撑 3~5m 横板	在可能坍落的干土或天然湿度的黏土类土中,地下水较少,坑深一般为3~5m
深基坑(沟)两层支撑(挖至一定深度后再向下挖掘时进行第二层撑固)	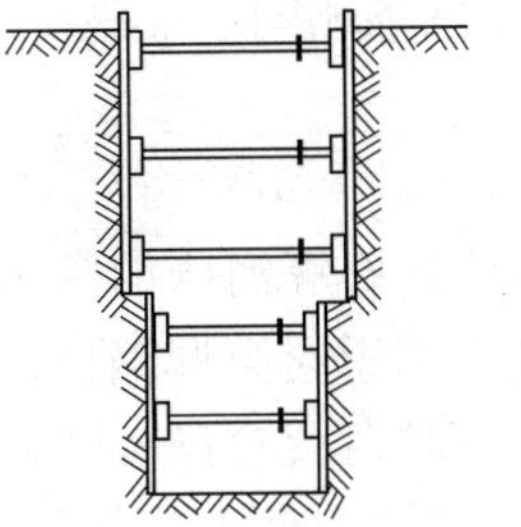	挖土深度较大,基坑(沟槽)下部又有含水层,下部坑宽应考虑工作面。为此,开挖前要留有余裕尺寸(可按土质好坏和地下水影响确定)
基坑上部放坡达一定高度后直立坑壁支撑加固	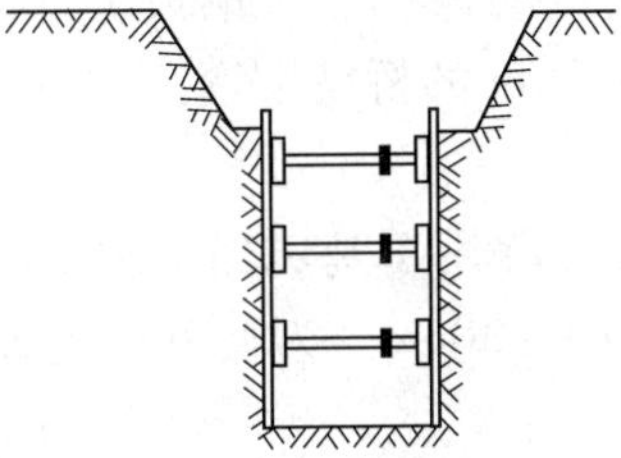	挖土较深,现场也较开阔,上部可放坡后再直立往下撑固

2. *岩石地基开挖*

岩石地基开挖,坑壁坡度如表3-1所述。硬质岩可以垂直向下,一般设计开挖深度为风化层厚度。新鲜岩层、微风化或弱风化岩层即可做基础持力层。开挖一般采用人工开挖,必要时可进行松动爆破,但要严格控制爆破深度和用药量,防止过量爆破引起持力层松动破坏。根据岩层的风化程度、倾向、倾角及发育情况,采用适当方法进行坑壁防护。挖出渣石必须运至设计指定地点,不能对施工安全或周围群众生产、生活及周围生态环境造成危害。

三、水中地基的基坑开挖

1. 围堰

桥涵水中基础施工,首先应采用围堰或临时改河措施排除水流影响,同时在开挖过程中要采取措施排除坑外渗水和地下水,施工难度比旱地作业量增大,施工成本也增加很多。这里主要介绍围堰施工方法。

围堰有土围堰、土袋围堰、钢板桩围堰、钢筋混凝土桩围堰、竹(铅丝)笼围堰、套箱围堰等几种。一般要求围堰高度高出施工期间可能出现的最高水位(包括浪高)50~70cm,围堰外形应考虑河流断面被压缩后流速增大引起水流对围堰、河床的集中冲刷及影响通航、导流等因素。堰内面积应能满足基础施工的需要。围堰要力求防水严密、尽量减少渗漏,以减轻排水工作量。

1）土石围堰

适用于水深1.5m以内、流速≤0.5m/s、河床渗水性较小的河流。堰顶宽1～2m，堰外边坡为1∶2～1∶3，堰内边坡一般为1∶1～1∶1.5，坡脚与基坑边缘距离根据河床土质及基坑深度而定，但不得小于1m。筑堰宜采用黏性土或砂类土，填出水面后应进行夯实。筑堰前应将堰底河床上的树根、石块、杂物等清除，自上游开始填筑至下游合龙。流速过大有冲刷危险时，在外坡面用草皮、柴排、片石或草袋等加以防护。

2）草（麻）袋围堰

适用于水深3.0m以内、流速≤1.5m/s、河床土质渗水较小的情况。堰顶宽一般为1～2m，有黏土芯墙时为2～2.5m，堰外边坡为1∶0.5～1∶1，堰内边坡为1∶0.2～1∶0.5。坡脚至基坑边距离及堰底处理方法、填筑方向与土围堰相同。堆码在水中的土袋，其上、下层和内、外层应相互错缝，尽量堆码密实整齐。

3）钢板桩围堰

适用于砂类土、黏性土、碎石土及风化岩石等河床的深水基础，钢板桩的机械性能和尺寸应符合要求。经过整修或焊接后钢板桩应采用同类型钢板进行锁口并通过试验检查，钢板桩的接长应以等强度焊缝接长。当设备许可时，宜在打桩前将2～3块钢板拼为一组，组拼后用夹具夹牢。拔除钢板桩前宜向堰内灌水，使堰内外水位相等。拔桩时从下游附近易于拔除的一根或一组钢板桩开始，并尽可能采用振动拔桩法。钢板桩强度大、防水性能好，打入土、砾、卵石层时穿透性能强，适合于水深10～30m的桥位围堰。

4）钢筋混凝土板桩围堰

适用于黏性土、砂类土、碎石土河床，除用于基坑挡土防水以外，还可不拔除作为建筑结构物的一部分。通常板宽50～60cm，厚10～30cm。为使其合龙及企口接缝，插打板桩时，应从上游开始按顺序进行直至下游合龙。

5）套箱围堰（图3-11）

适用于埋置不深的水中基础，也可以修建桩基承台。无底套箱用木板、钢板或钢丝水泥制成，内部设钢木支撑。下沉套箱之前清除河床表面障碍物，若套箱设置在岩层上时，应整平岩面；如果基岩岩面倾斜，应将套箱底部做成与岩面相同的倾斜度以增加套箱的稳定性并减少渗漏。

图3-11　套箱围堰

6)木(竹)笼围堰

按上述围堰近似方法施工。

2. 基坑排水

基坑开挖前,依据设计图提供的勘探资料,先估算渗水量,选择施工方法和排水设备。抽水设备的排水能力应大于渗水量的1.5~2.0倍。排水方法有集水坑、集水沟(图3-12)以及井点法排水(图3-13)等。集水坑、集水沟适用于粉细砂土质以外的各种地层基坑,集水沟沟底应低于基坑底面,集水坑深度应大于吸水龙头的高度。如采用井点法降低地下水位,则在距基坑坡顶外的土层内通过计算设置若干针形管,通过水泵从中抽水引起地下水位的下降。由于各集水井在施工过程中不断抽水,使基坑范围地下水位下降,从而基坑保持干燥无水。井点降水法适用于粉细砂质基坑以及地下水位较高、有承压水、挖基较深、坑壁不易稳定和普通排水方法难以解决的土质基坑。井点降水法主要有轻型井点、喷射井点、电渗井点、大口井井点四种。井点类别的选择,宜按照土壤的渗透系数、要求降低水位深度以及工程特点而选择适宜的井点类型和所需设备,其适用范围如表3-3所示。井点降水在无砂的黏质土中不宜使用。

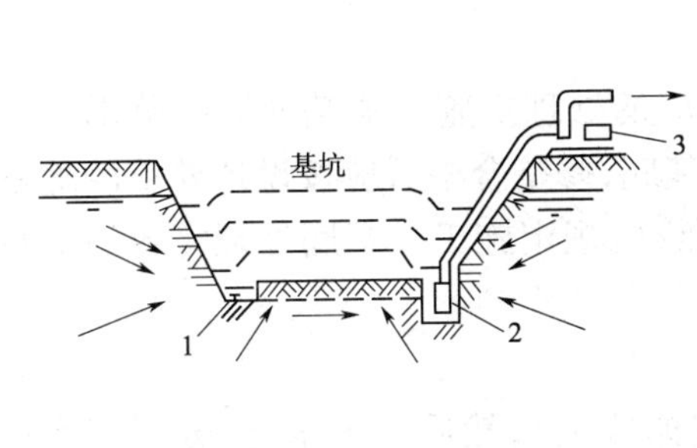

图3-12 基坑明排水示意图

1-排水沟;2-集水井;3-水泵

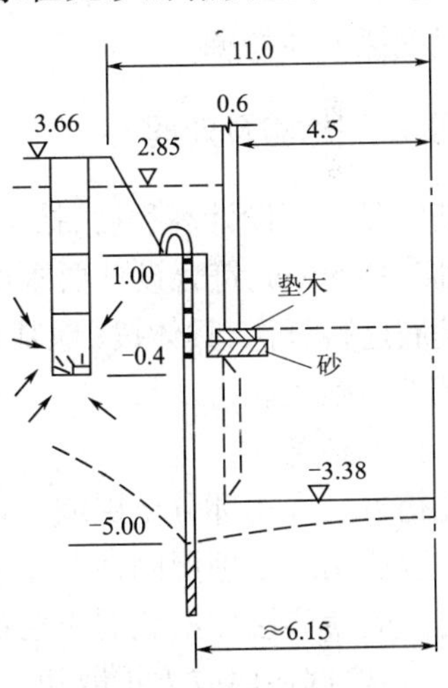

图3-13 井点法排水(尺寸单位:m)

表3-3

各种井点法的适用范围

井点类别	土壤渗透系数(m/d)	降低水位深度(m)
一级轻型井点法	0.1~80	3~6
二级轻型井点法	0.1~80	6~9
喷射井点法	0.1~50	8~20
射流泵井点法	0.1<50	<10
电渗井点法	<0.1	5~6
管井井点法	20~200	3~5
深井泵法	10~80	>15

注:①降低土层中地下水位时,应将滤水管埋设于透水性较大的土层中;

②井点管的下端滤水长度应考虑渗水土层的厚度,但不得小于1m。

使用井点法排水时应注意下列事项:

(1)降低成层土中地下水位时,应尽可能将滤水管埋设在透水性较好的土层中。

(2)在水位降低的范围内设置水位观测孔,其数量视工程情况而定。

(3)应对整个井点孔位加强维护和检查,保证不间断地进行抽水。

(4)应考虑孔水位降低区域构筑物受其影响而可能产生的沉降,并应做好沉降观测,必要时采取防护措施。

3. 基坑挖基

水中挖基采取围堰、井点降水等抽排水措施后,开挖方法及要求与旱地基坑开挖相同。对于排水挖基有困难或具有水中挖基的设备时,可采用下列水中挖基方法。

(1)水力吸泥机　适用于砂类土及砾卵石类土,不受水深限制,其出土效率可随水压、水量的增加而提高。

(2)空气吸泥机　适用于水深5m以上的砂类土或夹有少量碎卵石的基坑,浅水基坑不宜采用。在黏土层使用时,应与射水配合进行,以破坏黏土结构;吸泥应用时向基坑内注水,使基坑内水位高于河水位约1.0m,以防止流沙或涌泥。

(3)挖掘机水中挖基　适用于各种土质,但开挖时不要破坏基坑边坡的稳定,可采用反铲挖掘机配抓泥斗挖掘。

四、基底检验及处理

基坑开挖至设计高程后,按地质情况要采取相应的处理措施。地基处理的范围至少应宽出基础之外50cm,符合设计要求的细粒土、特殊土基底,修整合格后应按设计要求的地基承载力对基底进行钎探,具体按《地基钎探检查工艺标准》的规定施工。基底处理完成后应尽快进行基础工程施工。

1. 素土垫层

先挖去基底的部分土层或全部土层(一般是挖掉软土),然后回填素土,分层夯实。素土垫层一般适用于处理湿陷性黄土和杂填土层地基。垫层厚度一般是根据垫层底部土层的承载力决定。应使垫层传给软弱土层的压力不超过软弱土层顶部承载力,处理的厚度一般不宜大于3m。要根据垫层应力扩散角来确定土垫层的宽度。

$$B' = B + 2h\tan\theta \tag{3-1}$$

式中:B'——垫层底部宽度(m);

B——基底宽度(m);

h——垫层厚度(m);

θ——应力扩散角(一般为22°~25°)。

2. 砂垫层和砂石垫层地基

垫层宜采用颗粒级配良好、质地坚硬的中砂、粗砂、砾砂、卵石和碎石。一般按设计要求规定处理,石子最大粒径不宜大于5cm。砂石垫层应按级配拌和均匀,再铺填捣实。一层厚度一般25cm,底面宜铺设在同一高程上,多层分段施工,每层接头错开0.5~1m,要充分捣实,有条件时可采用压路机往复碾压,达到压实度为准。如基坑渗水应采取可靠措施排水。

3. 灰土垫层地基(仅适用于无地下水的干基坑)

用石灰和黏性土拌和均匀,体积配合比一般宜用2:8或3:7(石灰:土),然后分层夯实而成。灰土的土料可尽量采用地基槽挖出的土。凡有机质含量不大的黏性土都可以作灰土的土料,表面耕植土不宜采用。土料应过筛,粒径不宜大于15mm。用作灰土的熟石灰应过筛,粒径不宜大于5mm，并不得夹有未消化的生石灰块和有过多的水分。灰土施工时，应适当控制其含水率，可用手紧握土料成团，两指轻捏能碎为宜。如土料水分过多或不足时，可以晾干和洒水润湿。灰土应拌和均匀，颜色一致，拌好后应及时铺好夯实（图3-14）。灰土厚度虚铺为25cm，夯实或压实控制在18～20cm。灰土质量标准见有关规定。

图3-14　灰土垫层夯实

4. 岩层基底处理

风化的岩层，应挖至满足地基承载力要求或其他方面的要求为止。

在未风化的岩层上修建基础前，应先将淤泥、苔藓、松动的石块清除干净，并洗净岩石。

坚硬的倾斜岩层，应将岩层面凿平。倾斜度较大、无法凿平时，则应凿成多级台阶，台阶的宽度宜不小于0.3m。

对于其他特殊地基，尚应选用以下特殊处理方法。

1）软弱地基

软土及承载力很低的地基称为软弱地基，必须采取措施进行处理，主要方法有换填土、砂砾垫层、袋装砂井和排水塑料板、生石灰桩、真空预压及粉体喷射拌和等。其详细施工工艺及技术要求详见《公路桥涵施工技术规范》（JTJ 041—2000）。

2）湿陷性黄土地基

该类地基处理应尽量避免在雨季施工，否则应有专门的防洪、排水设施，基础筑出地面后应及时用不透水土或原土分层回填夯实至稍高于附近地面以利排水。处理方法主要有重锤夯实、换填灰土垫层、土桩深层挤实及土的硅化等方法。其中重锤夯实法和换填灰土分层夯实法应用较为普遍。

3）多年冻土地基

该类地基施工要按保持冻结的原则，尽量避开高温季节，并注意以下几点问题：

（1）严禁地表水流入基坑。

（2）及时排除季节冻层内的地下水和冻土本身融化水。

（3）必须搭设遮阳棚和防雨棚。

(4)施工前做好充分准备,组织快速施工,做好基础后立即回填封闭,防止热量侵入。

4)泉眼及溶洞处理

若地基出现泉眼,处理方法一种是堵眼:将有螺口的钢管打入泉眼,盖上螺帽拧紧,阻止泉水流出;或者向泉眼内压注速凝水泥砂浆,再打入木塞堵眼。另一种方法是引流排水,堵眼有困难时,可用管子塞入泉眼,将水流引至集水坑或天然沟谷。对出露的较大溶洞(图3-15)可采用混凝土掺片石灌注或用钢筋混凝土结构加盖处理。小溶洞采用压水泥砂浆或小石子混凝土压灌处理。大型溶洞应专门研究确定施工方案。

图3-15 溶洞

基底开挖并处理完毕后,应通过基底检验,其内容包括如下几点。

(1)检查基底平面位置、尺寸大小、基底高程。

(2)检查基底地质情况和承载力是否与设计资料相符。

(3)检查基底处理和排水情况是否与规范相符。

(4)检查施工日志及有关试验资料等,平面周线位置不小于设计要求。

基底平面位置和高程允许偏差规定如下。

①平面周线位置:+20cm。

②基底高程:土质为±50mm;石质为+50mm,-200mm。

注:基底检验实测项目遵照中华人民共和国行业标准《公路工程质量检验评定标准》(JTG F80/1—2004)的规定执行。

五、基础施工

扩大基础的种类有浆砌片石、浆砌块石、片石混凝土、钢筋混凝土等几种,现将施工方法分别予以介绍。

1.浆砌块(片)石

一般要求砌块在使用前必须浇水湿润,将表面的泥土、水锈清洗干净,砌第一层砌块时,如基底为岩层或混凝土基础,应先将基底表面清洗、湿润,再坐浆砌筑。砌筑应分层进行,各层先砌筑外圈定位行列,然后砌筑里层,外圈砌石与里层砌块交错连成一体。各砌层的砌块应安放稳固，砌块间应砂浆饱满，黏结牢固，不得直接贴靠或脱空。

片石砌体宜以 2 ~ 3 层砌块组成一工作层，每层的水平缝应大致找平，各层竖缝应相互错开，不得贯通。外圈定位行列和转角石，应选择形状较为方正及尺寸较大的片石，并长短相间地与里层砌块咬接，砌缝宽度一般不应大于 4cm。较大的砌块应放在下层，石块的尖锐凸出部分应敲除。竖缝较宽时，在砂浆中塞以小石块填实。

块石砌筑时每层石料高度应大致一样，外圈定位行列和镶面石块，应丁顺相间或二顺一丁排列；砌缝宽度不大于 3cm。上下层竖缝错开距离不小于 8cm。

2. 加石混凝土和片石混凝土

混凝土中填放片石时应符合以下规定：

（1）埋放石块的数量不宜超过混凝土结构体积的 25%；当设计为片石混凝土砌体时，石块可增加为 50% ~60%。

（2）应选用无裂纹、夹层且未被锻炼过的、高度小于 15cm、具有抗冻性能的石块。

（3）石块的抗压强度应不小于 25MPa 及混凝土强度等级。

（4）石块应清洗干净，应在捣实的混凝土中埋入一半以上。石块应分布均匀，净距不小于 10cm，距结构侧面和顶面净距不小于 15cm；对于片石混凝土，石块净距可以不小于 4 ~6cm，石块不得挨靠钢筋或预埋体。

3. 钢筋混凝土基础

旱地浇筑钢筋混凝土基础，应在对基底及基坑验收完成后尽快绑扎、放置钢筋（图 3-16）；在底部放置混凝土垫块，保证钢筋的混凝土净保护层厚度，同时安放墩柱或台身钢筋的预埋部分，保证其定位准确；对全部钢筋进行检查验收，保证其根数、直径、间距、位置满足设计文件和技术规范要求时，即可浇筑混凝土。拌制好的混凝土运至现场后，若高差不大，可直接倒入基坑内，若倾卸高度过大，为防止发生离析，应设置串筒或滑槽，槽内焊上减速钢梳，保证混凝土整体均匀运入基坑，用插入式振捣棒捣实。浇筑应分层进行，但应连续施工，在下层混凝土开始凝结之前，应将上层混凝土灌注捣实完毕。基础全部筑完凝结后，要立即覆盖草袋、麻袋、稻草或砂子，并经洒水养生。养生时间一般普通硅酸盐水泥混凝土为 7d 以上，矿渣水泥、火山灰质水泥或掺用塑化剂的混凝土应为 14d 以上。

图 3-16　浇筑钢筋混凝土基础

水中混凝土基础在基坑排水的情况下施工方法与旱地基础相同，只是在混凝土凝固后即可停止排水，也不需再进行专门的养生工作。

六、安全、环保措施

1. 安全措施

安全方面各种临时性结构和设备操作工况，要详细计算，并按规范要求留取足够的安全储备。基坑深度超过1.5m时，应按规定设置上下坡道或爬梯。汛期开挖时要放缓边坡，并采取排水措施。

加强现场施工管理。施工现场人员必须戴好安全帽及其他安全防护用品。基坑周围必须设置围栏，一般为加高80cm的围护栏。挖出的土方及时运离基坑。机动车的通行不得危及坑壁的安全，防止坍塌（图3-17）。

施工现场的电工必须持证上岗。

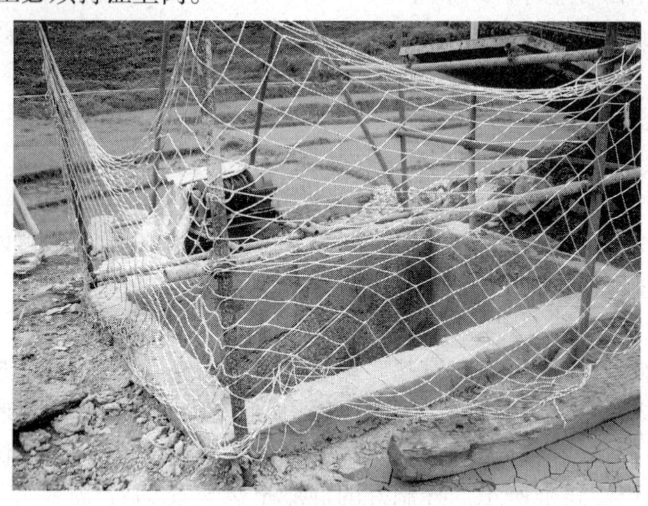

图3-17 安全措施

施工地段设置各种警告标志，夜间应有良好的照明，限速行驶，保证施工现场道路畅通。

严禁非驾驶员开车或试车，严禁酒后开车，施工机械由专人驾驶操作。

专职安全人员除日常在工地检查外，对重点新工序要提出安全注意事项，并配合工地技术人员做好安全技术交底。

2. 环保措施

施工现场应制订洒水防尘措施，指定专人负责，及时清运废渣土。

对施工弃土、废水，不得向河流和设计范围外的场地直接倾倒。

施工机械的废油废水，采取有效措施加以处理，不超标排放，以免造成河流和水源污染。

车辆运料过程中，对易飞扬的物料用篷布覆盖严密，且装料适中，不得超限；车辆轮胎及车外表用水冲洗干净，不得污染道路。

施工设备、车辆要经过质检部门检验，尾气排放不得超标。

夜间开挖时，应控制施工机械的人为噪声，防止噪声扰民。

工作任务3.3 桩基础施工工艺

学习目标

1. 叙述桩基础的特点、种类及适用情况；

2. 知道常见桩基础的施工工艺及适用情况；

3. 知道桩基础施工过程中常见问题的处理措施；

4. 根据桥涵施工工艺标准完成桩基础的施工技术作业；

5. 正确完成给定的具体桩基础施工工程，选择适当的施工工艺及机具，编制施工工艺流程。

任务描述

通过完成本任务，要明确桩基础施工常采用的施工工艺及其相应的适用条件。针对具体的桩基础施工实例，应能提出切实可行的施工方案，编制出相应的施工流程和施工注意事项。

学习引导

本工作任务沿着以下脉络进行学习：

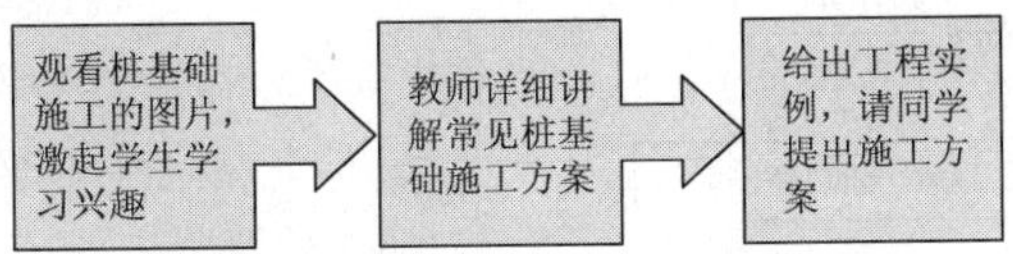

当地基浅层土质较差，持力层埋藏较深时，需要采用深基础，以满足结构对地基强度、变形和稳定性的要求。桩基础因适应性强、施工方便等特点而成为应用最普遍的一种深基础形式。桩基础按承受荷载的工作原理不同分为摩擦桩、柱桩、嵌岩桩。按施工方法不同又可分为钻孔灌注桩、挖孔灌注桩、打入桩等，钻孔桩和挖孔桩应用最为广泛。

一、打入桩施工

打入桩的施工方法均为将各种预先制好的桩（主要是钢筋混凝土或预应力混凝土实心桩或管桩，也有钢桩或木桩）以不同的沉桩方式（设备）沉入地基内达到所需要的深度。预制桩是按设计要求在地面良好条件下制作（长桩可在桩端设置钢板、法兰盘等接桩构造，分节制作），桩体质量高，可大量工厂化生产，加速施工进度。它适用于一般土地基，但较难沉入坚实地层。打入桩有明显的排挤土体作用，应考虑对邻近结构（包括邻近基桩）的影响。在运输、吊装和沉桩过程中，应注意避免破坏桩身。图 3-18 所示为预制混凝土方桩构造示意图。打入桩施工工艺流程如图 3-19 所示。

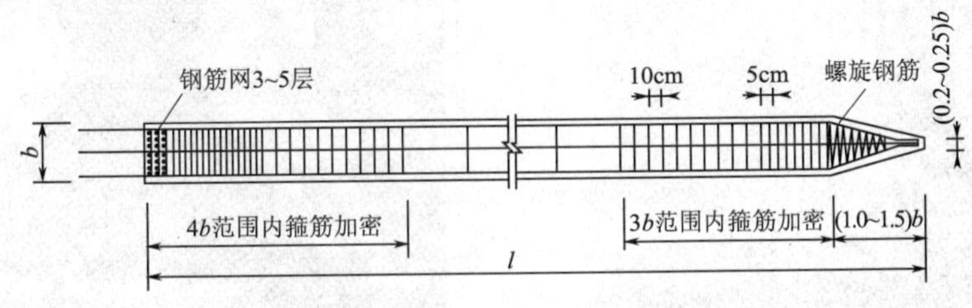

图 3-18　预制混凝土方桩构造

打入桩靠桩锤的冲击能量将桩打入土中，因此桩径不能太大（在一般土质中桩径不大于0.6m），桩的入土深度在一般土质中不超过 40m，否则打桩设备要求较高，而打桩效率较低。打入桩主要为钢筋混凝土桩和预应力混凝土桩。打入桩施工示意图如图 3-20 所示，振动打桩机如图 3-21 所示。

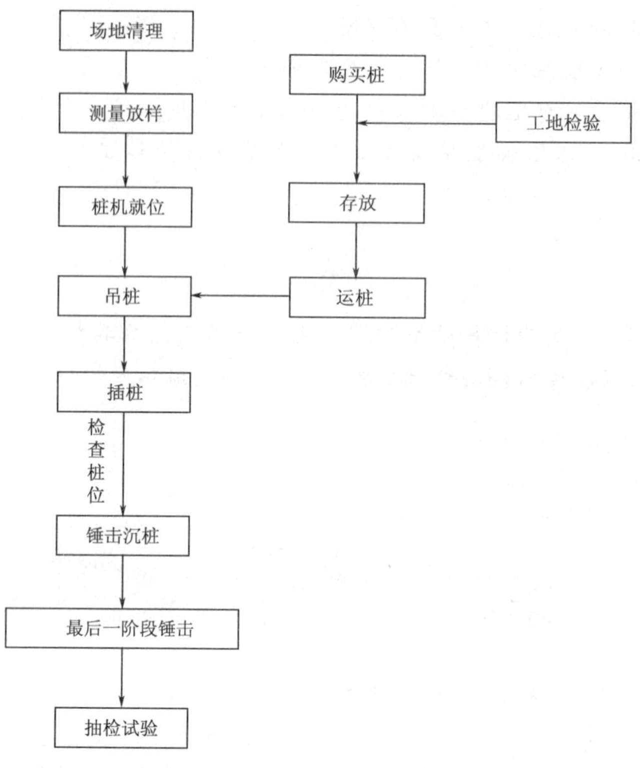

图 3-19　打入桩的施工工艺流程

图 3-20　打入桩施工

图 3-21　振动打桩机

现就打桩施工的主要设备和施工中应注意的主要问题简要介绍如下。

1. 桩锤

常用的桩锤有坠锤、单动汽锤、双动汽锤及柴油锤等几种。

坠锤是最简单的桩锤，它是由铸铁或其他材料做成的锥形或柱形重块，锤重 2 ~ 20kN，用绳索或钢丝绳通过吊钩由人力或卷扬机沿桩架杆提升，然后使锤自由落下锤击桩顶。坠锤打桩效率低，每分钟仅能打数次，但设备简单，适用于小型工程中打木桩或小直径的钢筋混凝土桩。

单动汽锤是利用蒸汽或压缩空气将桩锤沿桩架顶起提升，而下落则靠锤自由落下锤击桩顶。单动汽锤的重力为 10 ~ 100kN，每分钟冲击 20 ~ 40 次，冲程为 1.5m 左右。单动汽锤是一种常用的桩锤，适用于打钢桩和钢筋混凝土桩等各种桩。

双动汽锤也是利用蒸汽或压缩空气的作用，使桩锤（冲击部分）在双动汽锤的外壳即汽缸（固定在桩头上）内上下运动，锤击桩顶。其锤重 3 ~ 10kN，冲击频率高，每分钟可冲击百次以上，冲程数百毫米，打桩效率高，但一次冲击动能较小。它适用于打较轻的钢筋混凝土桩、钢板桩等各类桩，不仅可用以打桩，还可用于拔桩，在生产中得到广泛使用。

柴油锤实际上是一个柴油汽缸，工作原理同柴油机，利用柴油在汽缸内压缩发热点燃而爆炸将汽缸沿导向杆顶起，下落时锤击桩顶。柴油锤除杆式柴油锤外，还有筒式柴油锤，均为常用，其机架设备较轻，移动方便，燃料消耗少，效率也较高。锤型大、小均有，常用锤重 20 ~ 72kN，每分钟冲击 50 ~ 60 次，冲程 1.8 ~ 2.3m，可打钢桩或钢筋混凝土桩等各种桩。

打入桩施工时，应适当选择桩锤重量，桩锤过轻，桩难以打下，效率太低，还可能将桩头打坏。但桩锤过重，则各种机具、动力设备都需加大，不经济。锤重与桩重的比值一般不宜小于表 3-4 中的参考数值。

锤重与桩重比值 表 3-4

锤类 / 土类 / 桩类别	单动汽锤		双动汽锤		柴油锤		坠锤	
	硬土	软土	硬土	软土	硬土	软土	硬土	软土
钢筋混凝土桩	1.4	0.4	1.8	0.6	1.5	1.0	1.5	0.35
木桩	3.0	2.0	2.5	1.5	3.5	2.5	4.0	2.0
钢桩	2.0	0.7	2.5	1.5	2.5	2.0	2.0	1.0

2. 桩架

桩架的作用是装吊桩锤、插桩、打桩、控制桩锤的上下方向。它包括导杆（又称龙门，控制桩和锤的插打方向）、起吊设备（滑轮组、绞车、动力设备等）、撑架（支撑导杆）及底盘（承托以上设备）、移位行走部件等。桩架在结构上必须有足够的强度、刚度和稳定性，保证在打桩过程中桩架不会发生移动和变位。桩架的高度应保证桩吊立就位的需要和锤击的必要冲程。

桩架的类型很多，常用的是钢桩架，有与柴油锤或汽锤成套配备的，也有自制的。柴油锤都带有型钢拼装式的桩架，比较轻巧，易于移动。钢桩架拼装，一般均先拼装底盘，逐步向上安装。桩架移动换位可在底盘托板下面垫上滚筒或铺设钢轨，或桩架为自行移动配置轮子、履带，并利用自身动力装置牵引移动或行走。

钢制万能打桩架的底盘带有转台和车轮（下面铺设钢轨），撑架可以调整导向杆的斜度，因此，它能沿轨道移动，能在水平面作 360°旋转，能打斜桩，施工方便，但桩架本身笨重，拆装运输较困难。

3. 桩的吊运

预制的钢筋混凝土桩由预制场地吊运到桩架内，在起吊、运输、堆放时，都应该按照设计计算的吊点位置起吊(一般吊点在桩内预埋直径为20~25mm的钢筋吊环,或以油漆在桩身标明),否则桩身受力情况与计算不符,可能引起桩身混凝土开裂。

4.打桩过程应注意事项

(1)为了避免或减轻打桩时由于土体挤压,使后打入的桩打入困难或先打入的桩被推挤移动,打桩顺序应视桩数、土质情况及周围环境而定,可由基础的一端向另一端进,或由中央向两端施打。

(2)在打桩前,应检查锤与桩的中心线是否一致,桩位是否正确,桩的垂直度或倾斜度是否符合设计要求,桩架是否安置牢固平稳。桩顶应采用桩帽、桩垫保护,以免打裂桩头。

(3)桩开始打入时,应轻击慢打,每次的冲击能不宜过大,随着桩的打入,逐渐增大锤击的冲击能量。

(4)在打桩过程中,随着桩入土深度的增加,每次锤击的贯入度将随之减小,它在一定程度上能反映出桩的承载能力。因此,在打桩时应记录好桩的贯入度,作为桩是否达到设计要求的一个参考数据。对于特大桥梁和地质复杂的大、中桥,打桩工程开始前应进行试桩和静载试验,以确定基桩的入土深度和贯入度,保证基桩具有设计的承载能力。

(5)打桩过程中应随时注意观测打桩情况,防止基桩的偏移,并填写好打桩记录。打桩时往往会因桩锤重量配备不妥,锤提升高度不当或地质情况的变化而发生桩身突然倾斜、锤击时桩锤严重回弹、桩的贯入度突然变化或桩头破损、桩身产生裂缝等情况。此时应暂停打桩,查明原因,采取措施(如:用射水沉桩法配合锤击;改变打桩设备;加固桩身等)后方可继续施工。

(6)每打一根桩应一次连续完成,避免中途停顿过久,否则因桩周摩阻力的恢复而增加沉桩的困难。

(7)接桩要使上下两节桩对准接准。在接桩过程中及接好打桩前,均须注意检查上下两节桩的纵轴线必须在一条直线上。接头必须牢固,焊接时要注意焊接质量,宜用两人双向对称同时电焊,以免产生不对称的收缩,焊完待冷却后再打桩,以免热的焊缝遇到地下水而开裂。

(8)在建筑物靠近打桩场地或建筑物密集地区打桩时,需观测地面变位情况,注意打桩对周围建筑物的影响。

打桩完毕基坑开挖后,应对桩位、桩顶高程进行检查,然后浇筑承台。

二、钻孔灌注桩施工

1.施工前的准备工作

钻孔灌注桩由于其施工速度快,质量稳定,受气候环境影响小,因而被普遍采用,但其施工前的准备工作十分重要,只有条件充分才能保证施工顺利进行。

1)认真进行施工放样

用全站仪准确放出各桩位中心,用骑马桩固定位置,用水准仪测量地面高程,确定钻孔深度。

2)设备准备

根据地质资料,确定科学合理的钻孔方法和钻孔设备,架设好电力线路,配备适合的变压器。若用柴油机提供动力,则应购置与设备动力相匹配的柴油机和充足的燃油。混凝土拌和机、电焊机、钢筋切割机,以及水泥、砂石材料均要在钻孔开始前准备妥当。

3)埋设护筒

可以采用钢护筒,也可以采用现场预制的钢筋混凝土护筒。在放样好的桩位处,开挖一个圆形基坑将护筒埋入。护筒应坚实、不漏水,护筒内径应比桩径稍大 20 ~ 30cm。采用反循环钻时应使护筒顶高程高出地下水位 2.0m;采用正循环钻时应高出地下水位 1.0 ~ 1.5m;处于旱地时,护筒在满足上述条件的基础上还应高出地面 0.3m。在陆地上施工,可挖坑埋设护筒,使护筒平面位置中心与桩设计中心一致,护筒顶宜高出地下水位或潜水压力 1 ~ 2m,高出原地面 30 ~ 50cm。

护筒埋设深度:在黏性土中不宜小于 1m,在砂土中不宜小于 1.5m,在软土中护筒埋深应根据具体情况确定。桩基础位于水中钻孔时,护筒可用钢板卷制而成,护筒较深可分节做,组拼就位。下沉护筒有压重、振动锤击并辅以筒内除土等方式,护筒底应埋入局部冲刷线以下不小于 1.0 ~ 1.5m,埋入河床深度一般为 2 ~ 4m。护筒埋设构造图如图 3-22 所示,埋设护筒施工示意图如图 3-23 所示。

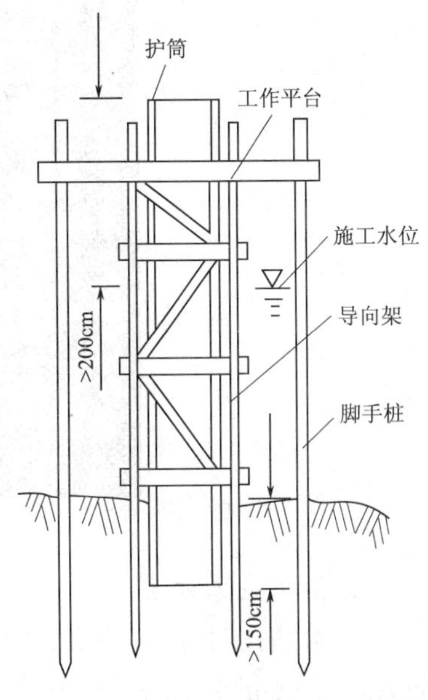

图 3-22　护筒埋设构造图

4)制备泥浆(图 3-24)

钻孔泥浆由水、黏土(或膨胀土)和添加剂组成。按钻孔方法和地质情况,一般需采用泥浆悬浮钻渣和护壁,除地层本身全为黏性土、能在钻进中形成合格泥浆外,开工前应准备数量充足和性能合格的黏土和膨胀土。调制泥浆时,先将土加水浸透,然后用拌和机或人工拌制,按不同地层情况严格控制泥浆浓度,正确选用正、反循环钻法钻孔。为了回收泥浆原料和减少环境污染,应设置泥浆循环净化系统。

图 3-23　埋设护筒施工示意图

图 3-24　制备泥浆

5)钢筋笼制作

在钻孔之前或者钻孔的同时要制作好钢筋笼,以便成孔、清孔后尽快灌注混凝土,防止塌孔事故发生。钢筋笼应按图纸尺寸要求,按吊装和钢筋单根定长确定下料长度,注意主筋在 50cm 范围内接头数量不能超过截面主筋根数总数的 50%。加强筋直径要准确;箍筋要预先调直,螺旋形布置在主筋外侧;定位筋应均匀对称地焊接在主筋外侧。下钢筋笼前应对其进行质量检查,保证钢筋根数、位置、净距保护层厚度等满足要求(图 3-25)。

图 3-25 钢筋笼

2. 钻孔施工方法

开始钻孔时,应先在孔内灌注膨胀土悬浮泥浆或合格的黏土悬浮泥浆。泥浆性能指标根据地层情况和采用的钻孔方法而定。钻进时应保持钻锥稳定、慢速,使初开孔壁坚实、竖直,能起导向作用,避免碰撞护筒。钻锥在孔中能保持竖直稳定时,可适当加速钻进。

钻进过程中,随时注意孔内水压差,以防止产生涌沙。孔中泥浆要随时进行检查,保持各项指标符合要求,泥浆过浓影响进度,过稀易塌孔。同时,泥浆应始终高出孔外水位或地下水位 1.0 ~ 1.5m。

无论采用哪种钻孔方法,都要遵循以下一般要求:

(1)钻孔就位前,应对钻孔的各项准备工作进行检查,包括场地与钻机座落处的平整和加固,机具的检查与安装。

(2)必须及时填写施工记录表,交接班时应交代钻进情况及下一班应注意事项。

(3)钻机底座和顶端要平稳,在钻进和运行中不应产生位移和沉陷。回转钻机顶部的起吊滑轮缘、转盘中心和桩位中心三者应在同一铅垂线上,偏差不超过 2cm。

(4)钻孔作业应分班连续进行,经常对钻孔泥浆性能指标进行检验,不符合要求时要及时改正。

各种钻孔方法的适用范围可参考表 3-5。钻孔灌注桩的施工工艺流程如图 3-26 所示。

各种钻孔方法的适用范围 表 3-5

序号	成孔设备(方法)	适用范围			
		地基条件	孔径(cm)	孔深(m)	泥浆作用
1	机动推钻	黏性土,砂土,砾石粒径小于 10cm,含量少于 30% 的碎石土	60 ~ 160	30 ~ 40	护壁
2	正循环回转钻法	黏性土,砂土,砾、卵石粒径小于 2cm,含量少于 20% 的碎石土,软岩	80 ~ 200	30 ~ 100	浮悬钻渣并护壁
3	反循环回转钻法	黏性土,砂土,卵石粒径小于钻杆内径 2/3,含量小于 20% 的碎石土,软岩	80 ~ 250	泵吸 <40 气举 100	护壁
4	正循环潜水钻法	淤泥,黏性土,砂土,砾卵石粒径小于 10cm,含量少于 20% 的碎石土	60 ~ 150	50	浮悬钻渣并护壁

续上表

序号	成孔设备（方法）	适 用 范 围			
		地基条件	孔径(cm)	孔深(m)	泥浆作用
5	反循环潜水钻机	各类土层	60～150	泵吸 <40 气举 100	护壁
6	全护筒冲抓和冲击钻机	各类土层	80～200	30～40	不需泥浆
7	冲抓锥	淤泥，黏性土，砂土，砾石，卵石	60～150	20～40	护壁
8	冲击实心锥	各类土层	80～200	50	浮悬钻渣并护壁
9	冲击管锥	黏性土，砂土，砾石，松散卵石	60～150	50	浮悬钻渣并护壁

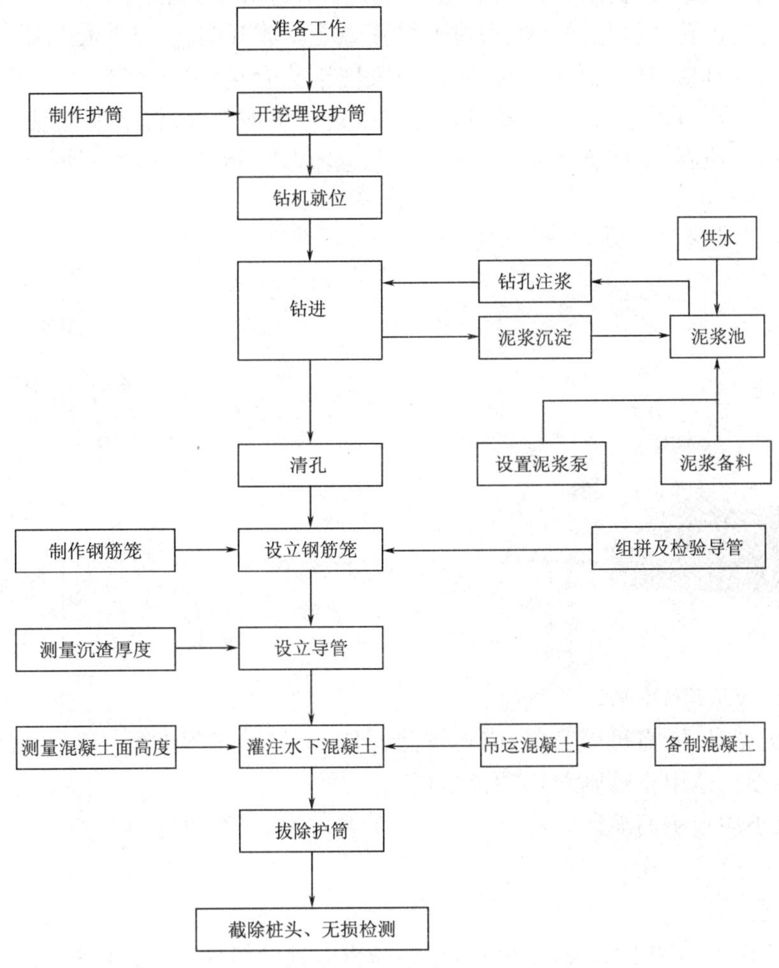

图 3-26　钻孔灌注桩施工工艺流程

具体的钻孔施工方法有以下几种。

1)正循环钻进施工

用钻头旋转切削土体钻进，泥浆泵将泥浆压进钻杆顶部泥浆笼头，通过钻杆中心从钻头喷入钻孔内，泥浆携带钻渣沿钻孔上升，从护筒顶部排浆孔排出至沉淀池，钻渣在此沉淀而泥浆流入泥浆池循环使用。该方法适用于淤泥、黏性土、砂土以及砾卵石粒径小于 10cm、含量少于

20%的碎石土。其优点是钻进与排渣同时连续进行,在适用的土层中钻进速度较快,但需设置泥浆槽、沉淀池等,施工占地较多且机具设备较复杂。

2)反循环钻机施工

反循环法与正循环法不同的是泥浆输入钻孔内,然后从钻头的钻杆下口吸进,通过钻杆中心排出至沉淀池内。该方法适用于黏性土、砂土以及砾卵石粒径小于钻杆内径2/3,含量少于20%的碎石土、软岩。其钻进与排渣效率较高,但接长钻杆时装卸麻烦,钻渣容易堵塞管路。另外,因泥浆是从下向上流动,孔壁坍塌的可能性较正循环法大,为此需用较高质量的泥浆,如图3-27所示。

3)冲抓锥钻进

冲抓锥是一种最简单的钻孔机械,由三脚立架、锥头、卷扬机三部分组成,如图3-28所示。施工时使三角立架固定滑轮,绕过滑轮的钢丝绳下端吊着由三块钢锥片组成的锥头,锥头张开的最大外围尺寸与桩孔直径相同。锥头对准桩孔中心。放开制动,锥头在自重作用下下落,打入孔内土层中,卷扬机将其向上提升时,通过拉索使锥头合拢,砂土被封闭在锥体内提升至井外。等锥体提升至孔口以上时,工人及时在井口放置一块钢盖板,将手推车或其他运输工具放于其上。打开锥头控制栓,使锥头张开,土体落入运输车中运走。移走钢板,即进行下一轮冲抓作业,如此循环钻进。

图3-27 反循环钻机

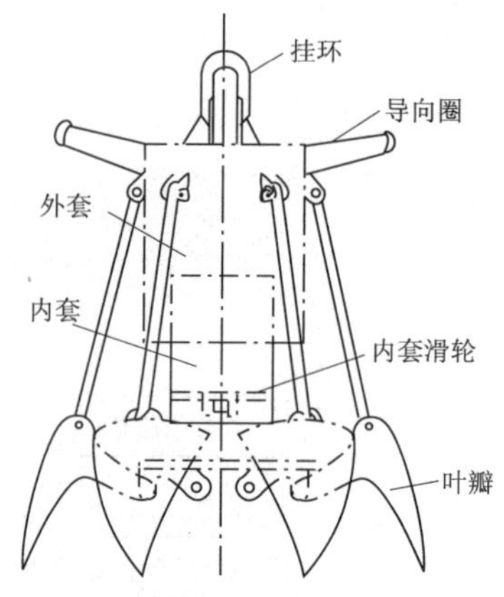

图3-28 冲抓锥

该方法的优点是:所需机械简单,成本较低,但施工自动化程度低,需人工操作,劳动强度大,施工速度较慢。适用于砂砾石和砂土地层。

注意:应以小冲程稳而准地开孔,待锥具全部进入护筒后,再松锥进行正常冲抓。提锥应缓慢,冲击高度一般为1.0~2.5m。

4)冲击钻孔

冲击钻孔的设备由冲击钻头、三角立架、卷扬机三部分组成。该方法适用于砂砾石和岩石地层,其工作原理是:用卷扬机钢丝绳通过三角立架上的滑轮将锥头提起,然后放开卷扬机,使锥头自然下落,锥头的冲击作用将砂砾石或岩石砸成碎末、细渣,靠泥浆将其悬浮起来排出孔外。锥体一般为圆柱形,用钢材制成,锥头呈"十"字形,利于破碎岩石。一般可先用60~80cm的细锥头钻进,然后再用大锥头扩孔至设计孔径。这样既可以保证孔壁稳定,防止坍孔,又可以提高功效。卷扬机可以人工操作,也可以选用自动操作设备,因而该方法节省人力,可以24h连续作业,施工效率较高,在工程中普遍适用。

施工时应注意以小冲程开孔，使初成孔坚实、竖直、圆顺并起向导作用。钻进深度超过钻锥全冲程后才能施行正常冲击，若遇坚硬漂卵石层，可采用中、大冲程，但最大冲程不宜超过4～6m。钻进冲程中及时排除钻渣，并添加黏土造浆，防止塌孔和沉积，使钻锥经常冲击新鲜地层。冲击表面不平整的漂石、硬岩时，应先投入黏土夹小片石，将表面垫平后再钻进，防止出现偏孔、斜孔。

3. 事故处理

由于地质构造的复杂性和施工期间各种因素的影响，钻孔事故常有发生。事故发生后应及时确认事故类型，采取补救措施，以减少损失，保证工程质量。

1）坍孔

遇钻孔坍塌时，应仔细分析，待查明坍孔原因和位置后，再进行处理。导致坍孔的原因有：

（1）护筒埋置过浅，周围封闭不密漏水。

（2）操作不当，如提升钻头、冲击（抓）锥或掏渣筒倾倒，或放钢筋骨架时碰撞孔壁。

（3）泥浆稠度小，起不到护壁作用。

（4）泥浆水位高度不够，对孔壁压力小。

（5）向孔内加水时流速过大，直接冲刷孔壁。

（6）在松软砂层中钻进，进尺太快。

坍孔不严重时，可回填至坍孔位置以上，采取改善泥浆性能、加高水头、埋深护筒等措施继续钻进。若坍孔严重，应立即将钻孔全部用砂或小砾石夹黏土回填，暂停一段时间使其性能稳定后，再采取相应措施加大泥浆浓度快速钻进等进行重钻，如图3-29所示。

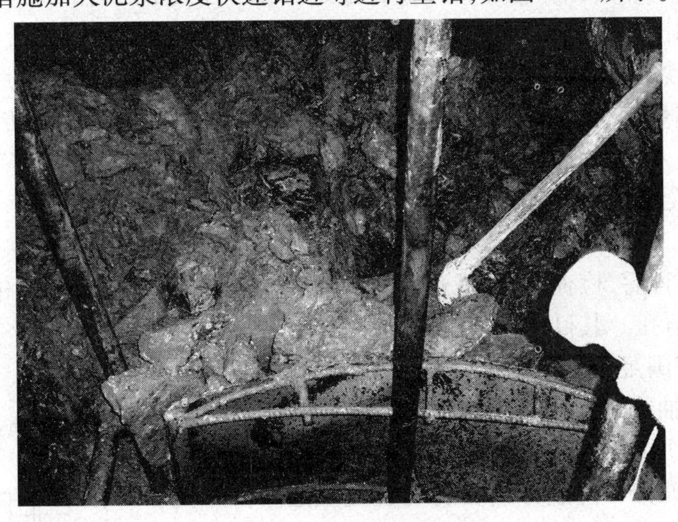

图3-29　坍孔

2）孔身偏斜、弯曲

孔身偏斜、弯曲的原因有：

（1）桩架不稳。钻杆导架不垂直，钻机磨耗，部件松动。

（2）土层软硬不均，致使钻头受力不均。

（3）钻孔中遇有较大孤石、探头石。

（4）扩孔较大处，钻头摆动偏向一方。

（5）钻杆弯曲，接头不正。

一般可在偏斜处吊挂钻锥反复扫孔，使钻孔正直。偏斜严重时应回填黏性土到偏斜处，待沉淀密实后再垂钻。如有探头石,宜用钻机钻透;用冲孔机时,用低速将石打碎;倾斜基岩时,可用混凝土填平,待其凝固后再钻。

3)扩孔、缩孔

孔径较大或者过小,称为扩孔、缩孔。遇此情况要采取防止坍孔和防止钻锥摆动过大的措施。缩孔是钻锥磨损过大、焊补不及时或因地层中有遇水膨胀的软土、黏土泥岩造成的。前者应及时补焊钻锥,后者则应选用失水率小的优质泥浆护壁。

4)钻孔漏浆

若发现护筒内水头不能保持,水位下降,则证明有漏浆现象发生。宜采用将护筒周围填土筑实,增加护筒沉埋深度,适当减小水头高度或采取加稠泥浆,加入黏土慢速转动等措施。用冲击法钻孔时,还可填入片石、碎卵石土,反复冲击以增强护壁。

5)梅花孔或十字槽孔

多见于冲击钻孔,是由于钻锥的转向装置失灵,泥浆太稠,钻锥旋转阻力过大或冲程太小,钻锥来不及旋转而形成的。应采用片石或卵石与黏土的混合物回填钻孔,重新冲击钻进。

6)糊钻、埋钻

常出现于正反循环回转钻进和冲击钻进中,遇此应对泥浆稠度、钻渣进出口、钻杆内径大小、排渣设备进行检查计算,并控制适当进尺。若已严重糊钻,应停钻提出钻锥,清除钻渣。遇到塌方或其他原因造成埋钻时,应使用空气吸泥机吸走埋钻的泥沙,提出钻锥。

7)卡钻

常发生在冲击钻孔时。卡钻后不能强提,只宜轻提,轻提不动时,可以用小冲击锥或用冲、吸的方法将钻锥周围的钻渣松动后再提出。掉钻落物时,宜迅速用打捞叉、钩、绳套等工具打捞,若落体已被泥沙埋住,应按前述各条先清除泥沙,使打捞工具接触落体后再进行打捞。

应特别注意的是,在任何情况下,严禁施工人员进入没有护筒或其他防护设施的钻孔中处理故障。当必须下入护筒或其他防护设施的钻孔时,应检查孔内有无有害气体,并备齐防毒、防溺、防塌埋等安全设施后,才能行动。

4. 清孔

在钻至设计高程后,检查孔径、桩孔垂直度、桩底地层情况是否与设计相符,达到技术规范要求后,即应进行清孔。其目的是将孔内钻渣清除干净,保证孔底沉淀土层厚度满足要求。清孔方法有掏渣清孔法、换浆清孔法(图3-30)、抽浆清孔法、喷射清孔法等几种。

掏渣清孔法是用掏渣筒、大锅锥或冲抓锥清掏孔底粗钻渣,仅适用于机动推钻、冲抓、冲击钻孔的各类土层摩擦桩的初步清孔。

换浆清孔法适用于正循环钻孔的摩擦桩。于钻孔完成之后,提升钻锥距孔底10~20cm,继续循环,以相对密度较低(1.1~1.2)的泥浆压入,把钻孔内的悬浮钻渣和相对密度较大的泥浆换出。

抽浆清孔法清孔底效果较好,适用于各种方法钻孔的柱桩和摩擦桩,一般用反循环钻机、空气吸泥机、水力吸泥机或真空吸泥泵等进行。

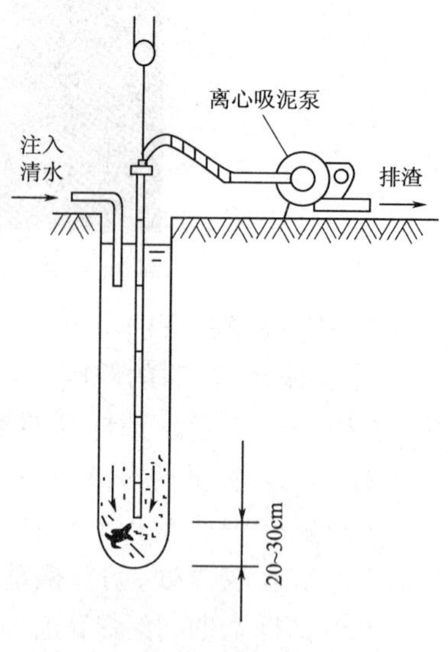

图3-30 清孔

喷射清孔法只宜配合其他清孔方法使用,是在灌注混凝土前对孔底进行高压射水或射风数分钟，使剩余少量沉淀物漂浮后，立即灌注水下混凝土。

5. 钢筋骨架及导管吊装

1）钢筋骨架

钢筋骨架由主筋、加强筋、螺旋钢筋、定位筋四部分组成（图3-31），其构造应满足设计要求，经检查合格后，用吊车吊起垂直放入孔内，相邻节端应焊接牢靠，定位准确。

（1）混凝土底面接近钢筋骨架时，放慢混凝土浇筑速度。

（2）混凝土底面接近钢筋骨架时，导管保持较大埋深，导管底口与钢筋骨架底端尽量保持较大距离。

（3）混凝土表面进入钢筋骨架一定深度后，提升导管使导管底口高于钢筋骨架底端一定距离。

（4）在孔底设置环形筋，并以适当数量的牵引筋牢固地焊接于钢筋笼的底部。下到设计位置后应在顶部采用相应的措施反压并固定其位置，防止在混凝土灌注过程中产生上浮。

2）导管

导管是灌注水下混凝土的重要工具，一般选用刚性导管。刚性导管用钢管制成，内径一般为25～35cm，每节长约4～5m，用端头法兰盘螺栓连接，接头间夹有橡胶垫防止漏水。导管上口一般设置储料槽和漏斗，在灌注末期，当钻孔桩桩顶低于井孔中水面时，漏斗底口高出水面不宜小于4～6m，当桩顶高于井孔中水面时，漏斗底口高出桩顶不宜小于4～6m。

导管使用前应进行必要的水密、承压和接头抗拉等试验。吊装前应进行试拼，接口连接应严密、牢固。吊装时，导管应位于井孔中央，并在混凝土灌注前进行升降试验。

6. 水下混凝土的灌注（图3-32）

图3-31　钢筋骨架

图3-32　水下混凝土的灌注

灌注混凝土之前，应先探测孔底泥浆沉淀厚度。如果大于规定，要再次清孔。但应注意孔壁的稳定，防止塌孔。运至桩位的混凝土应检查其均匀性和坍落度，如不符合要求，应进行第二次拌和，二次拌和仍达不到要求时不能使用。还应注意：导管下口至孔底的距离一般为25～40cm；导管埋入混凝土中的深度以不小于1m为宜。首批灌注混凝土的数量应能满足导管初次埋置深度（≥1.0m）和填充导管底部间隙的需要，按式（3-2）进行计算。

$$V \geqslant \pi d^2 h_1/4 + \pi D^2 H_c/4 \tag{3-2}$$

式中：V——首批混凝土所需数量（m^3）；

h_1——井孔混凝土高度达到 H_c 时，导管内混凝土柱需要的高度（m），$h_1 \geqslant \gamma_w H_w/\gamma_c$；

H_c——灌注首批混凝土所需井孔内混凝土面至孔底的高度（m），$H = h_2 + h_3$；

D——井孔直径(m);

d——导管内径(m);

H_w——井孔内混凝土面以上水或泥浆深度;

γ_w——井孔内水或泥浆的密度(kN/m^3);

γ_c——混凝土拌和物的密度(kN/m^3);

h_2——导管初次埋置深度,$h \geq 1.0m$;

h_3——导管底端至钻孔底间隙,约为0.4m。

灌注时,当钢筋笼就位,导管下至设计深度,首批混凝土已拌和完毕运送至桩位处时,即可开始灌注混凝土(俗称灌桩)。首批灌注时应在导管漏斗底口处设置可靠的防水设施(一般放置一个直径与管内孔完全吻合的木球)。混凝土倒入漏斗,压住木球向下运动,导管中水从管底压出,从井口逐渐排向井外,混凝土靠自重和向下冲力压至孔底。随着混凝土不断灌入,孔内混凝土面逐渐升高,井内积水不断上升,直至混凝土灌满全孔,水全部被排出。注意首批灌注的混凝土的初凝时间不得早于灌注桩全部混凝土灌注完成时间,必要时要加入缓凝剂,每灌一段时间,就要及时抽拔导管。导管埋入混凝土中的深度不能大于6m,但也不能小于2m,要根据混凝土的灌入量计算灌注高度,从而确定提升导管时间。导管提升太快,若超过已灌混凝土表面,就会形成断桩;若抽拔不及时,埋入过深,则有可能因为混凝土初凝,使导管不能拔除,造成工程事故。因此,必须严格控制导管提升时间。

混凝土堵管的原因及处理方法如下:

混凝土堵管的原因主要有两种,第一种是导管底端被泥沙等物堵塞,第二种是混凝土离析使粗集料过于集中而卡塞导管。

第一种情况多发生在首批混凝土灌注时。由于导管底口距孔底的距离保持不够,因安装钢筋及导管时间过长,孔内钻渣淤积加深。处理办法是用吊车将料斗连同导管一起吊起,待混凝土灌注畅通后再把导管放置回原位。为避免此类事故发生,当孔内沉淀较厚时,灌注前必须进行二次清孔。

第二种情况多发生在混凝土浇筑过程中。处理办法是把导管吊起,快速向井架冲击,应注意切不可把导管提出混凝土面以外。为避免此类事故发生,应严格做到:①导管要牢固不漏水;②混凝土和易性要好;③混凝土浇筑必须要在初凝前完成,导管埋深控制在2~6m。

灌注开始后,必须连续进行,无论白天黑夜、刮风下雨都不得中断作业,提升拆除导管的时间要尽可能缩短。在灌注过程中,应将井孔内溢出的泥浆引流至适当位置,防止污染环境及河流。灌注的桩顶高程应比设计高程高出0.5~1.0m,待开挖基坑浇筑承台时凿除(俗称破桩头),并将孔内泥浆全部排除,保证桩体成桩质量。

混凝土灌完后要拔除护筒。处于地面及桩顶以下的井口整体式刚性护筒,应在灌注完混凝土后立即拔除;处于地面以上能拆卸的护筒,须待混凝土抗压强度达到5MPa后才能拆除。

7. 钻孔灌注桩后压浆施工

钻孔灌注桩后压浆施工是指在桩身混凝土达到一定强度后,采用压浆设备,使水泥浆液在压力作用下,通过预先埋设在桩侧或桩底的压浆管,压入桩基四周土体或端部松散层,使之胶结成整体,改善其力学性能,达到提高桩基承载力以及减小沉降量的目的。下面简单介绍这一施工方法。

后压浆施工工艺几乎可以用于各种地质土层条件,砂性土或黏性土等土质均可;也适应于各种类型的桩基,如摩擦桩或柱桩;对于沉降比较敏感、对沉降要求较高的结构,或桩基承载力要求比较高，而设计承载力富余量不太大，为增加承载力的安全储备，也宜采用后压浆施工技术；桩基施工过程中，由于成孔工艺本身固有的缺陷，存在桩底沉渣和桩周泥层太厚等原因，削弱了桩基承载力或增大了沉降量，这种情况下宜采用后压浆施工技术进行改善；也可用于桩基补强或缺陷桩基的加固处理。

施工采用压浆量与压力双控的原则。根据设计及计算要求，确定是以压浆量控制为主、压力控制为辅，还是以压力控制为主、压浆量控制为辅。一般以压浆量控制为主。如注浆压力达到控制压力，并且压浆量达到了80%以上，也满足设计要求。

压浆参数主要包括水泥浆强度等级、水灰比、压浆量、工作压力、控制压力5个参数，不同的地质条件、不同的桩长采用不同的参数。各参数参考值分别为：水泥浆强度等级一般为C20、C25；水灰比为0.45～0.55，黏度为18～20s；压浆量通过计算确定，地质情况、桩长、清孔程度、孔隙率、设定的压力、浆液稠度等因素均影响压浆量，该参数是压浆技术最主要的控制指标；工作压力一般为1.0～3.0MPa，通过压力表读取，与深度成正比；控制压力亦通过计算得出，压力不宜过大，否则浆液易离析、堵管，并扰动原状土体。

工艺流程：注浆泵打开压浆阀→出露压浆管→高压水枪冲洗→压水试验→制浆（稠度试验）→压浆→达到设计给定注浆量或控制压力→稳压5min→堵孔。

压浆前，首先开启注浆泵泵送1～2下，确保注浆泵未堵管，然后将高压胶管与压浆管用管钳连接牢固。其次启开注浆泵开关开始压浆。压浆时，技术人员要时刻观察压力表读数，若指针大幅度摆动或者压力超出控制压力，必须立即停止，查明原因后再压。

压浆采用压浆量与压力双控的原则，以压浆量控制为主，压力控制为辅，工作压力一般为1～3MPa。压浆量的经验值：由于设计每根桩的压浆量一般为5～10t，一般前两根多压一点，约3～5t，后两根可以少压一点，约为1～2t，每根桩压入规定水泥量后即可停止。

压浆完毕后，不应立即拆除高压胶管，要稳压5min左右，让浆液充分渗入桩侧或桩底土体，之后再复压几下，让压浆管内充满水泥浆，最后用木塞子将压浆管堵严实，此时压浆结束。

三、挖孔灌注桩施工

挖孔灌注桩分为人工挖孔、机械旋挖钻孔。

1.人工挖孔灌注桩

人工挖孔灌注桩适用于无水或少水且密实的土或风化岩层，一般桩长不宜超过15m，桩径宜在1.2m以上，以便于施工。

挖孔桩施工，开挖前应清除现场四周及山坡上的危石、浮土，排除一切不安全的因素，做好孔口四周临时围护并设置排水设备。同一墩台各桩的开挖顺序，应根据桩位布置、桩间距离和地层土质决定，防止互相影响。当桩距较大，土质紧密、又不需爆破时，可以同时开挖；反之宜对角开挖或单孔开挖。若桩位为梅花形布置，则宜先挖中孔，灌注混凝土后再挖其他孔。

挖孔施工在保证安全情况下应不间断地快速进行。挖孔过程中，开挖和护壁两个工序必须连续交替进行，以免坍孔。一般采用就地浇筑混凝土围圈支护，也可在土质较好、渗水量不大时采用易于拆装的钢、木支撑。混凝土围圈支护如同明挖基础的混凝土围圈支护，开挖一层，支护一层。但由于桩径一般不大，无须分段间隔开挖灌注；可以整圈同时开挖，一次灌注。为避免混凝土圈在下层开挖时失去支承而下沉开裂，每节的下端宜扩挖0.2～0.3m形成喇叭形耳台。每节的深度为1～2m，护壁厚一般采用0.15～0.20m，混凝土为C15～C20，必要时可配置少量钢筋。

挖孔过程中，要经常检查桩孔的平面位置和尺寸。孔的倾斜度偏差不得大于孔深的0.5%，截面尺寸必须满足设计要求，孔口平面位置与设计桩位的偏差不得大于5cm。挖孔过程中；由于地层含有二氧化碳或其他有害气体，以及人的呼吸产生的二氧化碳，孔深越大，对工人的健康危害越大。为保障工人健康，当孔深超过10m，或二氧化碳浓度达到0.3%，或其他有害气体超过卫生标准允许浓度时，均应设置通风设备。

挖孔遇漂石或基岩需要爆破时，必须采用浅眼少药，以松动岩石为目的的方法，以防坍孔。桩孔较深时，应采用电引爆，爆破后应通风排烟，经检查无毒气，施工人员方可下井继续作业。

挖孔达到设计深度后，检查孔底、孔壁是否符合设计要求。清除浮土，整平孔底，以保证桩身混凝土和孔壁密贴。然后吊装钢筋骨架。当孔底、孔壁渗入的地下水小于6mm/min时，可采用空气中灌注混凝土桩的方法；若大于6mm/min视为有水桩，按前述钻孔灌注桩水下混凝土的方法进行。无水、空气中灌注的桩如为摩擦桩，则应在灌注过程中逐步由下至上拆除支护。井中有水时，要采用水中灌桩法先向孔中灌水，至少灌至与地下水位相同，用导管灌注混凝土。随着灌注混凝土升高，孔内水位上升时逐层拆除支护。柱桩、嵌岩桩的混凝土护壁可以不拆除。夜间停工时，要在井口设置标志或覆盖物，防止工作人员不慎坠入。灌注混凝土的方法与钻孔桩相同。

2. 旋挖钻孔灌注桩

旋挖钻孔是用旋挖钻机进行旋转挖孔的成孔方式。旋挖钻机具有装机功率大、输出扭矩大、轴向压力大、机动灵活、施工效率高及多功能等特点。钻孔速度可为其他钻机的数倍，在有些土层可达10倍以上，如图3-33所示。

图3-33 旋挖钻机

根据钻机的类型和所配的钻头，成孔直径一般为0.5～2.0m，钻孔深度为40～60m，大型旋挖钻机成孔直径可达3.0m，深度达80m。旋挖钻机可在砂（砾）土、黏土、粉质土等土层施工，且在成孔过程中可为原始土挖掘状态，从而实现无泥浆排放，是一种环保型钻机。但旋挖钻机价格昂贵，每台数百万至上千万元，是其未能普遍使用的主要原因。其施工工艺流程为：测量放线及定桩位→配制泥浆→开挖地面表层土埋设钢护筒→检查桩中心轴线→钻机就位及钻进→成孔检查→清孔→吊放钢筋笼→安装混凝土导管→灌注水下混凝土→桩成品检测、验收。

操作方法如下所述。

1)测量放样及定桩位

依据设计资料,复核桩位轴线控制网和高程基准点。确定桩位中心,以中心为圆心、以大于桩身半径为半径在四周设立十字护桩,做好标记并固定好。经驻地监理工程师核查、批准后开钻。

2)配制泥浆

对黏结性好的岩土层,可采用干式或清水钻进工艺,无须泥浆护壁。而对于松散易坍塌地层,或有地下水分布,孔壁不稳定,必须采用静态泥浆护壁钻进工艺,向孔内投入护壁泥浆或稳定液进行护壁。配制泥浆前要根据钻孔的体积确定所需泥浆的数量,泥浆量必须大于钻孔的容积。配制泥浆选取水化性能较好、造浆率高、成浆快、含砂量少的膨润土或黏土为宜。

钻孔过程中要经常测定泥浆技术指标,根据工程钻进需要,随时调整泥浆相对密度,保持各项指标符合要求,不因泥浆过浓影响进度,过稀导致坍孔等。

3)埋设钢护筒

埋设护筒的方法和要求,应符合《公路桥涵施工技术规范》(JTJ 041—2000)的规定。如果钻孔是在陆地上进行的,则一般采用挖坑法。钢护筒埋设工作是旋挖钻机施工的开端,埋设前,先准确测量放样,保证钢护筒顶面位置偏差不大于50mm,埋设中保证钢护筒斜度不大于1%。埋设钢护筒时应通过十字护桩放样,把钻机钻孔的位置标于孔底。再把钢护筒吊放进孔内,找出钢护筒的圆心位置,用十字线在钢护筒顶部或底部找出并标记圆心,然后移动钢护筒,使钢护筒中心与钻机钻孔中心位置重合。同时用水平尺或垂球检查,使钢护筒竖直。此后即在钢护筒周围和底脚对称、均匀回填最佳含水率的黏土,要分层夯实,达到最佳密实度,以保证其垂直度及防止泥浆流失及位移、掉落。如果护筒底土层不是黏性土,应挖深或换土,在孔底回填夯实300~500mm厚度的黏土后,再安放护筒,以免护筒底口处渗漏塌方。夯填时要防止钢护筒偏斜,护筒上口应绑扎方木对称吊紧,防止下窜。钢护筒制作及埋设的原则:长度4m以内的钢护筒,采用厚4~6mm的钢板制作,长度大于4m的钢护筒,采用厚6~8mm钢板制作;钢护筒埋置较深时,采用多节钢护筒连接使用,连接形式采用焊接,焊接时保证接头圆顺,同时满足刚度、强度及防漏的要求;钢护筒的内径应大于钻头直径,一般比桩径大200~400mm,具体尺寸按设计要求选用;钢护筒埋设深度应满足设计及有关规范要求。若桩孔在河流中,应将钢护筒埋置至较坚硬密实的上层中深0.5m以上;钢护筒顶高出施工水位或地下水位1.5~2.0m,并高出施工地面0.3m。

4)钻机就位及钻进

(1)钻机钻进一般采用泥浆护壁钻进,当土质条件好时,孔深小于15m时也可以直接钻进。

(2)护筒埋设完成后,钻机开始就位,开钻前利用护桩拉十字线使钻头对准桩位中心。钻进时应先慢后快,确认地下是否有空洞等不利地层,并做好泥浆护壁工作。泥浆相对密度控制在1.05~1.10之间,含砂率不大于2%,使其能在始终保持井壁完整的前提下,具备很好的排渣能力。钻进过程中生成的泥浆,导入泥浆沉淀池自然下降,然后用泥浆车将其运至指定地点以防对环境造成污染。钻进过程中随时注意孔内水压差,以防产生流沙。

经常测定泥浆相对密度,根据工程钻进地质情况,随时调整泥浆比重,保持各项指标符合要求,不因泥浆过浓影响进度,过稀导致坍孔等。钻进时及时填写钻孔施工记录,交接班时应交代钻进情况及下一班的注意事项。因故停钻时,孔口应设护盖,严禁钻头留在孔内,以防埋钻。同时保持孔内有规定的水头和要求的泥浆浓度、黏度,以防坍孔。

(3)钻机操作要领和注意事项。

①钻机就位后,必须对钻机的钻杆进行竖直度检测和调整,调整好后应将钻杆的调整系统锁住,防止钻杆在钻进过程中发生变化。

②由于旋挖钻机将孔内土壤直接挖出,钻进速度较快,为及时调整泥浆相对密度,在钻进过程中,应有专人对地质状况进行检查,调整加入膨润土及外加剂的数量。

③在钻进过程中,要根据地质情况调整钻机的钻进速度。在黏土层内,钻机的进尺可快些,在砂土层中,钻机的进尺要控制,以防坍孔。

④在钻进过程中,必须控制好钻杆的提升速度,因为若钻杆提升过快,其一:钻头的下方就容易出现负压区,若在地下水位较高时,就容易使地下水渗入钻孔内,使护壁受到影响而造成坍孔;其二:钻头上部的泥浆通过切齿之间的空隙快速流动以补充因钻头上提而出现的空当,会严重冲刷泥浆护壁,从而出现坍孔的隐患。钻头的下降速度也不可太快,尤其是在刚入钻孔时,否则会造成泥浆四溅。

5)成孔检查

成孔检查方法根据孔径的情况来定,当钻孔为干孔时,可用重锤将孔内的虚土夯实,再直接用测绳及测孔器量测;若孔内存在地下水,则采用水下灌注混凝土施工的方法进行钻孔的测孔工作。经质量检查合格的桩孔,及时灌注混凝土。成孔达到设计高程后,对孔深、孔径、孔壁、垂直度、沉淀厚度等进行检查,不合格时采取措施处理。用测绳测量孔深并记录(钻孔施工人员应严格控制孔深,不得用超钻代替钻渣沉淀),钻孔完成后应用探孔器检测孔径,用测壁(斜)仪或钻杆垂线法检查倾斜度,用长度符合规定的探孔器上下两次检查孔是否合格,合格后方可清孔。

检测标准:孔深、孔径不小于设计规定,钻孔倾斜度误差不大于1%,沉淀厚度符合设计规定,桩位误差不大于50mm。

6)清孔

旋挖钻机成孔由于渣土由钻斗直接从底部取出,一般情况下均能保证孔底泥浆沉淀厚度小于规定值。若是泥浆相对密度过大,则可能出现泥浆沉淀过厚,此时应用钻机再抓一斗,且用钻斗上下搅动,同时抽换孔内浆液,保证泥浆含砂率小于2%。若是下钢筋笼后出现孔底沉淀厚度超标,则可以采用混凝土导管附着水管搅动孔底,同时注水换浆,以达到清孔的目的。

7)吊放钢筋笼

钢筋笼应在加工场地按设计要求加工、运输到现场,为防止钢筋笼变形,必须加焊加强筋。在钢筋笼主筋上每隔2m左右设置一圈4个圆形的水泥砂浆垫块,确保桩身混凝土的钢筋保护层满足设计要求。大直径的钢筋笼宜用吨位适宜的吊车将钢筋笼吊入孔内,要对准孔位、扶稳,缓慢下放,避免碰撞孔壁,必须使钢筋笼中心和钻孔的中心一致。钢筋笼到达设计位置时,应立即固定。当钢筋笼需接长时,先将第一节钢筋笼利用架立筋临时固定在护筒部位,然后吊起第二节钢筋笼,对准位置用焊接或套接进行连接,接头数必须按50%错开焊接或套接,如此接长到预定深度。就位过程中要尽量缩短焊接时间,可以使用多台电焊机同时焊接。焊接时保证上下钢筋笼的中心在同一垂直范围内,焊接长度和焊缝的质量必须符合规范要求;焊接完成、钢筋笼就位后,其底部高程和顶部中心位置必须符合设计要求。最后将钢筋笼固定,可以采用在钢筋笼最上层的架力筋四周焊定位钢筋的方法,确保在混凝土浇筑全过程不会移动。

8）安装混凝土导管

导管采用内径为200～350mm的钢导管。导管使用前必须进行水密承压和接头抗压试验。试验时的水压力不应小于孔内水深1.3倍的压力，也不应小于导管壁和焊缝可能承受灌注混凝土时最大内压力p的1.3倍，确保导管在灌注混凝土的全过程不漏气、不漏水。p值可按《公路桥涵施工技术规范》（JTJ 041—2000）式（6.5.2）计算。

安装导管时应对导管的节段组合做详细记录，以便于在水下混凝土灌注时参考。导管安装完毕后，由施工班组负责人、经理部现场施工主管人员和驻地监理工程师进行检查，主要检查钢筋平面位置是否正确，固定是否牢固，孔底沉淀是否超过规范要求。

如果孔底沉淀厚度超过规范要求，必须进行第二次清孔。检查符合要求后，经驻地监理工程师认可并签字后，及时灌注混凝土。

9）灌注混凝土

水下混凝土浇筑必须按《公路桥涵施工技术规范》（JTJ 041—2000）的要求进行，具体规定按第6.5.2款～第6.5.5款执行。

首批混凝土灌注时必须满足首批灌注混凝土的数量，剪球后连续灌注。每次混凝土灌注完成后，检测混凝土的上升高度和导管的埋置深度，并及时做好记录。在灌注过程中，导管的埋置深度宜控制在2～6m。灌注过程中，混凝土放入导管的速度不能太快，以防止将导管上口全部封严，导致导管中部和下部气体无法排出，在导管内形成高压气体，阻止混凝土下落。在灌注混凝土时，应不定时对坍落度进行检测，混凝土坍落度采用18～22cm为宜，坚决不使用不合格的混凝土。

四、基桩的检验

桩基础属隐蔽工程，对其质量检验标准必须严格掌握。

钻（挖）孔在终孔和清孔后应使用仪具对成孔的孔位、孔深、孔形、孔径、竖直度、泥浆相对密度、孔底沉淀厚度、有否缩孔、坍塌等进行检验，应满足表3-6中各项技术指标。

钻孔灌注桩成孔质量允许偏差 表3-6

项　　目	允许偏差
孔中心位置（mm）	群桩：100；单排桩：50
孔径（mm）	不小于设计桩径
倾斜度	钻孔：小于1%；挖孔：小于0.5%
孔深	摩擦桩：不小于设计规定； 支承桩：比设计深度超深不小于50mm
沉淀厚度（mm）	摩擦桩：符合设计要求，当设计无要求时，对于直径<1.5m的桩，≤300mm；对桩径>1.5m或桩长，40m或土质较差的桩，≤500mm； 支承桩：不大于设计规定
清孔后泥浆指标	相对密度：1.03～1.10；黏度：17～20Pa·s；含砂率：<2%； 胶体率：>98%

注：请孔后的泥浆指标，是从桩孔的顶、中、底部分别取样检验的平均值。本项指标的测定，限指大直径桩或有特定要求的钻孔桩。

钻孔桩水下混凝土的质量应符合以下要求：

（1）强度不低于设计强度。除用预留试块做抗压强度外，还应凿平桩头，并取桩头试块做抗压试验。

(2)桩身混凝土不能有断层或夹层。应仔细检查分析混凝土记录,并用无破损方法检验桩身,对质量可疑的桩,要钻芯取样进行试验。

(3)桩头凿除预留部分不能有残余松散层和薄弱混凝土层。嵌入承台或盖梁内的桩头及锚固钢筋长度要符合规范要求。

五、组合式基础施工

处于特大水流上的桥梁基础工程,墩位处往往水深流急,地质条件极其复杂,河床土质覆盖层较厚,施工时水流冲刷较深,施工工期较长,普遍常用的单一基础形式已难以适应。为了确保基础工程安全可靠,同时又能维持航道交通,宜采用由两种以上形式组成的组合式基础。其功能要满足既是施工围堰、挡水结构物;又是施工作业平台,并能承担所有施工机具与用料等;同时还应成为整体基础结构物的一部分,在桥梁的营运阶段发挥作用。

组合基础的形式很多,常用的有双壁围堰钻孔桩基础、钢沉井加桩柱(钻孔桩)基础、浮运承台与管柱、井柱、钻孔桩基础以及地下连续墙加箱形基础等。可根据设计要求、桥址处的地质水文条件、施工机具设备情况、施工安全及通航要求等因素,通过综合技术经济分析,论证比较,因地制宜,合理选用。

1. 双壁钢围堰加钻孔灌注桩基础

大型双壁钢围堰加钻孔桩基础是近20年来开发的大型深水基础工程理想结构物,它不仅能起到深水基础工程的围水与施工平台作用,而且可以参与部分结构受力,既增加了深水基础工程结构的整体性能,又提高了下部结构的防撞能力,方便施工,降低了工程造价。在水深流急的江河中,具有其他结构难以比拟的优越性。国内重庆、泸州、九江、武汉、黄石、铜陵等长江大桥都采用了双壁钢围堰钻孔桩基础,如图3-34所示。

图3-34 双壁钢围堰

2. 浮式沉井加管柱(钻孔桩)基础

随着世界经济的发展,交通建设事业日新月异,桥梁工程正向大跨、轻型、高强、整体方向推进,深水桥梁基础也相应涌现出不少新形式,诸如锁口钢管桩基础、深水设置基础等。锁口钢管桩基础多用大直径钢管桩($\phi1.0 \sim \phi1.3$m,壁厚10~15mm),两侧焊上钢锁口打入土中,形成圆形或椭圆形的井筒基础。其优点是既具有桩基础那样能适应基岩高低不平的灵活性;又具有像沉井那样的整体刚度,且设备简单、施工快速、水上作业面小、有利通航等。

深水设置基础系采用先在陆地上将结构物预制好，然后在深水中设置的一种基础形式，适用于水深、潮急、航运频繁等修建基础甚为困难的条件。采用这类形式时，必须首先将海底爆破取平，用挖泥船或抓斗式吊船把残渣清除，形成基底台面，然后再用浮式沉井下沉或用大型浮吊吊装等方法，在深水中安置预制的桥梁基础及墩身。这种基础施工安全、施工质量有保障、施工速度快，对航运影响很小。日本及丹麦等国已开始应用于深水基础工程中。

为了在深水中进行桥梁基础部分的施工，必须采用一些特殊的施工方法和施工工艺，下面介绍水下混凝土封底和承台的施工。

桥梁承台有带桩基的与无桩基的两种形式，但不管何种形式，其施工的方法都是一样的。施工的方法可分为直接开挖法、围护开挖法、沉井或沉箱法、套箱法四种。

直接开挖法用于埋深不深的承台施工，依靠土体的自然边坡稳定，承台直接置于开挖后的地基上，承台下可设桩基也可不设，取决于地基的特性。对小型桥梁，地基承载力又足够，则承台下可不设桩基，承台直接搁置在地基上。用这种方法进行承台施工，一般情况下，承台的埋深在 5m 以内，而且基坑可借助一般的手段（水泵、降水井或井点）将水排干。

如承台埋置较深，靠自然边坡将增加大量土方，而且尚需采用其他辅助手段来加强边坡的稳定性，此时就需用围护开挖法来进行承台施工。围护开挖法中，采用的围护结构很多，有水泥土搅拌桩构成的重力式围护，钢板桩或混凝土板桩、地下连续墙、连续排桩（预制桩或灌注桩）墙等多种形式，但桥梁工程中用得最多的是板桩，而钢板桩更甚于混凝土板桩。

钢板桩围护结构施工完后，边挖土边加设支撑，直挖至承台底面，如有桩基，则应将桩顶全部挖出，即可施工垫层，绑扎钢筋，浇筑承台混凝土。

用沉井或沉箱方法进行承台施工，也是一种常用的方法，尤其是沉井更为普遍。如承台底面埋置较深，或水域宽阔，做围护结构非常困难，此时用沉井就相对方便一些。尤其在水上，水深在 10m 以上，打钢板桩已很困难，但如用浮运沉井则就有利得多。即使在陆上，当开挖深度很深时，如果做围护结构就不如用沉井。

套箱法承台施工（图 3-35）与沉井类似，但没有下沉这道工序。一般是桩基施工完成后，在水下进行开挖，将承台底高程（比设计高程再低 50cm）挖出后，即将钢套箱或混凝土套箱用船运到施工点（浮运也可以），再用浮吊吊放入位，然后由潜水员在套箱四周用麻袋混凝土或黏土袋封堵（也可在四周灌水下混凝土），最终在套箱内抽水，形成干施工环境后，即可进行清基、浇筑垫层、承台施工。套箱法的另一种施工方式是水下挖泥比承台高程低 2m 以上，然后在套箱内灌注水下混凝土，待混凝土达到一定强度后，就可抽水进行钢筋混凝土承台的施工。

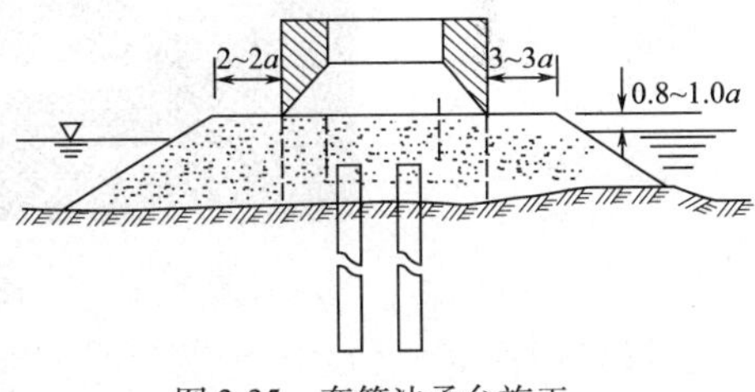

图 3-35　套箱法承台施工

六、承台施工

下面简单介绍承台钢筋绑扎和水下混凝土封底。

（一）承台钢筋绑扎

1. 施工准备

1）技术准备

（1）检查配料表　钢筋绑扎前先认真熟悉图纸，检查配料表与设计图纸是否有出入，核对无误后方可进行钢筋的加工。

(2)成品检查　按设计要求检查已加工好的钢筋规格、形状、数量是否正确,检查成品尺寸是否与配料表相符。

(3)钢筋替换　施工中如需要钢筋替换时,必须充分了解设计意图和替换材料性能,严格遵守现行的各种规定,并须征得设计单位同意。

(4)施工放样　测定承台的轴心,并弹好墨线。

(5)技术交底　开挖前对施工人员进行全面的技术、安全两级交底,确保施工过程的施工质量和人身安全。

2)机具准备

(1)钢筋调直　成盘或弯曲的钢筋调直,应使用检验合格的钢筋调直机或工程师批准的其他机具。

(2)钢筋截断　钢筋的截断应使用检验合格的专用截断机或工程师批准的其他机具。

(3)钢筋焊接　钢筋的焊接应使用检验合格的电焊机。

(4)钢筋绑扎　经工程师同意,钢筋可以采用绑扎施工,钢筋的绑扎宜用专用的钢筋钩子,根据需要还应该设有绑扎架(图3-36)。

图3-36　承台钢筋绑扎图

3)材料准备

(1)钢筋　应有出厂合格证,对于每一批进场的钢筋按规定要求做力学性能复检,复检合格后使用。

(2)铁丝　可采用20~22号铁丝(火烧丝)或镀锌铁丝(铅丝),切断长度要满足使用要求。

(3)保护层垫块　控制混凝土保护层用水泥砂浆垫块、塑料垫块等。

4)作业条件准备

(1)钢筋加工场地要求　按施工现场平面图规定的位置,将钢筋堆放场地进行清理、平整,硬化。准备好垫木,按钢筋型号分类堆放。

(2)钢筋绑扎场地要求　根据施工方案、施工图做好钢筋的采购与下料,有效利用钢筋,减少下脚料。在施工现场用墨线标好钢筋位置,确保施工现场钢筋位置准确。当施工现场地下水位较高时,必须有排水及降水措施。

2. 施工操作流程

1)工艺流程

施工放样→钢筋加工→钢筋运输→底板钢筋绑扎→钢筋固定→顶板钢筋加工→预埋钢筋绑扎。

2)操作方法

(1)施工放样

①依据设计资料,复核承台轴线控制网和高程基准点。确定承台十字轴线,并用墨线弹在施工垫层底板上。经驻地监理工程师核查、批准后绑扎。

②画钢筋位置线,按图纸标明的钢筋间距,算出底板实际需用的钢筋根数,一般使靠近底板模板边的那根钢筋离模板边为5cm,在底板上弹出钢筋位置线。

(2)钢筋加工

①钢筋清理　钢筋表面应洁净,黏着的油污、泥土、浮锈使用前必须清理干净。

②钢筋调直　可用机械或人工调直。经调直后的钢筋不得有弯曲、死弯、小波浪形,其表面伤痕不应使钢筋截面减小5%。

③钢筋截断　应根据钢筋直径、长度和数量,长短搭配,先断长料后断短料,尽量减少和缩短钢筋短头,以节约钢材。

(3)钢筋运输　将加工好的钢筋运往施工现场时,应标好钢筋的编号,并做好钢筋的运输管理工作,防止钢筋在运输过程中发生变形,被污染。

(4)底板钢筋绑扎　按弹出的钢筋位置线,先铺下层钢筋。根据底板受力情况,决定下层钢筋哪个方向钢筋在下面,一般情况下先铺短向钢筋,再铺长向钢筋。钢筋绑扎时,靠近外围两行的相交点每点都绑扎,中间部分的相交点可相隔交错绑扎,双向受力的钢筋必须将钢筋交叉点全部绑扎。摆放底板混凝土保护层用砂浆垫块,垫块厚度等于保护层厚度,按每1m左右距离梅花形摆放。如底板较厚或用钢量较大,摆放距离可缩小。

(5)钢筋固定　先绑2~4根竖筋,并画好横筋分档标志,然后在下部及齐胸处绑两根横筋定位,并画好竖筋分档标志。一般情况横筋在外,竖筋在里,所以先绑竖筋后绑横筋。横竖筋的间距及位置应符合设计要求。在钢筋外侧应绑上带有铁丝的砂浆垫块,以保证保护层的厚度。

(6)顶板钢筋绑扎　在进行顶板钢筋绑扎前应该先对该基础再次施工放样,即对已经施工完成的钢筋绑扎进行检查,能确定基础的平面尺寸。根据放样进行顶板的钢筋绑扎,绑扎的工艺与底板的施工工艺基本一致。

(7)预埋件钢筋绑扎　根据弹好的肋板(立柱)位置线,将肋板(立柱)伸入基础的插筋绑扎牢固,插入基础深度要符合设计要求,甩出长度不宜过长,其上端应采取措施保证甩筋垂直,不歪斜、倾倒、变位。

在底板混凝土上弹出肋板(立柱)位置线,再次校正预埋插筋,如有位移时,按洽商规定认真处理。

3)质量评定标准

(1)承台、系梁预埋件其位置、高程均应符合设计要求。

(2)绑扎钢筋的缺扣、松扣数量不超过绑扣总数的10%,且不应集中。

(3)弯钩的朝向应正确。绑扎接头应符合施工规范的规定,搭接长度均不小于规定值,用Ⅰ级钢筋制作的箍筋,其数量符合设计要求,弯钩的角度和平直长度应符合施工规范的规定。

(4)对焊接头应无横向裂纹和烧伤,焊包均匀。接头处弯折不大于4°,接头处钢筋轴线位移不得大于0.1倍钢筋直径,且不大于2mm。

(5)电弧焊接头焊缝表面平整,无凹陷、焊瘤。接头处帮条沿接头中心线的纵向位移不得大于0.1倍钢筋直径,且不大于3mm。

4)成品保护

(1)钢筋成品应存储在高于地面的平台、垫木或其支承物上,应尽量保护其不受机械损伤和不暴露在可使钢筋生锈的环境中,以免引起表面锈蚀。

(2)冬期施工应覆盖保温材料,防止钢筋成品受冻。

(3)做好成品现场的管理与清洁工作,避免已成型的钢筋成品扭曲、污染。

(4)安装模板和浇筑混凝土时,应注意保护钢筋,不得攀踩钢筋。

(5)钢筋的混凝土保护层厚度一般不小于50mm,钢筋垫块不得遗漏。

5)安全、环保措施

(1)安全措施

①施工现场,禁止闲杂人等进入。

②施工现场的电工、钢筋工必须持证上岗,施工现场要有用电设计方案。

③正式焊接时,应注意焊接时的天气情况,有风天气施焊应采取防风措施,雨天不宜施焊,不准带水作业,以防止触电事故发生。电焊条要采取防潮措施,必要时要进行烘干。

(2)环保措施

①施工现场指定专人负责。及时清理现场的施工垃圾,不允许弃在路基两侧。

②加工现场应设在居民区以外,不得扰民。

(二)水下混凝土封底

混凝土封底一般在桥梁水中承台和墩身施工时采用,通常与围堰共同使用。混凝土封底的作用:一是封水;二是加固基底,防止基底在外力作用下,出现管涌、流沙失稳现象;三是通过其自重及其与钻孔桩的黏结作用,抵抗水浮力,从而保证桥梁下部和基础的顺利完成。当天然基础和桩基础受水文、地质条件限制,施工困难而采用沉井基础施工时,封底混凝土将墩台基础全部荷载传递给地基的承重结构层,它把沉井基础与基岩紧密联系在一起,使其共同受力。

1. 施工准备

(1)熟悉和分析施工现场的地质、水文资料,必要时在桥位处重新做地质钻探,通过外委试验获取精确的地质数据资料。

(2)熟悉设计文件、图纸,选择合适的围堰和沉井类型,推荐的围堰类型有钢板桩围堰、钢筋混凝土板桩围堰、钢套箱围堰、双壁围堰等。编制围堰及混凝土封底施工组织设计,向班组进行书面的一级技术交底和安全、环保交底。

(3)施工放样。用全站仪测出围堰的四个角点后,先打定位桩,保证围堰位置准确。

(4)根据计算得出封底混凝土的厚度及所需的底高程。

(5)封底施工前,对施工人员进行全面的技术、操作、安全二级交底,确保施工过程的工程质量和人身安全。

2. 机具准备

(1)起重设备:塔吊、吊车、浮吊、导链(手动葫芦)、电动葫芦。

(2)钢材加工设备:钢材加工机具、电焊机等。

(3) 混凝土浇筑设备:混凝土拌和站、卧泵(泵车)、导管、混凝土罐车、振捣器、吊斗、混凝土储料仓、减速漏斗、导管阀门、抽水设备等。

(4) 安全设备:安全带、安全帽、防水照明灯、低压防破电线、救生衣、氧气瓶、空压机、救生船等。

(5)清淤设备:空气吸泥机、高压射水管、空气压缩机等。

(6)辅助设备:工作平台、运输船、扬程水泵等。

3. 材料准备

(1) 原材料:水泥、石子、砂等由试验人员按规定进行检验,确保原材料质量符合相应标准。

(2) 混凝土配合比设计及试验,按混凝土设计强度要求,作出混凝土的试验室配合比和施工配合比,满足水下混凝土灌注的要求。

4. 作业条件

(1)搭设封底作业施工操作平台,搭设混凝土运输通道。

(2)完成围堰的插打、支护工作,清除淤泥、石块等杂物至封底高程,保持堰内、外水位基本持平。

(3)布置安全、环保设施。

(4)与气象、电力、航道等有关部门联系,在一切正常的前提下确定封底时间和施工安排。

(5)组织有关人员全面检查准备工作的就绪程度。

(6)按施工组织设计文件要求准确布置浇筑导管。

(7)混凝土拌和站等机具设备、混凝土配合比、各种有关材料等均已经过检查认可。

(8) 围堰底与基底之间已紧贴或已用堵漏材料封堵。

(9)封底混凝土范围内的井壁、桩周已清洗干净。

5. 水下混凝土封底施工工艺

1)工艺流程

水下混凝土封底施工工艺流程如下:

准备工作→围堰内基底处理(抛石或堵漏)→布设导管→灌注水下混凝土→围堰内抽水。

2)施工程序及操作方法

(1)导管平面布置　当水下封底面积较大时,需要多根导管同时按规定的顺序灌注混凝土,保质保量地灌满整个基底,达到预计的厚度。根据封底面积和每根导管的作用半径(混凝土流动半径)来确定平面上布设导管的根数和位置。导管间距不得大于5m,一般以3.5~4m为宜,否则容易造成导管底口脱空或埋入的厚度过薄,使导管底口进水,发生质量事故。另外如果导管很长,一旦灌注中发生导管堵塞,处理比较费时,需利用相邻导管投入工作,因此应将导管布置得密些。为使钢板桩与水下封底混凝土有良好结合,四周导管的布置应较中间密集,并须考虑管柱、围笼杆件、导管的阻挡及便于导管的提升等。若封底面积过大或基底有难以清除的深坑陡坎,可适当增加导管数量。

(2)立面布置　在围堰顶搭设灌注支架,以悬挂缓降器漏斗及导管,支架顶部设置灌注平台,平台上搭设有储存混凝土的料槽。为方便操作及扩大工作面,条件具备时宜分层设置剪球平台、拆导管平台、测量平台、导管提升平台及灌注平台。

(3)混凝土生产量的选定　根据施工实践,水下封底混凝土生产量,可按下列原则确定:

①储料仓内储存的混凝土量,自开阀灌注起保证埋置导管于混凝土中1.0m以上。

②灌注沉井水下封底混凝土的速度不宜小于0.25m/h。

③每根导管的首批混凝土的坍落度不要太大，以避免因落下的混凝土不能形成一定的坡率面埋不住导管底口。首批混凝土的需要量 V，可近视表示为：

$$V = 1/3\pi R^2 h \tag{3-3}$$

式中：R——圆锥体坡率为 i 的扩散半径，从管中心起，通常为 2.5 ~ 4.0m；

h——导管底口处混凝土埋高，一般不小于 1.0m。

当以上所有准备工作完成和作业条件具备后，开始下步工作。

a. 抛石、堵漏。为了防止软基在封底混凝土浇筑时失稳，影响封底质量，采用封底前先抛块石，于软基顶面进行基底硬化处理。抛石厚度在 50cm 左右，要求抛石均匀，不堆、不空。抛石完毕派潜水员水下摸查，大致找平。围堰置于基岩上，围堰与基岩之间如有较大的空隙，必须在浇筑前用堵漏材料（如袋装水泥、棉絮）先予封堵。

b. 储料。每根导管灌注前均应在 30min 内储够所需的混凝土量于储仓内（保证首批混凝土能使导管埋深 1m 以上），同时漏斗、运输车和拌和机内也都应储满，以便开灌后能连续不断地浇筑。

c. 开启导管阀门。先将阀门置关闭状态，固定好卡块，在阀门上面铺一张同样面积的塑料布后，将漏斗装满混凝土，并与储仓连通。当一切准备就绪后，搬动卡块，开启导管阀门，同时打开储仓门，使储存的混凝土陆续通过导管注入井中水下，并埋住导管底口 1.0m 以上。

d. 混凝土灌注（图 3-37）。开始灌注后混凝土须连续供应，通过漏斗源源不断灌入导管内，随着导管的不断提升，混凝土在水下不断摊开和升高，直至到达设计高程。如受到混凝土生产速度的限制或封底厚度太大不能采用全面灌注，无法使基底混凝土在同一水平面上普遍均匀升高时，一般采用分层往复灌注的办法，即每次同时灌注 3 ~ 5 根导管，由围堰上游逐渐向下游推进，每灌注约 2 ~ 3m 为一层，再返回灌注第二层，按此反复直至顶面。通常按照间隔跳跃的顺序进行。

图 3-37　承台混凝土灌注图

灌注过程中如混凝土难以下落，可用吊车提导管上下串动，但一定不能将导管拔出混凝土面，以免水进入导管内影响灌注质量。

灌注时严格控制浇筑高程，随时用测锤测出混凝土面的高低，最后用水准仪复测。

e. 灌注结束。一个导管灌注高度达到设计要求时，该导管的工作即告结束。此时将导管拔离混凝土，将漏斗及导管拆除，并用净水逐节冲洗干净，以备再用。

f. 围堰内抽水。围堰内抽水应在封底混凝土凝固后进行，需根据水温、混凝土配制强度、配合比、外加剂掺量等具体情况确定抽水开始时间。

(a)为了减少钢板桩锁口变形和改善内导环的受力状况，对钢板桩与导环之间的所有空隙用硬木楔或铁片进行填塞，水下部分由潜水员进行。

(b)围堰抽水设备，可根据围堰内总抽水量准备。刚开始抽水时，可利用吸泥管进行抽水，待抽不上时，再将水泵放入围堰内抽水。为防止抽水过程中发生意外事故，保证围堰安全，应配备从堰外向堰内灌水的水泵。一旦发生异常情况，立即向堰内灌水，恢复内外平衡，经检查处理后再抽水。

(c)抽水过程中，须派专人对钢板桩和内导环进行观察，同时由专人进行堵漏。堵漏工作在围堰内外同时进行。堰外用细煤渣和木屑混合物倒入漏水部分，堰内由潜水员用棉絮塞缝。由于堰外上半部的粉煤渣常易被水流及风浪冲击洗走，故堵漏工作须一直进行到墩身出水面为止。

6. 施工中的另外规定

(1)采用分层往复的混凝土灌注方法，主要控制灌注次层水下混凝土时必须在前一层灌注的水下混凝土初凝时间以内，因而在选择水泥品种和强度等级时，以采用初凝时间较长的水泥为佳。

(2)混凝土拌和时间应较普通情况稍加延长，一般不小于1.5～2min。

(3)自拌和机出料到通过导管灌注的时间不应超过30min。

(4)正常灌注时，拌和机上料到通过导管灌注应缩短到不超过20min。

(5)正常灌注时，混凝土在导管内停滞的时间不应超过20min。

(6)导管埋入混凝土深度至少1m，一般在2～4m 范围以内，过深将使底层混凝土凝结导管，过浅将使新灌入的混凝土从导管四周翻起，影响质量。

(7)混凝土的施工坍落度采用18～20cm，灌注开始及将近结束时采用20～22cm。混凝土面的流动坡度应保持在1/10～1/5，不宜有超过1/4 较长时间的或更陡的流动坡面。

(8)如系两次封底，当第一次混凝土灌注完毕，待其强度达到5MPa(以水中养护为准)后，用0.5～1.0MPa 的高压射水将表面浮浆或松散砂石冲起，用空气吸泥机清除干净后，方得开始第二次灌注，以免形成两次混凝土间的薄弱夹层。为了减少拔除钢板桩的黏结力，应在第二次灌注前将钢板桩重打一遍，打入深度一般为5～10cm。

7. 解决水化热的措施

若封底体积较大，在大体积混凝土施工时，正确解决混凝土的温升开裂问题，是保证封底质量的一个关键。施工中必须认真研究、测试，制订出有针对性的处理办法。解决水化热可采用下列几种措施：

(1)用低水化热的矿渣水泥或大坝水泥。

(2)降低混凝土入模温度，选择低温的夜间进行施工，对集料采取降温措施。

(3)掺0.2%水泥用量的木钙以削减水化热峰值。

(4)选择最佳混凝土配合比，尽量减少水泥用量，采用加掺粉煤灰等“双掺技术”。

(5)用车载串筒浇筑工艺，避免使用泵送，以减少水泥用量。

(6)分层分块浇筑，使混凝土有一个散热期，避免在水化热高峰期3～5d 时覆盖上层混凝土。

(7)埋设降温水管,在水化热高峰前通水降温。

(8)埋设测温计、测缝计,加强监测,随时掌握情况,及时采取必要措施。

(9)加强混凝土养护,进行表面覆盖,以减小混凝土的内外温差。

8. 水下混凝土封底质量检查

水下混凝土封底质量的优劣,主要取决于基底清理的质量及灌注施工操作的熟练程度,应从以下几个方面进行检查:

(1)基底检查。基底浮泥、沉淀泥沙、沉渣应清除干净,以期封底混凝土底面能直接支承于坚实的土层上或与基岩面胶结良好。

(2)施工前应对机具设备、材料、混凝土配合比及施工布置等进行检查,以保证混凝土拌和物质量良好,灌注中不发生故障。

(3)施工灌注中应严格按照工艺操作规则进行。对于在灌注中发生的故障或不正常现象,应做详细记录,以便封底后对该处进行取样检查。

(4)封底检查。对于个别部位封底质量有怀疑时,可派潜水员至水下排查,发现问题及时加以处理。若封底达到一定程度仍有怀疑时,可采用地质钻探方法,对封底混凝土钻孔取样,做抗压强度试验及外观检查。在灌注中发生故障并认为混凝土质量有影响的部位,应钻孔至封底底面以下,以便检查基底面与混凝土结合情况。为提高混凝土强度试验的准确性,岩芯直径不宜太小。钻孔结束后对钻孔应灌浆封闭。封底质量经检查发现问题时,应组织有关人员分析研究,进行处理。

工作任务3.4　桥墩施工工艺

学习目标

1. 叙述桥墩的特点、种类及适用情况;
2. 知道常见桥墩类型的施工工艺及适用情况;
3. 知道高墩施工的几种常见施工工艺及流程;
4. 根据桥涵施工工艺标准完成桥墩的施工技术作业;
5. 正确完成给定的具体桥墩施工工程,选择适当的施工工艺及机具,编制施工工艺流程。

任务描述

通过完成本任务,要明确各类桥墩的适用条件及施工方法。针对具体的桥梁施工实例,应能提出切实可行的处理方案,编制出相应的施工流程和施工注意事项。

学习引导

本工作任务沿着以下脉络进行学习:

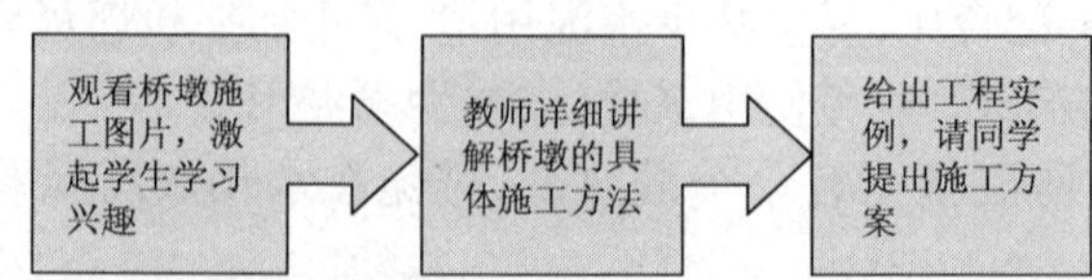

桥梁的桥墩施工是桥梁工程施工中的一个重要部分，其施工质量的优劣，不仅关系到桥梁上部结构的制作与安装质量，而且对桥梁的使用功能也影响重大。因此，桥墩的位置、尺寸和材料强度等都必须符合设计规范要求。在施工过程中，首先应准确地测定桥墩位置，正确地进行模板制作与安装，同时采用经过正规检验的合格建筑材料，严格执行施工规范的规定，以确保施工质量。

桥梁桥墩施工方法通常分为两大类：一类是现场就地浇筑与砌筑（图 3-38）；另一类是拼装预制的混凝土砌块、钢筋混凝土或预应力混凝土构件。多数工程是采用前者，优点是工序简便，机具较少，技术操作难度较小，但是施工期限较长，需耗费较多的劳力与物力。近年来，交通建设迅速发展，施工机械（起重机械、混凝土泵送机械及运输机械）也随之有了很大进步。采用预制装配构件建造桥梁桥墩的施工方法有了新的进展，其特点是既可确保施工质量、减轻工人劳动强度，又可加快工程进度、提高工程效益。对施工场地狭窄，尤其对缺少砂石地区或干旱缺水地区等建造桥墩更有着重要的意义。

图 3-38　就地浇筑桥墩

一、现浇混凝土桥墩的施工

就地浇筑的混凝土桥墩施工有两个主要工序，一是制作与安装桥墩模板；二是混凝土浇筑。

（一）桥墩模板

1. 模板设计原则

根据《公路桥涵施工技术规范》（JTJ 041—2000）的规定，模板的设计原则如下：

（1）宜优先使用胶合板和钢模板。

（2）在计算荷载作用下，对模板结构按受力程序分别验算其强度、刚度及稳定性。

（3）模板板面之间应平整，接缝严密，不漏浆，保证结构物外露面美观，线条流畅，可设倒角。

（4）结构简单，制作、拆装方便。模板可采用一般用钢材、胶合板、塑料和其他符合设计要求的材料制成。浇筑混凝土之前，木板应涂刷脱模剂，外露面混凝土模板的脱模剂应采用同一种品种，不得使用废机油等油料，且不得污染钢筋及混凝土的施工缝处。重复使用的模板应经常检查、维修。

2. 常见模板类型

（1）拼装式模板

拼装式模板系用各种尺寸的标准模板利用销钉连接，并与拉杆、加劲构件等组成桥墩所需形状的模板。

如图 3-39 所示，将桥墩表面划分为若干小块，尽量使每部分板扇尺寸相同，以便于周转使用。板扇高度通常与墩台分节灌注高度相同，一般可为 3 ~ 6m，宽度可为 1 ~ 2m，具体视桥墩尺寸和起吊条件而定。拼装式模板由于在厂内加工制造，因此板面平整、尺寸准确、体积小、质量轻,拆装容易、快速,运输方便,因而应用广泛。

(2)整体吊装模板

整体吊装模板系将墩台模板水平分成若干段,每段模板组成一个整体,在地面拼装后吊装就位(图3-40)。分段高度可视起吊能力而定,一般可为2~4m。整体吊装模板的优点是:安装时间短,无需设施工接缝,加快施工进度,提高了施工质量;将拼装模板的高空作业改为平地操作,有利于施工安全;模板刚性较强,可少设拉筋或不设拉筋,节约钢材;可利用模外框架做简易脚手架,不需另搭施工脚手架;结构简单,装拆方便,对建造较高的桥墩较为经济。

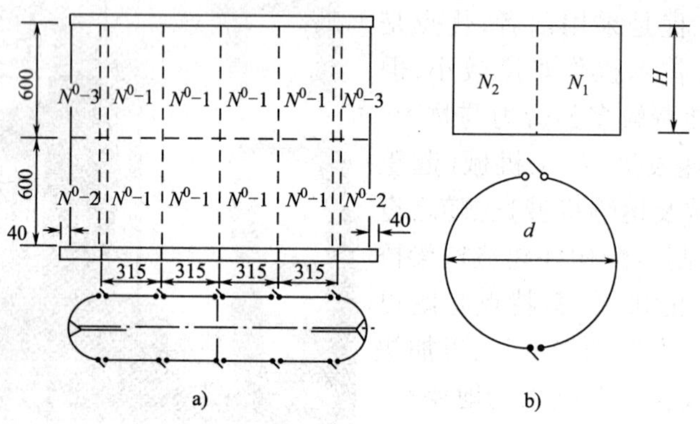

图3-39 拼装式模板(尺寸单位:cm)

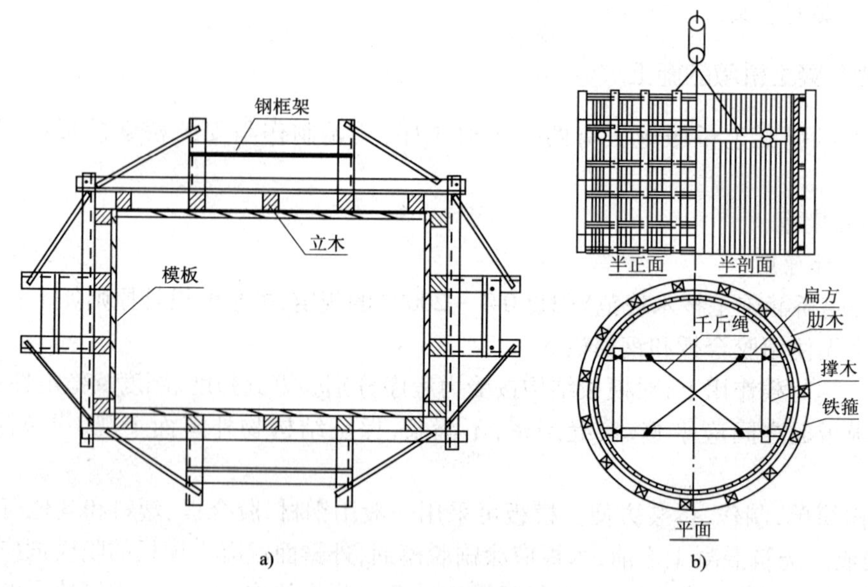

图3-40 整体吊装模板

(3)组合型钢模板

组合型钢模板系以各种长度、宽度及转角标准构件,用定型的连接件将钢模拼成结构用模板,具有体积小、质量轻、运输方便、装拆简单、接缝紧密等优点,适用于在地面拼装、整体吊装的结构上。

(4)滑动钢模板

滑动钢模板适用于各种类型的桥墩。各种模板在工程上的应用,可根据桥墩高度、桥墩形式、机具设备、施工期限等条件,因地制宜,合理选用。

模板的设计可参照交通运输部标准《公路桥涵钢结构及木结构设计规范》(JTJ 025—85)

的有关规定。验算模板的刚度时,其变形值不得超过下列数值:结构表面外露的模板,挠度为模板构件跨度的 1/400;结构表面隐蔽的模板,挠度为模板构件跨度的 1/250;钢模板的面板变形为 1.5mm,钢模板的钢棱、柱箍变形为 3.0mm。

模板安装前应对模板尺寸进行检查;安装时要坚实牢固,以免振捣混凝土时引起跑模漏浆;安装位置要符合结构设计要求。有关模板制作与安装的允许偏差见表 3-7 和表 3-8。

模板制作的允许偏差 表 3-7

<table>
<tr><th>项次</th><th colspan="2">项　目</th><th>允许偏差(mm)</th></tr>
<tr><td rowspan="7">木模板</td><td colspan="2">(1)模板的长度和宽度</td><td>±5.0</td></tr>
<tr><td colspan="2">(2)不刨光模板相邻两板表面高低差</td><td>3.0</td></tr>
<tr><td colspan="2">(3)刨光模板相邻两板表面高低差</td><td>1.0</td></tr>
<tr><td rowspan="2">(4)平板模板表面最大的局部不平(用 2m 直尺检查)</td><td>刨光模板</td><td>3.0</td></tr>
<tr><td>不刨光模板</td><td>5.0</td></tr>
<tr><td colspan="2">(5)拼合板中木板间的缝隙宽度</td><td>2.0</td></tr>
<tr><td colspan="2">(6)榫槽嵌接紧密度</td><td>2.0</td></tr>
<tr><td rowspan="8">钢模板</td><td rowspan="2">(1)外形尺寸</td><td>长和宽</td><td>0,-1</td></tr>
<tr><td>肋高</td><td>±5</td></tr>
<tr><td colspan="2">(2)面板端偏斜</td><td>≤0.5</td></tr>
<tr><td rowspan="3">(3)连接配件(螺栓、卡子等)的孔眼位置</td><td>孔中心与板面的间距</td><td>±0.3</td></tr>
<tr><td>板端孔中心与板端的间距</td><td>0,-0.5</td></tr>
<tr><td>沿板长、宽方向的孔</td><td>±0.6</td></tr>
<tr><td colspan="2">(4)板眼局部不平(用 300mm 长平尺检查)</td><td>1.0</td></tr>
<tr><td colspan="2">(5)板面和板侧挠度</td><td>±1.0</td></tr>
</table>

模板安装的允许偏差 表 3-8

<table>
<tr><th>项次</th><th colspan="2">项　目</th><th>允许偏差(mm)</th></tr>
<tr><td rowspan="2">1</td><td rowspan="2">模板高程</td><td>(1)基础</td><td>±15</td></tr>
<tr><td>(2)墩台</td><td>±10</td></tr>
<tr><td rowspan="2">2</td><td rowspan="2">模板内部尺寸</td><td>(1)基础</td><td>±30</td></tr>
<tr><td>(2)墩台</td><td>±20</td></tr>
<tr><td rowspan="2">3</td><td rowspan="2">轴线偏位</td><td>(1)基础</td><td>±15</td></tr>
<tr><td>(2)墩台</td><td>±10</td></tr>
<tr><td>4</td><td colspan="2">装配式构件支承面的高程</td><td>+2,-5</td></tr>
<tr><td rowspan="2">5</td><td colspan="2">模板相邻两板表面高低差</td><td>2</td></tr>
<tr><td colspan="2">模板表面平整度(用 2m 直尺检查)</td><td>5</td></tr>
<tr><td rowspan="3">6</td><td colspan="2">预埋件中心线位置</td><td>3</td></tr>
<tr><td colspan="2">预留孔洞中心线位置</td><td>10</td></tr>
<tr><td colspan="2">预留孔洞截面内部尺寸</td><td>+10,-0</td></tr>
</table>

(二)混凝土浇筑施工要点

墩台身混凝土施工前,应将基础顶面冲洗干净,凿除表面浮浆,整修连接钢筋。灌注混凝土时,应经常检查模板、钢筋及预埋件的位置和保护层的尺寸,确保位置正确,不发生变形。混凝土施工中,应切实保证混凝土的配合比、水灰比和坍落度等技术性能指标满足规范要求。

1.混凝土的运送

墩台混凝土的水平与垂直运输相互配合方式与适用条件可参照表3-9选用。如混凝土数量大,浇筑捣固速度快时,可采用混凝土皮带运输机或混凝土输送泵。运输带速度应不大于1.0~12m/s。其最大倾斜角:当混凝土坍落度小于40mm时,向上传送为18°,向下传送为12°;坍落度为40~80mm时,则分别为15°与10°,如图3-41所示。

混凝土的运输方式及适用条件 表3-9

<table>
<tr><th>水平运输</th><th>垂直运输</th><th colspan="2">适用条件</th><th>附注</th></tr>
<tr><td rowspan="8">人力混凝土手推车、内燃翻斗车、轻便轨人力推运翻斗车,或混凝土吊车</td><td>手推车</td><td rowspan="8">中小桥梁水平运距较近</td><td>$H<10$m</td><td>搭设脚手平台,铺设坡道,用卷扬机拖拉手推车上平台</td></tr>
<tr><td>轨道爬坡翻斗车</td><td>$H<10$m</td><td>搭设脚手平台,铺设坡道,用卷扬机拖拉手推车上平台</td></tr>
<tr><td>皮带输送机</td><td>$H<10$m</td><td>倾角不宜超过15°,速度不超过1.2m/s。高度不足时,可用两台串联使用</td></tr>
<tr><td>履带(或轮胎)起重机起吊高度≈20m</td><td>$10<H<20$m</td><td>用吊斗输送混凝土</td></tr>
<tr><td>木制或钢制扒杆</td><td>$10<H<20$m</td><td>用吊斗输送混凝土</td></tr>
<tr><td>墩外井架提升</td><td>$H>20$m</td><td>在井架上安装扒杆提升吊斗</td></tr>
<tr><td>墩内井架提升</td><td>$H>20$m</td><td>适用于空心桥墩</td></tr>
<tr><td>无井架提升</td><td>$H>20$m</td><td>适用于滑动模板</td></tr>
<tr><td rowspan="5">轨道牵引车输送混凝土、翻斗车或混凝土吊斗汽车倾卸车、汽车运送混凝土吊斗、内燃翻斗车</td><td>履带(或轮胎)起重机起吊高度≈30m</td><td rowspan="5">大中桥水平运距较远</td><td>$20<H<30$m</td><td>用吊斗输送混凝土</td></tr>
<tr><td>塔式吊机</td><td>$20<H<50$m</td><td>用吊斗输送混凝土</td></tr>
<tr><td>墩外井架提升</td><td>$H<50$m</td><td>井架可用万能杆件组装</td></tr>
<tr><td>墩内井架提升</td><td>$H>50$m</td><td>适用于空心桥墩</td></tr>
<tr><td>无井架提升</td><td>$H>50$m</td><td>适用于滑动模板</td></tr>
<tr><td colspan="2">索道吊机</td><td colspan="2">$H>50$m</td><td></td></tr>
<tr><td colspan="2">混凝土输送泵</td><td colspan="2">$H<50$m</td><td>可用于大体积实心墩台</td></tr>
</table>

注:H为墩高。

2.混凝土的灌注速度

为保证灌注质量,混凝土的配制、输送及灌注的速度应满足式(3-4)的要求。

$$V \geqslant Sh/t \tag{3-4}$$

式中:V——混凝土配料、输送及灌注的容许最小速度(m^3/h);

S——灌注的面积(m^2);

h——灌注层的厚度(m);

t——所用水泥的初凝时间(h)。

如混凝土的配制、输送及灌注需时较长,则应采用式(3-5)计算。

$$V \geqslant Sh/(t-t_0) \tag{3-5}$$

图 3-41　混凝土的运送

式中：t_0——混凝土配制、输送及灌注所消费的时间(h)。

混凝土灌注层的厚度 h 可根据使用捣固方法按规定数值采用。

桥墩是大体积圬工，为避免水化热过高，导致混凝土因内外温差引起裂缝，可采取如下措施：

(1)用改善集料级配、降低水灰比、掺加混合材料与外加剂、掺入片石等方法减少水泥用量。

(2)采用 C30、C35 含量小、水化热低的水泥，如大坝水泥、矿渣水泥、粉煤灰水泥、低强度水泥等。

(3)减小浇筑层厚度，加快混凝土散热速度。

(4)混凝土用料应避免日光暴晒，以降低初始温度。

(5)在混凝土内埋设冷却管通水冷却。当浇筑的平面面积过大，不能在前层混凝土初凝或能重塑前浇筑完成次层混凝土时，为保证结构的整体性，宜分块浇筑。分块时应注意：各分块面积不得小于 $50m^2$；每块高度不宜超过 2m；块与块间的竖向接缝面应与墩台身或基础平截面短边平行，与平截面长边垂直；上下邻层间的竖向接缝应错开位置做成企口，并应按施工接缝处理。混凝土中填放片石时应符合有关规定。

3. 混凝土浇筑

为防止桥墩基础第一层混凝土中的水分被基底吸收或基底水分渗入混凝土，对墩台基底处理除应符合天然地基的有关规定外，尚应满足以下要求：

(1)基底为非黏性土或干土时，应将其润湿。

(2)如为过湿土时，应在基底设计高程下夯填一层10～15cm厚片石或碎(卵)石层。

(3)基底面为岩石时，应加以润湿，铺一层厚2～3cm水泥砂浆，然后于水泥砂浆凝结前浇筑第一层混凝土。

图3-42　墩身钢筋的绑扎

墩身钢筋的绑扎(图3-42)应和混凝土的灌注配合进行。在配置第一层垂直钢筋时，应有不同的长度，同一断面的钢筋接头应符合施工规范的规定，水平钢筋的接头，也应内外、上下互相错开。钢筋保护层的净厚度，应符合设计要求。如无设计要求时，则可取墩身受力钢筋的净保护层不小于30mm，承台基础受力钢筋的净保护层不小于35mm。墩身混凝土宜一次连续灌注，否则应按桥涵施工规范的要求，处理好连接缝。墩身混凝土未达到终凝前，不得泡水。混凝土墩的位置及外形尺寸允许偏差见表3-10。

混凝土、钢筋混凝土基础及墩台允许偏差(单位：mm)　　表3-10

项次	项　目		基础	承台	墩台身	柱式墩台	墩台帽
1	端面尺寸		±50	±30	±20		±20
2	垂直或斜坡				0.2%H	0.3%H≤20	
3	底面高程		±50				
4	顶面高程		±30	±20	±10	±10	
5	轴线偏位		25	15	10	10	10
6	预埋件位置				10		
7	相邻间距					±15	
8	平整度						
9	跨径	L_0≤60m			±20		
		L_0>60m			±L_0/3 000		
10	支座处顶面高程	简支梁					±10
		连续梁					±5
		双支座梁					±2

注：表中H为结构高度；L_0为标准跨径。

二、石砌桥墩施工

石砌桥墩具有就地取材和经久耐用等优点，在石料丰富地区建造桥墩时，在施工期限许可的条件下，为节约水泥，应优先考虑石砌桥墩方案。

(一)石料、砂浆与脚手架

石砌桥墩是用片石、块石及粗料石以水泥砂浆砌筑的，石料与砂浆的规格要符合有关规定。浆砌片石一般适用于高度小于6m的桥墩身、基础、镶面以及各式墩身填腹；浆砌粗料石则用于磨耗及冲击严重的分水体及破冰体的镶面工程以及有整齐美观要求的桥墩。

将石料吊运并安砌到正确位置是砌石工程中比较困难的工序。当质量小或距地面不高时，可用简单的马凳跳板直接运送；当质量较大或距地面较高时，可采用固定式动臂吊机或桅杆式吊机或井式吊机，将材料运到桥墩上，然后再分运到安砌地点。用于砌石的脚手架应环绕桥墩搭设，用以堆放材料，并支持施工人员砌筑镶面定位行列及勾缝。脚手架一般常用固定式轻型脚手架（适用于6m以下的桥墩）、简易活动脚手架（能用在25m以下的墩台）以及悬吊式脚手架（用于较高的桥墩）。

（二）桥墩砌筑施工要点

在砌筑前应按设计图放出实样，挂线砌筑。砌筑基础的第一层砌块时，如基底为土质，只在已砌石块的侧面铺上砂浆即可，不需坐浆；如基底为石质，应将其表面清洗、润湿后，先坐浆再砌石。砌筑斜面墩台时，斜面应逐层放坡，以保证规定的坡度。砌块间用砂浆黏结并保持一定的缝厚，所有砌缝要求砂浆饱满。形状比较复杂的工程，应先作出配料设计图，注明块石尺寸；形状比较简单的，也要根据砌体高度、尺寸、错缝等，先行放样配好料石再砌。

砌筑方法：同一层石料及水平灰缝的厚度要均匀一致，每层按水平砌筑，丁顺相间，砌石灰缝互相垂直，灰缝宽度和错缝按表3-11规定办理。砌石顺序为先角石，再镶面，后填腹。填腹石的分层厚度应与镶面相同；圆端、尖端及转角形砌体的砌石顺序，应自顶点开始，按丁顺排列接砌镶面石。砌筑图见图3-43，圆端形桥墩的圆端顶点不得有垂直灰缝，砌石应从顶端开始先砌石块，然后应丁顺相间排列，安砌四周镶面石；尖端桥墩的尖端及转角处不得有垂直灰缝，砌石应从两端开始，先砌石块，再砌侧面转角，然后丁顺相间排列，安砌四周的镶面石，如图3-43所示。

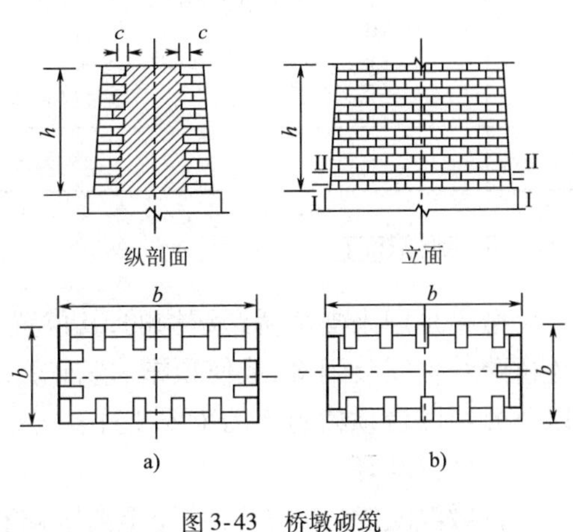

图3-43　桥墩砌筑

浆砌镶面石灰缝规定　　表3-11

种类	灰缝宽度（cm）	错缝（层间或行列间）（cm）	三块石料相接处空隙（cm）	砌筑行列高度（cm）
粗料石	1.5～2	≥10	1.5～2	每层石料厚度一致
半细料石	1～1.5	≥10	1～1.5	每层石料厚度一致
细料石	0.8～1	≥10	0.8～1	每层石料厚度一致

砌体质量应符合以下规定：

（1）砌体所有各项材料类别、规格及质量符合要求。

（2）砌缝砂浆或小石子混凝土铺填饱满、强度符合要求。

（3）砌缝宽度、错缝距离符合规定，勾缝坚固、整齐，深度和形式符合要求。

（4）砌筑方法正确。

（5）砌体位置、尺寸不超过允许偏差。

墩台砌体位置及外形允许偏差见表3-12。

墩台砌体位置及外形尺寸允许偏差 表3-12

项次	检查项目		砌体类别	允许偏差(mm)
1	跨径 L_0		$L_0 \leqslant 60$m	±20
			$L_0 > 60$m	$\pm L_0/3\,000$
2	墩台宽度及长度		片石镶面砌体	+30,-10
			块石镶面砌体	+30,-10
			粗料石镶面砌体	+20,-10
3	大面平整度(2m直尺检查)		片石镶面	30
			块石镶面	20
			粗料石镶面	10
4	竖直度或坡度		片石镶面	0.5%H
			块石、粗料石镶面	0.3%H
5	墩台顶面高程			±10
6	轴线偏位			10

三、墩帽施工

墩帽是用来支承桥跨结构的,其位置、高程及垫石表面平整度等均应符合设计要求,以避免桥跨结构安装困难,或使顶帽、垫石等出现破裂或裂缝,影响墩台的正常使用功能和耐久性。以下介绍墩台顶帽施工的主要工序。

1. 墩帽放样

桥墩混凝土(或砌石)灌注至离墩帽底约30~50cm高度时,即需测出墩台纵横中心线,并开始竖立墩、台帽模板,安装锚栓孔或安装预埋支座垫板、绑扎钢筋等。台帽放样时,应注意不要以基础中心线作为台帽背墙线,浇筑前应反复核实,以确保墩、台帽中心、支座垫石等位置方向与水平高程等不出差错。

2. 墩帽模板

墩帽系支承上部结构的重要部分,其尺寸位置和水平高程的准确度要求较严,浇筑混凝土应从墩台帽下约30~50cm处至墩台帽顶面一次浇筑,以保证墩、台帽底有足够厚度的紧密混凝土。图3-44为混凝土桥墩墩帽模板图,墩帽模板下面的一根拉杆可利用墩帽下层的分布钢筋,以节省铁件。

3. 钢筋和支座垫板的安设

墩帽钢筋绑扎应遵照《公路桥涵施工技术规范》(JTJ 041—2000)有关钢筋工程的规定。墩帽上的支座垫板的安设一般采用预埋支座垫板和预留锚栓孔的方法。前者须在绑扎墩帽和支座垫石钢筋时将焊有锚固钢筋的钢垫板安设在支座的准确位置上,即将锚固钢筋和墩帽骨架钢筋焊接固定,同时将钢垫板做一木架,固定在墩帽模板上。此法在施工时垫板位置不易准确,应经常校正。后者须在安装墩帽模板时,安装好预留孔模板,在绑扎钢筋时注意将锚栓孔位置留出。此法安装支座施工方便,支座垫板位置准确,如图3-45所示。

图 3-44　墩帽模板图

图 3-45　墩帽钢筋绑扎

四、装配式墩台施工

装配式墩台适用于山谷架桥或跨越平缓无漂流物的河沟、河滩等的桥梁，特别是在工地干扰多、施工场地狭窄，缺水与砂石供应困难地区，其效果更为显著。装配式墩台的优点是：结构形式轻便，建桥速度快，圬工省，预制构件质量有保证等。目前经常采用的有砌块式、柱式和管节式或环圈式墩等。

1. 砌块式墩台施工

砌块式墩台的施工大体上与石砌墩台相同，只是预制砌块的形式因墩台形式不同有很多变化。

2. 柱式墩施工

装配式柱式墩系将桥墩分解成若干轻型部件，在工厂或工地集中预制，再运送到现场装配桥梁，如图 3-46 所示。其形式有双柱式、排架式、板凳式和刚架式等。

图 3-46　预制墩

施工工序为预制构件、安装连接与混凝土养护等。其中拼装接头是关键工序，既要牢固安全，又要结构简单便于施工。常用的拼装接头有以下几种形式：

（1）承插式接头　将预制构件插入相应的预留孔内，插入长度一般为 1.2 ~ 1.5 倍的构件宽度，底部铺设 2cm 砂浆，四周以半干硬性混凝土填充，常用于立柱与基础的接头连接。

（2）钢筋锚固接头　构件上预留钢筋或型钢，插入另一构件的预留槽内，或将钢筋互相焊接，再灌注半干硬性混凝土，多用于立柱与顶帽处的连接。

（3）焊接接头　将预埋在构件中的铁件与另一构件的预埋铁件用电焊连接，外部再用混凝土封闭。这种接头易于调整误差，多用于水平连接杆与立柱的连接。

3. 后张法预应力混凝土装配墩施工

装配式预应力钢筋混凝土墩分为基础、实体墩身和装配墩身三大部分。装配墩身由基本构件、隔板、顶板及顶帽四种不同形状的构件组成，用高强钢丝穿入预留的上下贯通的孔道内，张拉锚固而成。实体墩身是装配墩身与基础的连接段，其作用是锚固预应力钢筋，调节装配墩身高度及抵御洪水时漂流物的冲击等。

施工工艺流程分成施工准备、构件预制及墩身装配三方面。全过程贯穿着质量检查工作。实体墩身灌注时要按装配构件孔道的相对位置，预留张拉孔道及工作孔。构件装配的水平拼装缝采用 M5 水泥砂浆，砂浆厚度为 15mm，便于调整构件水平高程，不使误差积累。安装构件要求确保“平、稳、准、实、通”五个关键，即起吊平、构件顶面平、内外壁砂浆接缝要“抹平”；起吊、降落、松钩要“稳”；构件尺寸“准”、孔道位置“准”、中线“准”及预埋配件位置“准”；接缝砂浆要“密实”；构件孔道要“畅通”。张拉预应力的钢丝束分两种：一种是直径为 5mm 的高强度钢丝，用 18ϕ5 锥形锚；另一种用 7ϕ4mm 钢绞线，用 JM12 ~ 6 型锚具，采用一次张拉工艺。张拉位置可以在顶帽上张拉，亦可在实体墩下张拉，一般多在顶帽上张拉。孔道压浆前先用高压水冲洗，采用纯水泥浆，为了减少水泥浆的收缩及泌水性能，可掺入水泥质量为（0.8 ~ 1.0）/10 000 的铝粉。压浆最好由下而上压注。压浆分初压与复压，初压后，约停 1h，待砂浆初凝即进行复压，复压压力可为 0.8 ~ 1.0Pa，初压压力可小一点。压浆时，若构件上的砂浆接缝全部湿润，说明接缝砂浆空隙中压入了水泥浆，起到了密实接缝的作用。实体墩身的封锚采用与墩身同强度等级的混凝土，同时要采用防水措施。顶帽上的封锚采用钢筋网罩焊在垫板上，单个或多个连在一起，然后用混凝土封锚。

装配式墩台的允许偏差：《公路桥涵施工技术规范》（JTJ 041—2000）规定，构件安装前必须检查其外形和构件的预埋件尺寸和位置，其允许偏差不得超过设计规定；构件安装就位完毕后，经过检查校正，符合要求，才允许焊接或浇筑混凝土以固定构件；分段安装的构件继续安装时，必须在先安装的构件固定和受力较大的接头混凝土达到设计要求的强度后方可进行（一般应达到设计强度等级的 70%）；装配式墩台完成时的允许偏差为：

（1）墩台柱埋入基座内的深度和砌块墩、台埋置深度，必须符合设计规定；

（2）墩台倾斜为 0.3%H（H 为墩台高），最大不得超过 20mm；

（3）墩台顶面高程 ±10mm；墩台中线平面位置 ±10mm；相邻墩台柱间距 ±15mm。

五、高墩施工

公路通过深沟宽谷或大型水库，若采用高桥墩能使桥梁更为经济合理，它不仅可以缩短线路，节省造价，而且可以提高运营效益，减少日常维护工作。高桥墩可分为实体墩、空心墩与钢架墩。自 20 世纪 70 年代以来，较高的桥墩一般均采用空心墩。

高桥墩的施工设备与一般桥墩所用设备大体相同，但其模板却另有特色。一般有滑动模板、爬升模板、翻升模板等几种，这些模板都是依附于灌注的混凝土墩壁上，随着墩身的逐步加高而向上升高。目前滑动模板的高度已达百米。滑动模板施工的主要优点是：施工进度快，在一般气温下，每昼夜平均进度可达 5 ~ 6m；混凝土质量好，采用干硬性混凝土，机械振捣，连续作业，可提高墩台质量；节约木材和劳力，有资料统计表明，可节省劳动力 30%，节约木材

70%；滑动模板可用于直坡墩身，也可用于斜坡墩身，模板本身附带有内外吊篮、平台与拉杆等，以墩身为支架，墩身混凝土的浇筑随模板缓慢滑升连续不断地进行，故而安全可靠。以下将介绍这三种施工方法。

（一）滑模施工

1. 滑动模板构造

滑模施工是现浇混凝土结构机械化生产的一种施工技术。滑模施工能连续作业，可以避免或减少施工缝；混凝土浇筑层较薄，浇灌振捣都在上口进行，容易保证混凝土质量；施工速度快，工期短；能利用各种机具设备，减轻工人劳动强度；不需要大量的支撑脚手架，在一定条件下，提升任务可以依靠滑模本身解决；另外高空施工也比较安全。因此，对于20m以上的桥墩，利用滑模施工都比较经济。尤其是有几个相同截面的桥墩能够安排流水作业法，最有推广运用的价值。

滑模主要由模板系统、操作平台系统、液压提升系统组成，有吊运人员和混凝土任务的滑模还要增加内外提升系统。滑动模板的构造由于桥墩类型、提升工具的类型不同，模板构造也稍有差异，但其主要部件与功能则大致相同。一般主要由工作平台、内外模板、混凝土平台、工作吊篮和提升设备等组成，如图3-47所示。

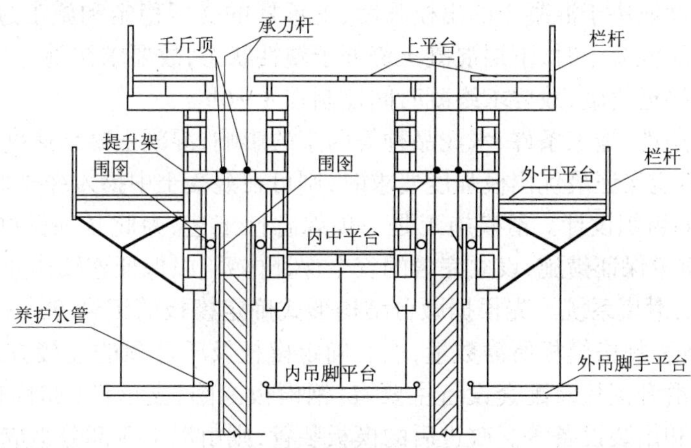

图3-47　滑模施工

（1）工作平台由外钢环、辐射梁、内钢环、栏杆、步板组成，除提供施工操作的场地外，还用它把滑模的其他部分与顶杆相互连接起来，使整个滑模结构支承在顶杆上。可以说，工作平台是整个滑模结构的骨架，因此，应具有足够的强度和刚度。

（2）内外模板采用薄钢板制作，用于上下壁厚相同的直坡空心桥墩的滑模。内外模板均通过立柱、固定在工作平台的辐射梁上。用于上下壁厚相同的斜坡空心墩的收坡滑模，内外模板仍固定在立柱上，但立柱架（或顶梁）不是固定在辐射梁上，而是通过滚轴挂在辐射梁上，并可利用收坡丝杆沿辐射方向移动立柱架及内外模板位置。用于斜坡式不等壁厚空心墩的收坡滑模，则内外立柱固定在辐射梁上，而在模板与立柱间安装收坡丝杆，以便分别移动内外模板的位置。

（3）混凝土平台由辐射梁、步板、栏杆等组成，利用立柱支承在工作平台的辐射梁，供堆放及灌注混凝土施工操作之用。

（4）工作吊篮悬挂在工作平台的辐射梁和内外模板的立柱上，它随着模板的提升而向上移动，供施工人员对刚脱模的混凝土进行表面修饰和养生等施工操作之用。

(5)提升设备由千斤顶、顶杆、顶杆导管等组成,通过顶升工作平台的辐射梁使整个滑模提升,如图3-48所示。

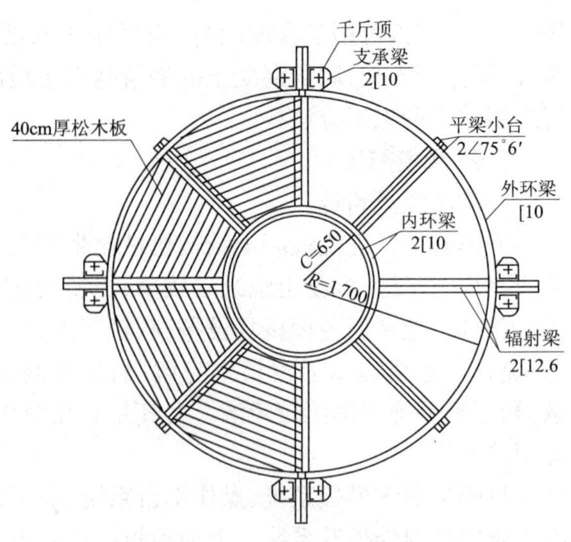

图3-48 滑模施工工作平台

2.施工准备工作

1)混凝土配合比设计

(1)滑模混凝土宜采用半干硬或低流动混凝土,要求和易性好,不易产生离析、泌水现象,坍落度应控制在3~5cm范围内,混凝土出模强度宜控制在0.2~0.4MPa,以保证混凝土出模后既能易于抹光表面,不致拉裂或带起,又能支承上部混凝土的自重,不致流淌、坍落或变形。混凝土强度过低时,混凝土易坍塌,不能承受上部浇筑的混凝土自重;若强度过高,则模板与混凝土之间产生黏结,滑升困难,易发生拉裂、掉角现象。

模板的滑升速度取决于混凝土的出模强度、支承杆的受压稳定和施工过程中结构的整体稳定性。在浇筑上层混凝土时,下层混凝土仍处于塑性状态,故要求初凝时间控制在2h左右,在出模时混凝土应接近终凝,故要求终凝时间控制在4~6h。

如果由于气温条件、施工条件、水泥品种等因素的影响,混凝土凝结速度过快或过慢,在规定的滑升速度下,不能保证最优出模强度要求时,则可在混凝土中掺入缓凝剂或减水剂。

(2)滑模施工的组织设计。滑模施工是一项综合性工艺,为此必须做好详细的施工组织计划,制订可靠的质量保证措施,设立完善的安全保证体系,以保证连续作业和施工质量。

(3)模板制作及滑模系统。先根据墩台结构形式确定模板的组合方式和合适的围图材料及围图断面,计算各种规格模板所需数量,然后确定模板及千斤顶的连接方式,最后绘制滑模各组成部分详图。滑升模板及配套设备主要有:钢模板围图、支承杆(亦称爬杆、顶杆)、千斤顶、顶架、操作平台和吊装设备等。改进后的模板装置,则由以下3部分组成:

①滑模系统。由全钢模及提升架组成,钢模均使用定型钢模板,模板中间采用螺栓连接。围图应有一定的刚度,围图接头应采用刚性连接,并上下错开布置附着在钢模板上联成一个整体,以防模板变形。

②提升系统。由液压控制台、千斤顶、油路及支承杆组成,控制台采用HY-36型,千斤顶采用QYD-60型。油路为三级并联,液压控制台设置在操作平台中部。

③操作平台系统。由外挑架及吊架组成。外挑架采用钢管连接为桁架形式,以增加整体刚度。外设防护栏杆,挂安全网。

施工放样、绑扎钢筋后,设备的组装顺序如下:

拼装模板→安装提升架腿→安装外挑架及钢管→铺外平台→安装千斤顶及油路,调试液压系统→插支承杆→调平后设限位卡→挂安全网。

(4)机具设备准备。爬杆用材以前常用ϕ25mm的圆钢,后因其承压能力小,较易发生弯曲而被同截面的48mm×3.5mm钢管取代。钢管位置一般取决于墩台的截面,爬杆应尽量处于混凝土的中心,其数量由起重计算确定,应做到受力均匀,提升同步并具有一定的安全储备,通常其间距为1.5~2.5m。

为了保证工期进度，滑模设备必须准备4套以上，用混凝土运输车及塔吊运送混凝土，钢筋焊接采用电渣压力焊。

2）施工过程

（1）钢筋绑扎　钢筋绑扎一般在组装模板之前完成。构造物水平钢筋第一次只能绑至和模板相同的高度，以上部分在滑升开始后在千斤顶架横梁下和模板上口之间的空隙内绑扎。为施工方便，竖向钢筋每段长度不宜过长。钢筋接长时，在同一断面内钢筋接头截面积不宜超过钢筋总截面积的50%。

（2）提升过程（图3-49）　混凝土初浇筑高度一般为60cm，分2～3层浇筑，3～4h后即可将模板升5cm，检查出模混凝土强度是否合格，合格后可以将模板提升3～5个千斤顶行程。第一个行程试滑后停机检查模板结构、滑升系统是否正常，正常后转入连续滑升。在正常气温下，滑升速度为20～345cm/h，继续绑扎钢筋，浇筑混凝土，开动千斤顶，提高模板。如此反复作业，直到完成结构工程量为止，平均每昼夜滑升2.4～6m。每次浇筑混凝土应分段、分层均匀进行，分层厚度一般为20～30cm，每次浇筑至模板上口以下约10cm为止。各层浇筑时间间隔应不大于混凝土的凝结时间，当时间间隔超过时，对接茬处应按施工缝要求进行处理。在分段浇筑时应对称浇筑，各段浇筑时间应大致相等。当气温较高时，宜先浇筑内墙，后浇筑阳光直射的外墙；先浇筑直墙，后浇筑墙角。在浇筑混凝土的同时，应随时清理黏结在模板内表面的砂浆或混凝土，以免增加滑行阻力，影响表面光滑，造成质量事故。混凝土宜采用振捣棒捣实，振捣时不得触及钢筋、模板和支承杆，振捣棒插入下一层混凝土的深度不得超过5cm。滑升速度应与混凝土凝固程度相适应，一般情况下，混凝土表面湿润，手摸有硬的感觉，可用手指按出深度1mm左右印子，或表面用抹子可抹平时即可滑升。脱模后8h左右就需要进行混凝土养生。养生可根据具体情况采取养护液保水养生、缠裹塑料薄膜养生、附在吊架下环绕墩台身的带小孔管养生。当混凝土浇至最后1m时，应注意操平找正，要全面检查，最后分散浇平。浇筑要均匀，要注意变换浇筑方向，防止墩台倾斜或扭转。在混凝土强度达到设计强度的70%时进行拆模工作，注意按一定顺序进行，以确保安全。

图3-49　混凝土提升过程

（3）滑升状态检查控制　滑升过程中，应遵循“薄层浇筑，均衡提升，减少停顿”的原则，其他各工序作业均应在限定时间内完成，不得以停滑或减缓滑速来迁就其他作业。每滑升300mm，千斤顶用限位卡平一次，用平台水平控制水平偏差。滑升高程由专人负责，每滑升1.5m用水平仪低度操平一次，以确保高程准确无误。滑升时，当垂直度超过3mm时应采取纠偏措施。

(4)滑模停滑措施　滑模滑升时,因停电等特殊原因停滑时,需要采取停滑措施:第一,混凝土浇筑至同一水平面;第二,1h 提升一个行程,直至混凝土初凝并与模板脱离,但混凝土在模板内的剩余量不小于模板全高的1/2;第三,继续滑升时,混凝土的接茬应按施工缝处理。

3)施工过程的控制项目

(1)墩台竖直度的控制　墩台竖直度允许偏差为墩台高度的0.3%,且不超过20mm。为此,在正常的施工中,每滑升1m 就要进行一次中心校正。滑升中如发现偏扭,应查明原因,逐渐纠正。纠正的方法一般是将偏扭一方的千斤顶相对提高2~4cm 后逐步纠正,每次纠正量不宜过大,以免产生明显的弯曲现象。

(2)操作平台水平度的控制　控制操作平台的水平度是滑模施工的关键之一,如果操作平台发生倾斜,将导致墩台扭转和滑升困难。为避免平台倾斜,平台上材料堆放要均匀,并应注意混凝土浇筑是否顺利,还要经常进行观测和调整。具体做法是用水平仪观察各千斤顶高差,并在支承杆上画线标记千斤顶应滑升到的高度,在同一水平面上的千斤顶其高度不宜大于20mm,相邻千斤顶高差不宜大于10mm。

(3)模板安装准确度的控制　滑升模板一经组装好直到施工完毕,中途一般不再拆装。因此,模板安装要认真、细致,符合允许误差的要求。模板组装前,要检查起滑线以下已施工的基础或结构的高程和几何尺寸,并标出结构的设计轴线、边线和提升架的位置等。

(4)爬杆弯曲度的控制　爬杆弯曲必须予以防止,否则会引起严重的质量和安全事故。爬杆负荷要通过计算确定,如果负荷过大或脱空距离过大时,就会引起爬杆弯曲,平台倾斜也会使爬杆弯曲。若爬杆弯曲程度不大,可用钢筋与墩台主筋焊接固定,以防再弯;若弯曲较大时,应切去弯曲部分,再补焊一截新杆;弯曲严重时,应切去上部,另换新杆,新杆与混凝土接触面应垫10mm 厚钢靴。

(二)液压爬模施工

爬模是适用于高层建筑或高耸构造物现浇钢筋混凝土结构的先进模板施工工艺。液压自动爬升模板是依附在建筑结构上,随着结构施工而逐层上升的一种模板体系,当混凝土达到拆模强度后脱模,模板不落地,依靠机械设备和支承体将模板和爬模装置向上爬升一层,定位紧固,反复循环施工。液压千斤顶自动爬升模板是滑模和支模相结合的一种新工艺,它吸收了支模工艺按常规方法浇筑混凝土,劳动组织和施工管理简便,受外界条件的制约少,混凝土表面质量易于保证等优点,又避免了滑模施工常见的缺陷,施工偏差可逐层消除。液压千斤顶自动爬模工艺将立面结构施工简单化,节省了按常规施工所需的大量反复装拆所用的塔吊运输,使塔吊有更多的时间保证钢筋和其他材料的运输。液压爬模工艺在 N 层安装即可在 N 层实现爬模。爬模可节省模板堆放场地,对于在城市中心施工、场地狭窄的项目有明显的优越性。液压爬模的施工现场文明,在工程质量、安全生产、施工进度和经济效益等方面均有良好的保证。

1. 液压爬模系统

液压爬模系统主要由爬升装置、外组合模板、移动模板支架、上爬架、下吊架、内模板及电器、液压控制系统等部分构成,如图3-50所示。

爬升装置由锚锥、锚板、锚靴、爬头、轨道、下撑脚、步进装置、承重架及支撑等部件组成。锚锥是液压爬模系统的主要预埋件,由以下构件组成:伞形头、内连杆、锥形接头、高强螺栓等,锚锥通过堵头螺栓固定在外组合模板上,在关模后浇筑混凝土时将其埋入混凝土中。它是整个液压爬模系统的最终承力结构。锚板通过连接螺栓安装在预埋的锚锥上并附着于已浇筑混凝土墙体上,锚靴是挂在锚板上的传力装置,锚板和锚锥承接轨道和主梁传递的荷载,它主要受到施工活荷载、重力荷载、风荷载及弯矩作用等,故其具有很强抗拉、抗剪和抗弯力,同时它还起到为轨道导向的作用。轨道由两根槽钢及一系列梯档组焊而成,梯档间距300mm,供上下步进装置的爬头将荷载传递到轨道,进而传递到埋件系统上。爬头及步进装置是在千斤顶的顶升下实现轨道及爬架交替爬升的爬升装置。

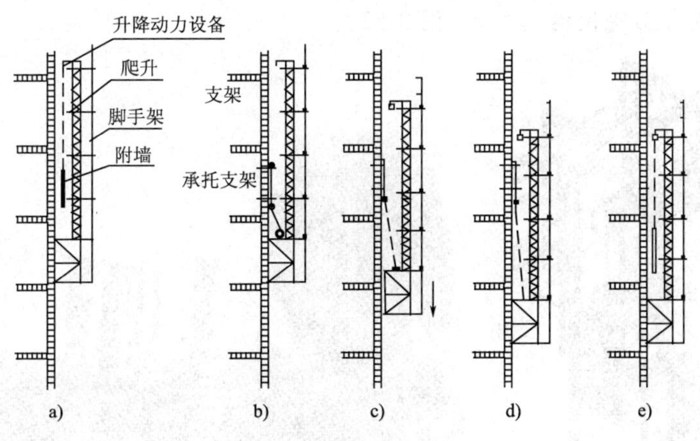

图3-50 液压爬模系统

承重架承受整个液压爬模系统自重及施工荷载,并通过轨道、锚靴、锚板和锚锥传递到已浇筑混凝土墩柱上。

模板系统为减轻液压爬模系统自重,外组合模板为可拆装式组合钢木模板,由面板、木I字形梁、背楞及其连接件、模板对拉螺杆组成。面板通常采用优质进口面板材料,板面为酚醛树脂双面覆膜,四周边缘采用防水涂料封边,均为活动可拆换式,方便根据需要更换面板,以确保混凝土外观质量。

内模板通常也采用可拆式组合钢木模板,面板可采用国产胶合板,背楞及围檩均可采用小型槽钢。

模板支架:移动模板支架由型钢通过销轴及螺栓连接,组成一个可拆装式的三角稳定支撑体系,设置于承重架上。主要构件有竖围檩、横梁、可调撑杆及实现支架移动的齿轮齿条等。移动模板支架在浇筑混凝土时安装和支撑模板,并承受部分混凝土侧压力。混凝土浇筑完毕后,通过支架上齿轮条带动固定在支架上的模板整体脱模,并可让出足够空间,进行模板维护工作。

上爬架是模板安装、调整、拆除,锚锥的安装及待浇混凝土段的钢筋绑扎施工的工作平台支架,共三层,由若干基本单元构件拼装而成。

下吊架由吊杆、横梁及斜撑组成,所有部件均为拼装构件,采用螺栓和销轴连接。共三层,主要作为爬升装置操作、锚锥的拆除、墩身混凝土表面修饰及设置电梯入口的工作平台支架。

动力装置与管路系统由液压动力站、快换管路、液压缸和电控及其操作系统等几个主要部分构成。

2. 液压爬模工艺原理

爬模的爬升通过液压油缸对导轨和爬架交替顶升来实现。当爬模架处于工作状态时,导轨和爬模架都支撑并安装在预埋锚锥的锚板上,两者之间无相对运动。退模后,在所浇段混凝土中预埋的锚锥上安装连接螺杆、锚板及锚靴,调整步进装置手柄方向来顶升导轨,爬架附墙不动，待导轨顶升到位并锁定在锚板及锚靴上后，操作人员转到下平台拆除导轨提升后露出的位于下平台处的锚板及锚靴等。解除爬模架上所有拉结，进入爬模架升降状态，调整步进装置手柄方向顶升爬模架，导轨保持不动，爬模架就相对于导轨向上运动。在液压千斤顶一个行程行走完毕后，通过步进装置一个爬头锁定爬升对象，一个爬头回缩或回伸，进行下一行程爬升，直至完成爬升过程，如图 3-51 所示。

3. 液压千斤顶自动爬模施工工艺(图 3-52)。

图 3-51　自动爬模　　　图 3-52　自动爬模施工

1)施工方法

爬模施工程序如下：

(1)绑扎第一层墙体钢筋，安装门窗洞口边框模板，边框模板之间加支撑稳固，防止变形。

(2)安装模板及爬模装置。第一层为非标准层时，爬升模板多爬升一次。

(3)按常规操作方法浇筑墙体混凝土，每个浇灌层高度 1m 左右，即标准层模板高度范围内分 4 ~ 5 个浇筑层，分层浇筑，分层振捣，混凝土浇筑宜采用布料机。

(4)当混凝土强度能保证其表面及棱角不因拆除模板而受损坏后，方可开始脱模，一般在强度达到 1.2MPa 后再进行。

(5)脱模程序。取出穿墙螺栓，松开大模板与角模之间的连接螺栓；大模板采取分段整体进行脱模，首先用脱模器伸缩丝杠，顶住混凝土脱模，然后用活动支腿伸缩丝杠使模板后退，墙模一般脱开混凝土 50 ~ 80mm；将角模脱模后，应将角模紧固于大模板上，以便于一起爬升。

(6)在预埋螺栓位置安装连接螺栓和钢牛腿，安装导轨滑轮和防坠装置，下降支承杆至混凝土墙顶，开始液压爬升。边爬升边绑扎上层钢筋，安装墙内的预埋铁件，预埋管线等。

(7)模板下口爬升高出上层楼面高程 600 ~ 800mm。支楼板底模板，绑扎楼板钢筋，浇筑楼板混凝土。但应注意的是筒体内模要比外模低，且要充分考虑与下层混凝土墙体有效搭接等方面。

(8)紧固墙模，浇筑墙体混凝土，重复(5) ~ (7)程序。

2)防偏与纠偏

本工程为采用爬模工艺施工的高层建筑，结构复杂，模板爬升总高度较高，对主体工程垂直度的要求高，故以防偏为主，纠偏为辅。

（1）防偏措施

①严格控制支承杆高程、限位卡底部高程、千斤顶顶面高程，使它们保持在同一水平面上，做到同步爬升。每隔 1 000mm 调平一次。

②操作平台上的荷载包括设备、材料及人流应保持均匀分布。

③保持支承杆的清洁、稳定和垂直度，定位用的埋入式支承杆用短钢筋同结构钢筋焊接加固。

④注意混凝土的浇筑顺序、匀称布料和分层浇捣。

（2）纠偏方法

①在偏差方向将提升架立柱下部的纠偏丝杠滑轮顶紧墙面，向偏差反方向纠偏。必要时采用 3/8 钢丝绳和 5T 手动葫芦，从一个墙角的提升架或外围图到另一个墙角的门洞（加钢管）或穿墙螺栓洞（加钢筋）上，向偏差的反方向拉紧。

②纠偏前应认真分析偏移或旋转的原因，采取相应措施，如：荷载不均匀，应先分散或撤除荷载等，然后再进行纠偏。纠偏过程中，要注意观测平台激光靶的偏差变化情况，纠偏应徐缓进行，不能矫枉过正。当采用钢丝绳纠偏时，应控制好钢丝绳的松紧度，纠偏完成、浇筑混凝土后，要及时放松钢丝绳。

3）模板的清理和润滑

（1）一般情况下，当模板脱开混凝土 50～80mm 后即可进行清理，清理的主要方法是：定员定岗，分段包干，对于模板上口的积垢，用铲刀除掉。对于板面要用长柄铲刀除掉，然后用清水冲洗。必要时，墙体模板可以尽量向外退 400～500mm。其方法是拆除角模和平模的连接以及分段背楞之间的连接，拆除提升架立柱与横梁的钢销和斜撑的连接螺栓，依靠立柱上端的滑轮，向外推动或用平移丝杠向外顶动。此时，工人可以进入钢筋与模板之间进行清理。

（2）模板脱模剂要采用专用 M75 脱模油剂或 M73 化学脱模剂等。

（3）对于模板上的脱模器和支腿的调节丝杠应经常清理和注油润滑。

（三）翻模施工

翻模吸取了滑模、爬模的优点，把平台和模板分成了两个独立的体系，克服了滑模施工要求的连续性、施工组织的复杂性及混凝土外表质量差的不足，解决了爬模形成施工平台困难的问题。

1. 翻模系统

翻模结构由工作平台、提升架、内外吊架、模板系统、提升设备、抗风架、中线控制系统和附属设备等部件组成。

2. 翻模施工的基本原理

将工作平台支承于已达到一定强度的墩身混凝土上，以液压千斤顶或手拉葫芦为动力提升工作平台，达到一定高度后在平台上悬挂吊架，施工人员在吊架上进行模板的拆卸、提升、安装、钢筋绑扎等项作业，进行混凝土的浇筑、振动工作，吊架移位单元和中线控制等作业则在工作平台上进行。内外模共设两节，每节高度为 3m，循环交替翻升。当第二节混凝土灌注完成后，拆卸并提升第一节模板至第三节上方，安装、校正后，浇筑混凝土，提升工作平台，依次周而复始。当临近墩顶连接处时，在墩身上预埋托架钢板，支立墩顶模板，浇筑墩顶连接处混凝土，直至完成整个墩身的施工。

3. 翻模施工

1)施工准备

翻模施工的桥墩质量与翻模的设计、加工和施工控制密切相关,因此,在施工前要做好人员、机具设备、场地等的准备工作,编制施工工艺细则,进行技术培训。翻模在工厂制作完成后,应检查测试其参数是否符合设计要求并编号;翻模运到工地后,要进行试拼,提升设备各部件应提前进行调试。

2)工作平台及翻模组装

(1)组装顺序　平台就位方法选择得当与否,对平台翻模施工一开始能否进入正常状态至关重要。在浇筑根部变化端空心墩混凝土时,按顶杆的位置,用 ϕ70mm 铁皮管预留套管孔洞,组装工作平台时,将套管和顶杆插入预留孔内就可使平台形成稳定状态。

(2)组装注意事项

①工作平台必须对中调平,平台上设备、材料对称均匀布置;

②第一节模板组装时必须确保中线水平精度要求,模板间连接缝保证平顺密贴,安装第一节顶杆时,必须用不同长度顶杆交替排列,避免顶杆接头在同一水平高度,影响平台的稳定性;

③第三节模板组装时应同时安装内外吊装架并绑扎好安全网;

④液压设备安装必须严格按产品技术要求进行;

⑤内外模之间必须设拉筋和支撑;

⑥电气设备必须做好接地保护,电线接头必须绝缘。

3)钢筋绑扎

钢筋绑扎在吊架上进行,应检查成型钢筋接头是否符合设计和规范要求。

4)混凝土浇筑

浇筑混凝土前,应对模板、钢筋及预埋件进行检查,并做好记录,符合设计要求后方可进行浇筑。混凝土采用拌和站集中拌和,灌车配合混凝土输送泵浇筑。入模前应检查混凝土的均匀性和坍落度。浇筑混凝土时,应分层、均匀、对称进行,每层厚度不超过 30cm。振捣时做到不欠振,振动棒不要插得过深,深入下层 5cm 左右,也不得碰触模板及其他预埋件。

5)提升工作平台

第一次提升工作平台应在混凝土灌注达到一定高度后进行,时间应在初凝后终凝前。提升高度以千斤顶一个行程(3~6cm)为限。第二次及以后提升工作平台,提升高度与第一次相同。提升工作平台的总高度以能满足一节模板组装高度即可,切忌空提过高。提升过程中应随时进行纠偏、调平。

6)模板翻升(图 3-53)

(1)模板解体。在灌注最上层混凝土前,将第一层模板翻升。翻升前可将模板对称分解成几大部分进行整体解体,然后提升和安装。解体前先用挂钩吊住模板,然后抽出拉筋,拆下围带。

(2)模板提升。将拆下的模板吊升到相邻的上节模板位置,及时将模板清理干净,在安装位置进行组装。吊升过程中应有专人检查监视,以防模板与固定物触碰。

(3)最后检查模板组装质量,合格后方可安放撑木,拧紧拉筋,紧固好各部连接螺栓。

7)翻模拆除

拆模顺序为:后支的先拆,先支的后拆,先拆除非承重部分,后拆除承重部分,重大、复杂的模板拆除应制订相应的拆模方案。拆模时间视混凝土强度情况及结构类型而定,并遵照招标

图 3-53　模板翻升

文件的规定和有关规范执行。翻模拆除与组装顺序相反。拆除工作应在停工处理后进行，平台上堆放的材料和机具先清除走。拆除前必须在纵、横梁下均匀垫放木块，并用木楔楔紧。拆除工作必须严格对称进行，边拆边运。拆除顺序为：拆模板→卸吊装→拆提升支架→去平台铺板→卸液压控制台→卸千斤顶→除套管连接螺栓→平台解体→抽顶杆→灌孔。

8）空心墩线形控制方法及技术措施

空心墩的线形控制主要通过施工测量来进行。空心墩施工测量控制内容包括：空心墩中心定位测量、空心墩高程测量、空心墩垂直度测量。

工作任务 3.5　桥台施工工艺

学习目标

1. 叙述桥台的特点、种类及适用情况；
2. 知道常见桥台类型的施工工艺及适用情况；
3. 知道桥台施工的几种常见施工工艺及流程；
4. 根据桥涵施工工艺标准完成桥台的施工技术作业；
5. 正确完成给定的具体桥台施工工程，选择适当的施工工艺及机具，编制施工工艺流程。

任务描述

通过完成本任务，要明确各类桥台的适用条件及施工方法。针对具体的桥梁施工实例，应能提出切实可行的处理方案,编制出相应的施工流程和施工注意事项。

学习引导

本工作任务沿着以下脉络进行学习:

桥台是位于桥梁两端并与路基相连接的支承上部结构和承受桥头填土侧压力的构造物(图3-54)。它是在岸边或桥孔尽端介于桥梁与路堤连接处的支承结构物。它起着支承上部结构和连接两岸道路、同时还要挡住桥台背后填土的作用。桥台具有多种形式,主要分为重力式桥台、轻型桥台、框架式桥台、组合式桥台、承拉桥台等。桥台的常用高度不超过10m,少数高达20m左右。一般以桥头路基填土高度确定桥台的高度。

图3-54 桥台

一、石砌桥台

重力式U形桥台的台身、基础一般用石砌较多,砌筑的施工工艺和石砌桥墩的相同。

二、台帽施工

1. 支架搭设与底板立模

台帽立模支架搭设时先检查和处理原地面,支脚部位要做夯实处理,必要时浇混凝土垫块或铺设道木,以提高地基承载力,尽可能减少沉降。立模支架采用建筑钢管或门式支架,也可采用贝雷片,采用柱木支架时要选用材质良好的木质,并要确保足够的支架数量。支架横梁采用工字钢或槽钢,模板与支架横向固定采用底板高程调整用的优质木楔,底板高程确定要高出设计高程1.0cm,以抵消支架的弹性变形。支架搭设要确保强度和整体稳定性,加固要到位,严防施工中出现地质下沉、支承变形或整体移位情况。

2. 绑扎钢筋

台帽钢筋绑扎安装前要在底模上准确放出台帽轴线和钢筋边缘位置,骨架筋要在地面钢筋加工场地焊接完成，安装时用吊车逐片吊装，台帽钢筋整体安装遵循先骨架后箍筋的原则，并确保钢筋焊接牢固，位置准确，整体稳定，同时要确保混凝土保护层厚度。

3. 混凝土浇筑和养生

混凝土浇筑和养生按照相关规范的规定执行。

三、台背回填

1. 回填范围、台阶开挖

台背回填范围为：底宽4m，顶宽2×台高+4m，从填方基底或涵洞顶部至路床顶面，路堤填筑时按1:2坡度预留台背回填部分，并严格控制压实指标。台背回填前对已完成路堤结合部位必须挖台阶，台阶尺寸宽度为1m，高度为45cm，且应形成2%~4%的内倾斜度。为避免机械开挖不彻底，所有台阶均采用人工配合机械开挖，开挖到压实度满足要求时为止，并将开挖的土方及时清理出台背回填范围外。

2. 下承层准备

原地面处理是解决台背回填下沉的关键，开工前首先对台背回填区天然地基的下承层采用压路机进行碾压处理，下承层压实度为93%。基坑超挖部分采用素土分层夯实回填，层厚不得超过20cm，压实度同样需达到93%。

3. 填料选择、拌和（图3-55）

填料统一采用二八灰土。石灰选用III级以上磨细生石灰，每200t抽检一次，并根据进场情况加大检测频率。素土粒径不得大于1.5cm，含水率控制在最佳含水率±2%。灰剂量严格控制在10%±1%。采用厂拌设备或路拌机集中场拌。采用路拌机集中场拌时场地应具备足够工作面，要求长度不得少于50m，宽度不得大于4m。拌和场地需画出网格线，设立高度控制线，计算素土和石灰用量后进行码方，根据灰剂量按体积比1:4均匀摊铺素土和铺洒石灰，然后用路拌机充分拌和两遍，路拌机应匀速行进，减少停顿。拌和后，由试验人员进行含水率、灰剂量的取样测定，如满足要求，可以使用；反之，进行洒水和加白灰，再次进行拌和。

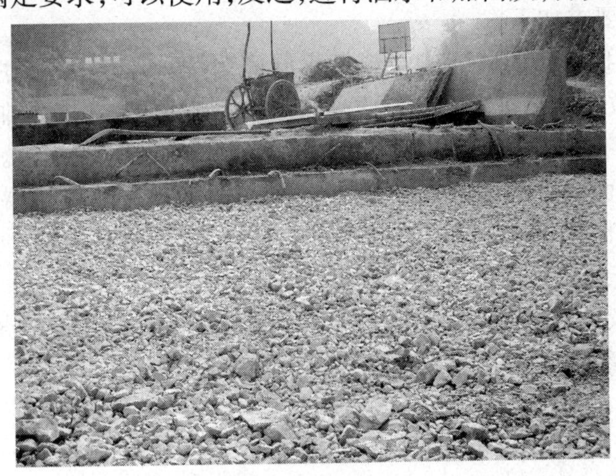

图3-55　填料选择

4. 摊铺、整平

将拌和好的灰土用装载机铲运或自卸车拉运至台背，根据装载机每铲运土情况在台背上划分网格，确定各网格的填土量来控制松铺厚度，通过同点填前、填后抄平或立标尺来监控松铺厚度。松铺厚度根据试验确定，但不得超过20cm。先用装载机进行初平，再用人工配合平地机进行终平,死角处人工整平,灰土层面达到平整均匀。摊铺时,灰土层面坡度与涵洞坡度一致,以利台背灰土排水。

5. 充分压实(图 3-56)

构造物两边应同时对称填筑,每层压实厚度按 15cm 控制。控制压实机械,碾压采用 C220 型振动压路机先进行稳压,然后低振两遍,最后用 18 ~ 21t 压路机静压,直至无明显轮迹。压实度为 96%(从填方基底或涵洞顶部至路床顶面)。对于压路机无法压到的死角、边角,采用小型夯实机具(如电夯等)进行夯实,直到压实度满足设计要求为止。

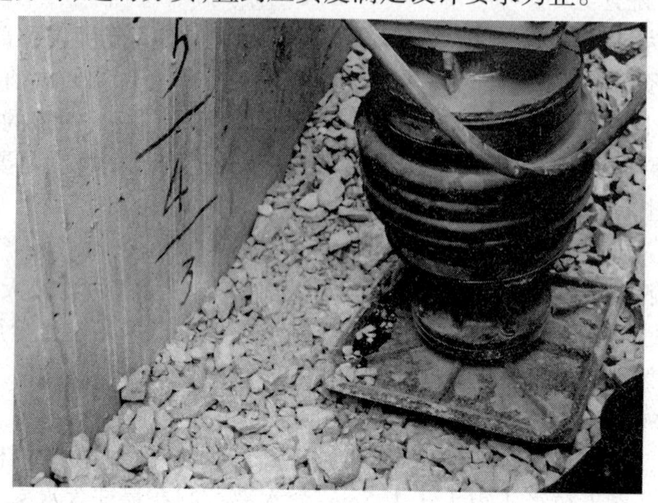

图 3-56 充分压实

6. 洒水养生

碾压结束后,及时进行洒水养生。

四、桥台防排水

防水及排水施工要求如下:

(1)桥、涵台背及挡土墙的墙背的粒料排水层应采用分层反开挖的施工方法施工。施工时,不得使周围的细粒土堵塞排水层的排水通道,以及满足排水要求。排水层内的水应引出路基外,必要时可在八字墙部位的排水层中加设 ϕ100mmPVC 多孔透水管。

(2)桥、涵基础顶面以下的部分,采用不透水的材料回填,回填时材料的强度应符合要求。挡土墙基础顶面以下的部分应按设计图纸的要求采取满砌或满浇混凝土的方法回填,图纸没有规定时,采用不低于基底强度要求的材料回填。

(3)在基础顶面及地面线附近的泄水孔底部,用厚度 3cm 的水泥砂浆进行封闭,以防止雨水渗入基底或继续下渗。

复习题

1. 桥梁基础有哪些施工方法?分别有什么特点?适用于哪些条件?
2. 基坑排水的方法及特点是什么?
3. 常见桩基础的种类及其施工特点是什么?
4. 简述打入桩的施工方法及注意事项。
5. 简述钻孔灌注桩的 4 种施工方法。

6. 什么是钻孔灌注桩后压浆施工？它适用于哪些条件？
7. 人工挖孔灌注桩和旋挖钻机各适用于哪些条件？
8. 水下混凝土封底的作用及其工艺流程是什么？
9. 简述处理水化热的措施。
10. 桥梁墩身有哪些施工方法？各有什么优点？
11. 什么是滑模施工？滑模的组成是什么？
12. 爬模施工的原理是什么？
13. 翻模施工的原理是什么？
14. 台背回填的范围及其填料的选择有哪些？

学习情境4　桥梁下部构造施工综合实训

工作任务4.1　桥 台 施 工

实训目标

给定桥台的施工资料，正确完成整个桥台的施工工作。

任务描述

通过完成本任务，应掌握桥台施工的放样、基坑开挖及其处理措施，能运用桥台的施工工艺完成对具体施工实例的施工，并完成对其工程量的计算并编制出相应的施工作业指导书。

实训引导

本工作任务沿着以下脉络进行学习：

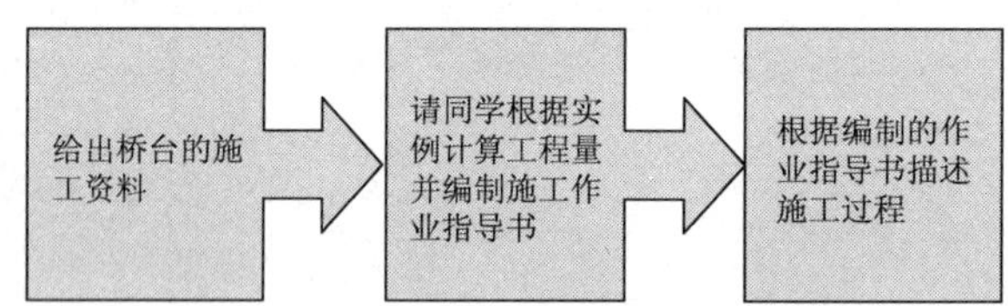

一、桥台施工资料

实例：贵州省板坝（桂黔界）至江底（黔滇界）高速公路的堡上大桥，是3×30m+3×30m+3×30m的预应力钢筋混凝土先简支后结构连续大桥。

（一）本桥具体环境资料

1. 地貌

桥区位于龙广镇北面约6km的堡上村，乡村公路可至桥位，交通方便。桥位横跨一小型河谷，两岸桥台位基岩出露，板坝岸桥台地势平坦，江底岸桥台处于斜坡上，坡度20°~30°。桥轴线地面高程为1211~1254m，最大相对高差为43m，属高原型侵蚀—溶蚀中低山地貌。桥梁设计不受洪水位控制。

2. 地质

桥区出露地层由新到老为：第四系残坡积黏土（Q^{el+dl}）、三叠系中统关岭组（T_{2g}）白云岩。场区地表未见岩溶溶洞，钻孔也未揭露溶洞。岩溶发育总体上较弱，对桥基危害小。

3. 水文

场区属珠江水系。桥所跨沟谷上游约1km为者山水库，沟谷中部发育一小型溪沟，该溪沟穿桥位段宽2~4.5m，深1.5~3m，据民访，河沟最大洪水位高程可达1 214.5m。根据水样分析报告,参照相关规范,桥位区地下水对混凝土结构物无腐蚀性。

4. 气象

场区属亚热带湿润季风气候区,气候温和、热量丰富、雨量充沛、多云寡照、无霜期长,冬季受寒潮影响引起短暂降温。据兴义、安龙气象站 1961 ~ 1991 年气象资料统计分析,区域内年平均气温 15.1℃,1 月份气温最低,极端最低气温 -8.9℃(1968 年 2 月 14 日),7 月份气温最高,极端最高气温 34℃(1963 年 5 月 31 日)。年平均降雨量 1 243.7mm,年内分配不均,多集中于 4 ~ 10 月;最大日降雨量 140 mm(1967 年 5 月 23 日)。年平均风速 2.4m/s,定时最大风力 20m/s。年平均相对湿度 80%,最大在夏季。

(二)本桥的设计参数

(1)设计参数:设计荷载为公路 I 级。

(2)设计速度:80km/h。

(3)桥梁宽度:0.5m(防撞护栏)+11.0m(行车道)+0.5m(防撞护栏)+0.5m+0.5m(防撞护栏)+ 11.0m(行车道)+ 0.5m(防撞护栏)=12m+0.5m+12m=24.5m。

(4)设计洪水频率:1/100,本桥不受最高洪水位控制因素影响。

(5)地震烈度:地震动反应谱特征周期为 0.35s,地震动峰值加速度小于 0.05g,桥区地震基本烈度为 VI 度。

(6)设计最大风力:定时最大风速 20m/s,年平均风速 2.4m/s。设计基本风速值 25.2m/s(1/100)。

(7)设计温度:极端最低气温 -8.9℃(1968 年 2 月 14 日),极端最高气温 34℃(1963 年 5 月 31 日),年平均气温 15.1℃。

桥梁的桥型布置图及桥台构造图见附录 1。

工作任务 4.2　桩基础施工

实训目标

给定桥台的施工资料,正确完成整个桥台的施工工作。

任务描述

通过完成本任务,应掌握桩基础的施工放样,能运用桩基础的施工工艺完成对具体施工实例的施工,并完成对其工程量的计算,编制出相应的施工作业指导书。

实训引导

本工作任务沿着以下脉络进行学习:

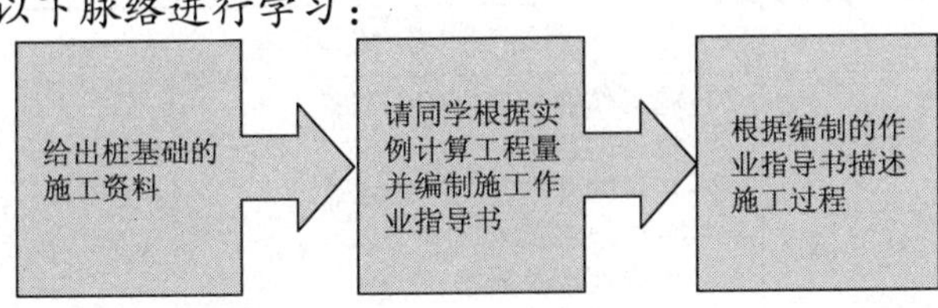

以桥台施工所用的堡上大桥为例，桥墩基础均为挖孔桩基础。桩基按嵌岩桩设计，各桩嵌入弱风化基岩的深度及要求见具体设计图。

具体的桩基础构造图及钢筋图见附录2。

工作任务4.3 桥墩施工

实训目标

给定桥墩的施工资料，正确完成整个桥墩的施工工作。

任务描述

通过完成本任务，应掌握桥墩的施工放样，能运用桥墩的施工工艺完成对具体施工实例的施工，完成对其工程量的计算并编制出相应的施工作业指导书。

实训引导

本工作任务沿着以下脉络进行学习：

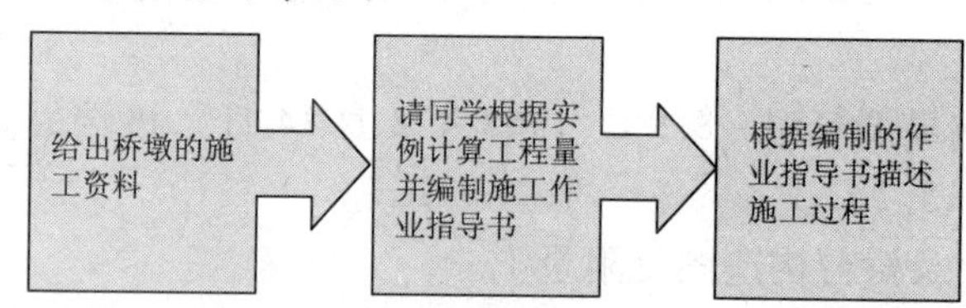

以桥台施工所用的堡上大桥为例，桥梁左幅7号、右幅5号墩顶采用墩梁固结，1号、2号、4号、左幅5号、右幅7号、8号墩采用连续结构；适应桥梁纵坡，桥墩通过前后排临时支座高度调整纵坡（具体见设计图纸）；盖梁为钢筋混凝土结构；在横桥向设有防止落梁的防震挡块，盖梁挡块与梁之间设置5cm的缝隙，缝隙间垫5cm厚的橡胶块。桥墩为钢筋混凝土双柱式圆形截面实心墩。

桥墩构造图及钢筋图见附录3。

综合实训考核层次及成绩评价方法如下。

1. 考核层次（表4-1）

（1）理解A；

（2）掌握B；

（3）操作C；

（4）综合运用D。

考核层次表 表4-1

任务名称	考核内容	目标层次
桥台施工	1. 施工作业指导书的编写； 2. 桥台的放样； 3. 基坑的开挖、支护、排水； 4. 台帽施工； 5. 台内填土及排水； 6. 工程量计算	D

续上表

任务名称	考核内容	目标层次
桩基础施工	1. 施工作业指导书的编写； 2. 桩基础的放样； 3. 钻孔方式的选择； 4. 桩的钢筋、混凝土施工； 5. 工程量计算	D
桥墩施工	1. 施工作业指导书的编写； 2. 墩的放样； 3. 墩的混凝土、钢筋施工	D

2. 成绩评价

成绩评价按表4-2执行。

成绩评价表

表4-2

组成部分	评分项目	权重	分项成绩(分)
平时成绩(评分项目含作业)	作业	0.4	50分
	考勤	0.3	
	学习状态	0.3	
实践考核成绩	出勤	0.3	20分
	学习态度	0.3	
	实习报告	0.4	
期末成绩		1.0	30分
总评成绩			100

附录1 桥型布置图及桥台构造

全桥桥台工程数量汇总表

附表1

项目 / 材料			单位	桥台				合计
				台帽及支座垫石	台身	台基	搭板	
ϕ^{s}15.20钢绞线			kg					
钢筋	R235	ϕ8	kg					
		ϕ10	kg					
		ϕ12	kg					
		ϕ25	kg					
		小计	kg					
	HRB335	$\underline{\phi}$8	kg					
		$\underline{\phi}$10	kg					
		$\underline{\phi}$12	kg					
		$\underline{\phi}$16	kg					
		$\underline{\phi}$20	kg					
		$\underline{\phi}$22	kg					
		$\underline{\phi}$25	kg					
		$\underline{\phi}$28	kg					
		小计	kg					
混凝土	C20		m^3					
	C25水下混凝土		m^3					
	C25		m^3					
	C30		m^3					
	C40		m^3					
	现浇C50		m^3					
	预制C50		m^3					
	小计		m^3					
沥青混凝土			m^3					
C25片石混凝土			m^3					
M7.5号砂浆砌30号片石			m^3					
防水剂			m^2					
波纹管	ϕ外97		m					
	ϕ外87		m					
	ϕ外77		m					
	外90×外25		m					
锚具	15-11型		套					
	15-10型		套					
	15-9型		套					
	15-8型		套					
	BM15-5		套					
钢板及其他钢材			kg					
$GJZF_4$ 350×350×65支座			个					
GJZ 450×500×84支座			个					
80型伸缩缝			m					
160型伸缩缝			m					
检测钢管			kg					
挖方			m^3					
其他								

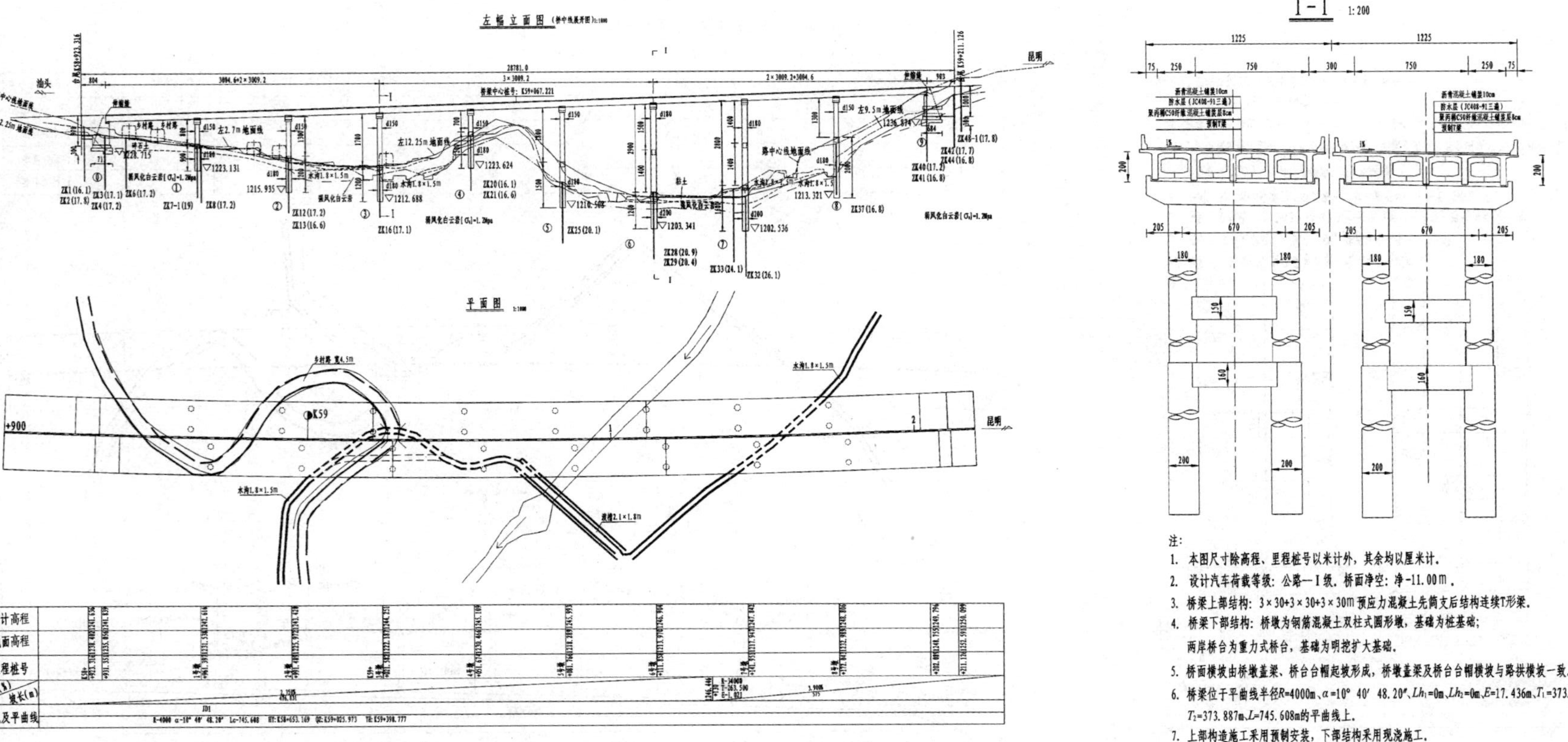

注：

1. 本图尺寸除高程、里程桩号以米计外，其余均以厘米计。
2. 设计汽车荷载等级：公路—Ⅰ级，桥面净空：净-11.00m。
3. 桥梁上部结构：3×30+3×30+3×30m预应力混凝土先简支后结构连续T形梁。
4. 桥梁下部结构：桥墩为钢筋混凝土双柱式圆形墩，基础为桩基础；两岸桥台为重力式桥台，基础为明挖扩大基础。
5. 桥面横坡由桥墩盖梁、桥台台帽起坡形成，桥墩盖梁及桥台台帽横坡与路拱横坡一致。
6. 桥梁位于平曲线半径R=4000m、α=10° 40′ 48.20″、Lh_1=0m、Lh_2=0m、E=17.436m、T_1=373.887m、T_2=373.887m、L=745.608m的平曲线上。
7. 上部构造施工采用预制安装，下部结构采用现浇施工。

附图1-1　左幅桥型布置图

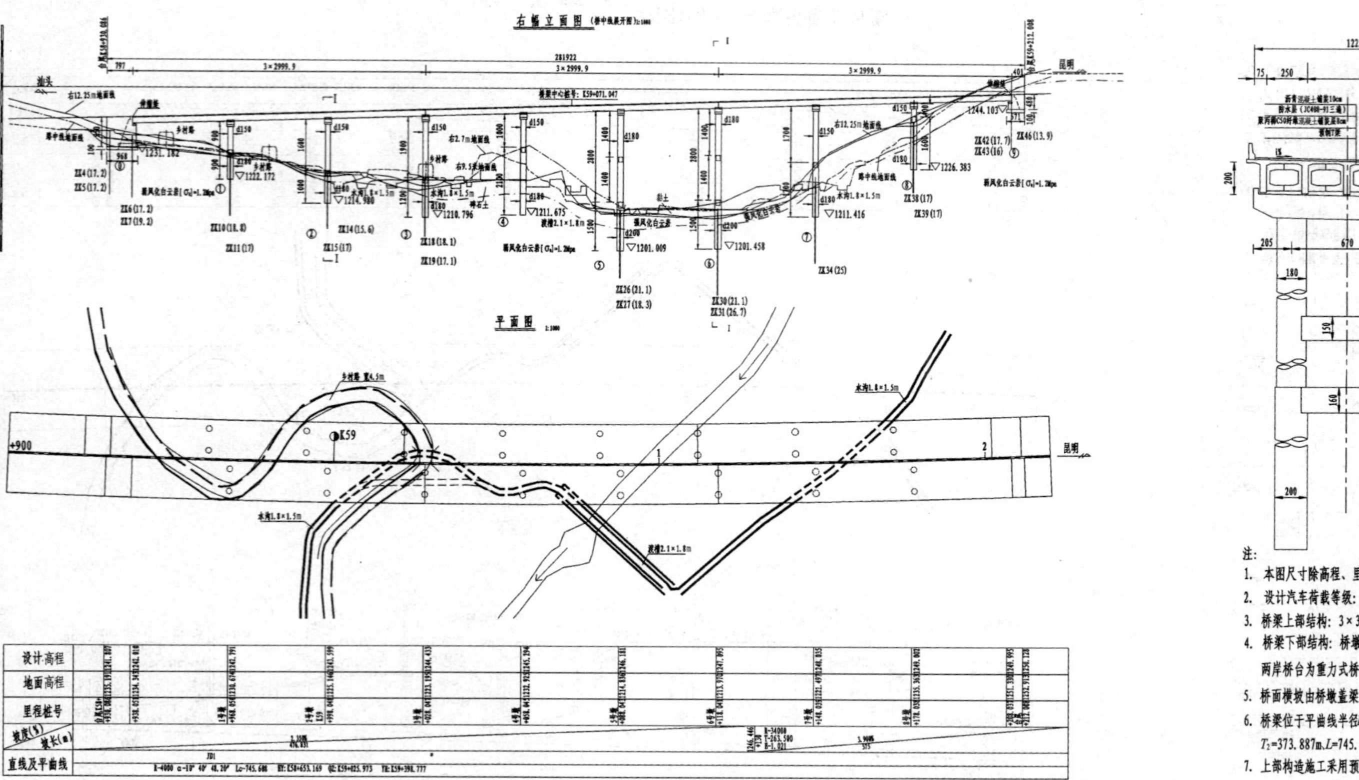

注：

1. 本图尺寸除高程、里程桩号以米计外，其余均以厘米计。
2. 设计汽车荷载等级：公路—Ⅰ级。桥面净空：净-11.00m。
3. 桥梁上部结构：3×30+3×30+3×3(m:预应力混凝土先简支后结构连续T形梁。
4. 桥梁下部结构：桥墩为钢筋混凝土双柱式圆形墩，基础为桩基础；
   两岸桥台为重力式桥台，基础为明挖扩大基础。
5. 桥面横坡由桥墩盖梁、桥台台帽起坡形成，桥墩盖梁及桥台台帽横坡与路拱横坡一致。
6. 桥梁位于平曲线半径R=4000m、α=10° 40′ 48.20″、Lh_1=0m、Lh_2=0m、E=17.436m、T_1=373.887m、T_2=373.887m、L=745.608m的平曲线上。
7. 上部构造施工采用预制安装，下部结构采用现浇施工。

附图1-2　右幅桥型布置图

汕头岸桥台立面(1:20)

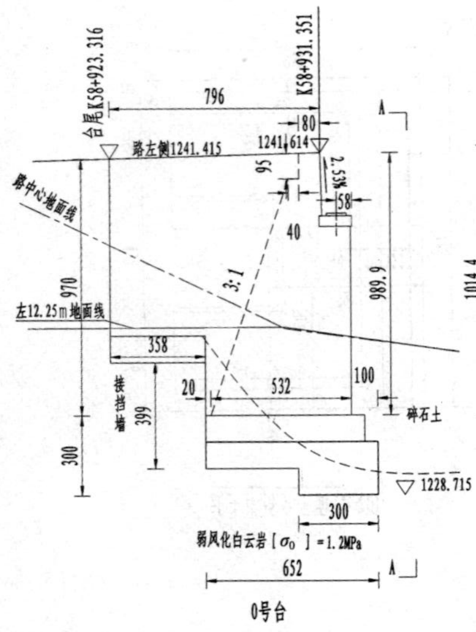

A-A(1:20)

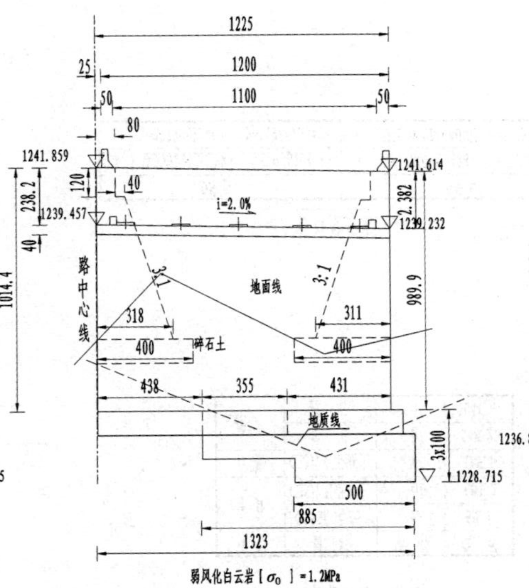

昆明岸桥台立面(1:20)

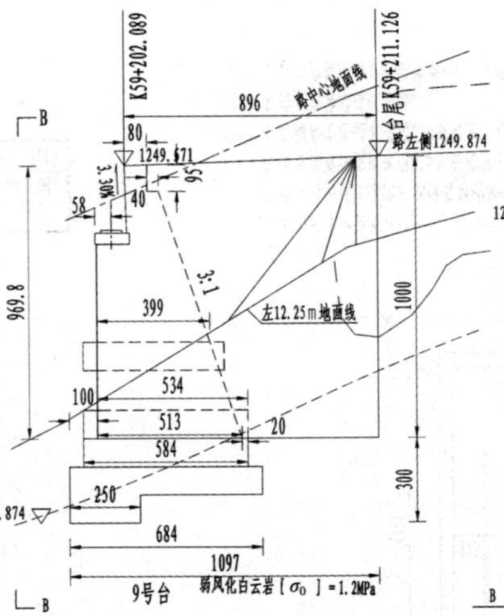

B-B(1:20)

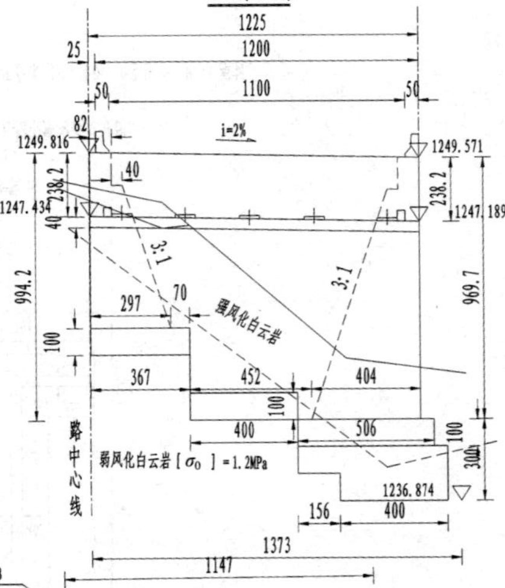

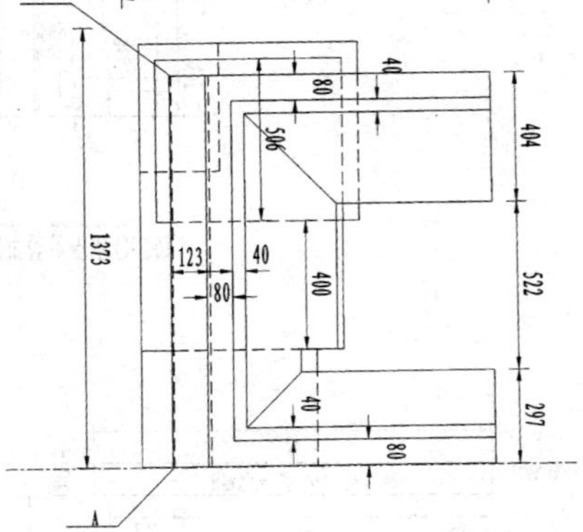

汕头岸桥台平面(1:20)

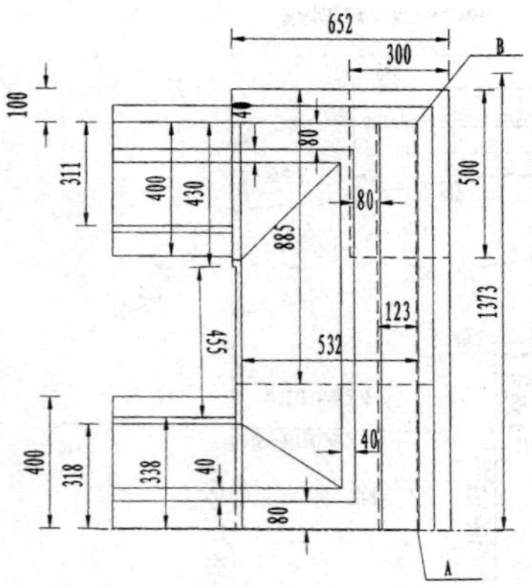

桥台工程数量表

项目	材 料	单 位	数 量
台 身	C25混凝土	m^3	96.3
	C25片石混凝土	m^3	1040.3
台 基	C25片石混凝土	m^3	292.7
挖 方	挖 土	m^3	2315.9
	挖 石	m^3	895.6

锥坡工程数量表

材 料	单 位	数 量
填土	m^3	28.54
M7.5片石护坡	m^3	7.25
M7.5片石基础	m^3	5.76
砂砾垫层	m^3	9.35

台口坐标表

	0号台		9号台
A	X=2779899.2307 Y=519568.2016	A	X=2780021.8602 Y=519326.8855
B	X=2779888.4998 Y=519562.3346	B	X=2780010.7949 Y=519321.6764

注:

1. 本图尺寸单位均以厘米。图中所示桩号为桥梁中线桩号。
2. 要求台内填土采用透水性良好的砂性土。
3. 桥台台身和基础采用C25片石混凝土。
4. 台帽和支座垫石采用C30混凝土，台帽钢筋构造见另图。
5. 桥台侧墙沿路线曲修。
6. 台口仰坡i%与台顶纵坡相同。0号桥台采用8m搭板，9号桥台采用8m搭板。

附图1-3　左幅桥台构造图

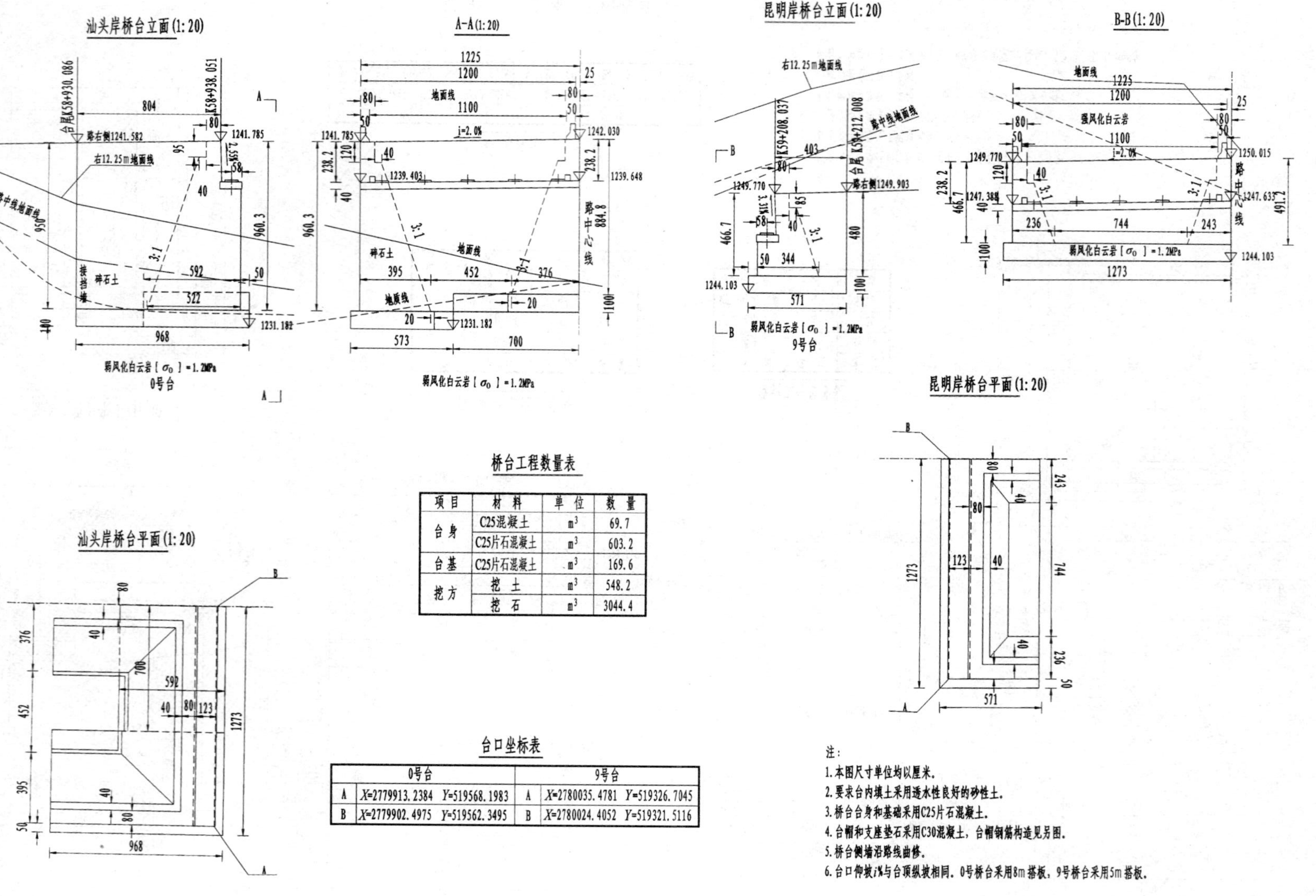

桥台工程数量表

项 目	材 料	单 位	数 量
台 身	C25混凝土	m^3	69.7
	C25片石混凝土	m^3	603.2
台 基	C25片石混凝土	m^3	169.6
挖 方	挖 土	m^3	548.2
	挖 石	m^3	3044.4

台口坐标表

0号台		9号台	
A	X=2779913.2384 Y=519568.1983	A	X=2780035.4781 Y=519326.7045
B	X=2779902.4975 Y=519562.3495	B	X=2780024.4052 Y=519321.5116

注：

1. 本图尺寸单位均以厘米。
2. 要求台内填土采用透水性良好的砂性土。
3. 桥台台身和基础采用C25片石混凝土。
4. 台帽和支座垫石采用C30混凝土，台帽钢筋构造见另图。
5. 桥台侧墙沿路线曲修。
6. 台口仰坡i%与台顶纵坡相同。0号桥台采用8m搭板，9号桥台采用5m搭板。

附图1–4　右幅桥台构造图

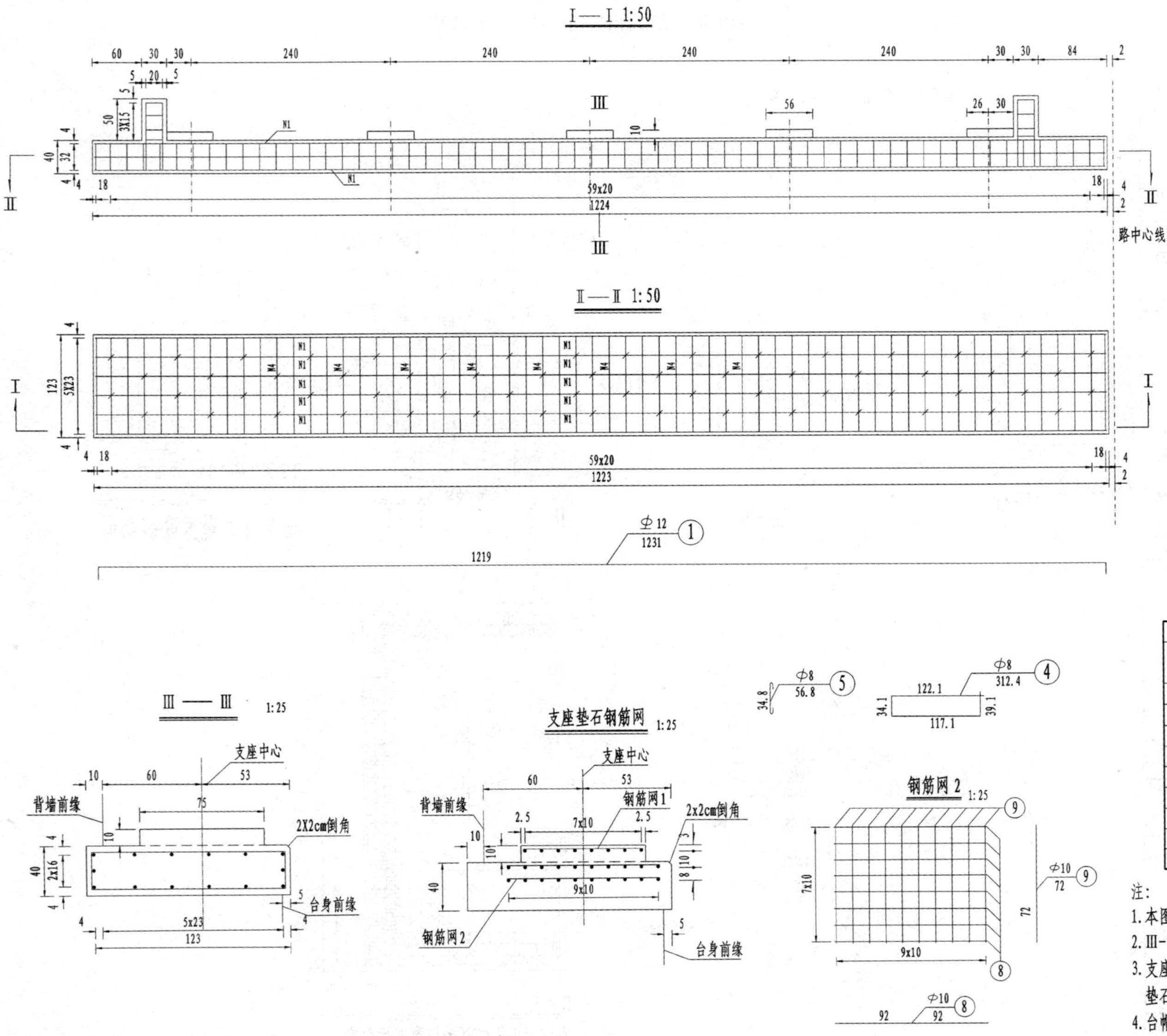

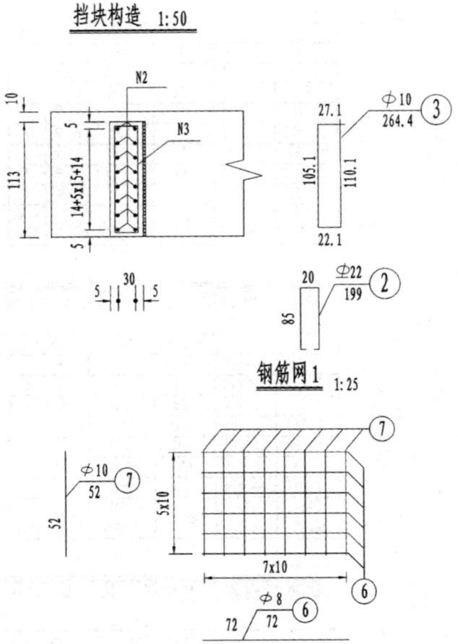

I—I 1:50

II—II 1:50

挡块构造 1:50

钢筋网1 1:25

钢筋网2 1:25

III—III 1:25

支座垫石钢筋网 1:25

一个台帽钢筋明细表及材料数量表

编号	钢筋 直径(mm)	长度(cm)	根数	共长(m)	共重(kg)	C30混凝土(m³)
1	Φ12	1231	14	172.34	153.1	6.57
4	Φ8	312.4	62	193.69	90.7	
5		56.8	62	35.22		
6	Φ10	72	30	21.6	129.1	
7		52	40	20.8		
8		92	80	73.6		
9		72	100	72.0		
3		264.4	8	21.2		
2	Φ22	199	16	31.84	94.9	

注：

1. 本图尺寸除钢筋直径以毫米计外，其余均以厘米计。
2. III-III断面图中的2×2cm倒角设在桥台前缘。
3. 支座垫石高度按10cm设计，如大于10cm则适当增加钢筋网1的层数，垫石高度每增加10cm就增设一层钢筋网1。
4. 台帽横坡和路拱横坡一致。

附图1–5 台帽钢筋构造图

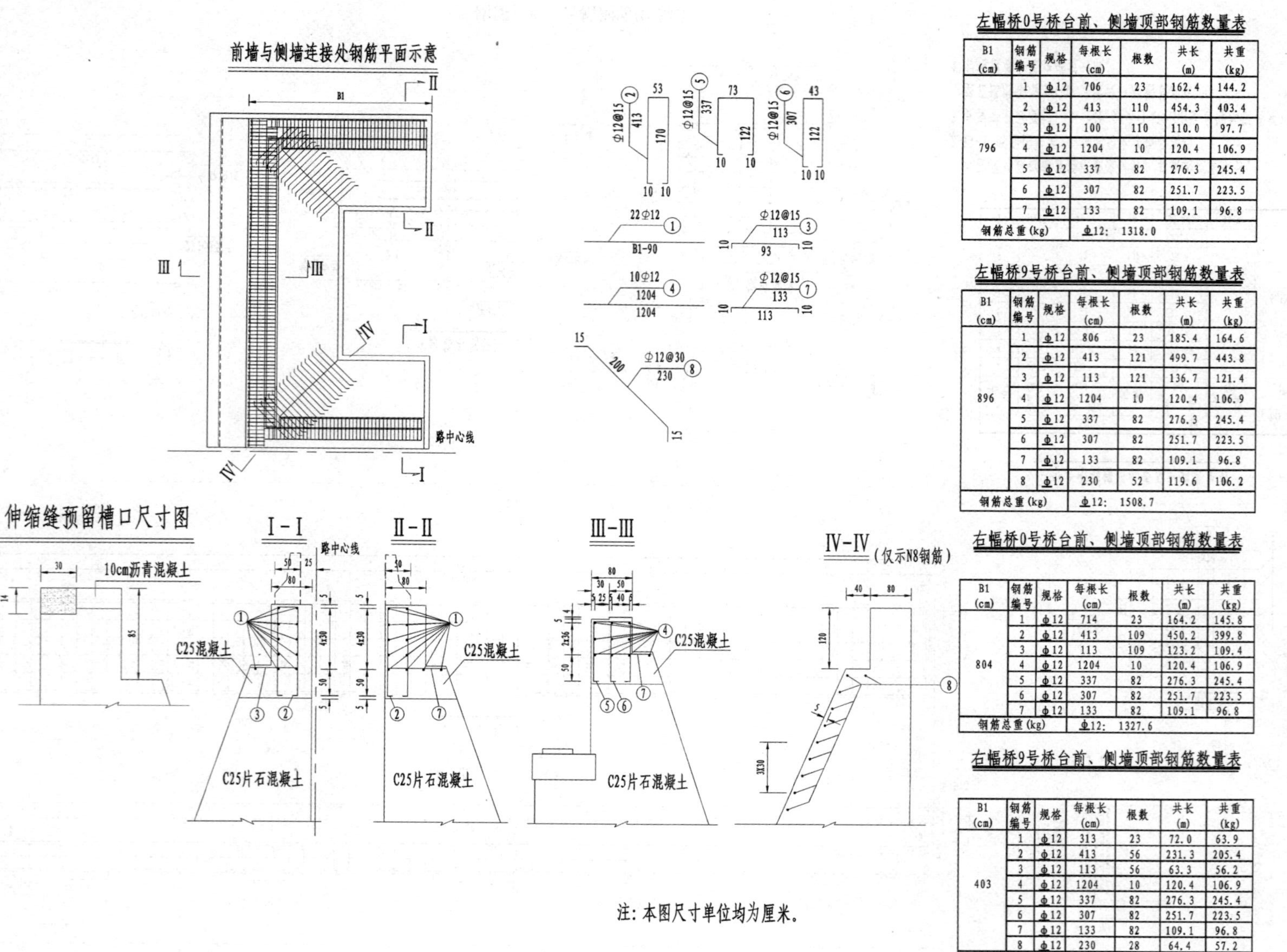

左幅桥0号桥台前、侧墙顶部钢筋数量表

B1 (cm)	钢筋编号	规格	每根长 (cm)	根数	共长 (m)	共重 (kg)
796	1	Φ12	706	23	162.4	144.2
	2	Φ12	413	110	454.3	403.4
	3	Φ12	100	110	110.0	97.7
	4	Φ12	1204	10	120.4	106.9
	5	Φ12	337	82	276.3	245.4
	6	Φ12	307	82	251.7	223.5
	7	Φ12	133	82	109.1	96.8
钢筋总重 (kg)		Φ12: 1318.0				

左幅桥9号桥台前、侧墙顶部钢筋数量表

B1 (cm)	钢筋编号	规格	每根长 (cm)	根数	共长 (m)	共重 (kg)
896	1	Φ12	806	23	185.4	164.6
	2	Φ12	413	121	499.7	443.8
	3	Φ12	113	121	136.7	121.4
	4	Φ12	1204	10	120.4	106.9
	5	Φ12	337	82	276.3	245.4
	6	Φ12	307	82	251.7	223.5
	7	Φ12	133	82	109.1	96.8
	8	Φ12	230	52	119.6	106.2
钢筋总重 (kg)		Φ12: 1508.7				

右幅桥0号桥台前、侧墙顶部钢筋数量表

B1 (cm)	钢筋编号	规格	每根长 (cm)	根数	共长 (m)	共重 (kg)
804	1	Φ12	714	23	164.2	145.8
	2	Φ12	413	109	450.2	399.8
	3	Φ12	113	109	123.2	109.4
	4	Φ12	1204	10	120.4	106.9
	5	Φ12	337	82	276.3	245.4
	6	Φ12	307	82	251.7	223.5
	7	Φ12	133	82	109.1	96.8
钢筋总重 (kg)		Φ12: 1327.6				

右幅桥9号桥台前、侧墙顶部钢筋数量表

B1 (cm)	钢筋编号	规格	每根长 (cm)	根数	共长 (m)	共重 (kg)
403	1	Φ12	313	23	72.0	63.9
	2	Φ12	413	56	231.3	205.4
	3	Φ12	113	56	63.3	56.2
	4	Φ12	1204	10	120.4	106.9
	5	Φ12	337	82	276.3	245.4
	6	Φ12	307	82	251.7	223.5
	7	Φ12	133	82	109.1	96.8
	8	Φ12	230	28	64.4	57.2
钢筋总重 (kg)		Φ12: 1055.4				

附图1-6　桥台前、侧墙顶部钢筋构造图

支座垫石钢筋立面图(顺桥向)

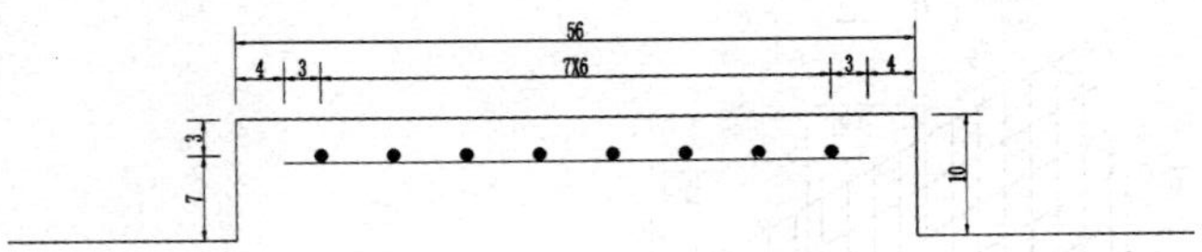

支座垫石钢筋立面图(横桥向)

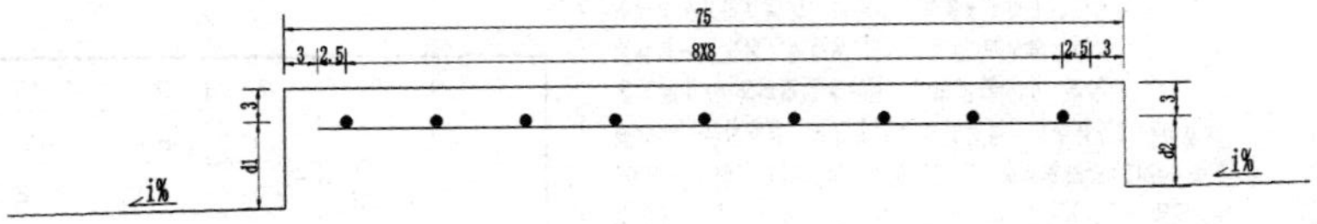

支座垫石钢筋平面图

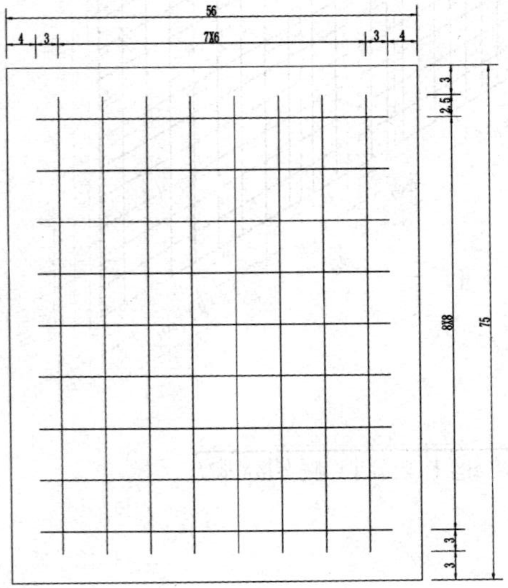

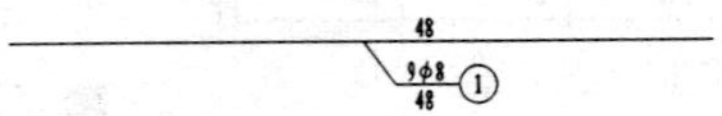

钢筋网

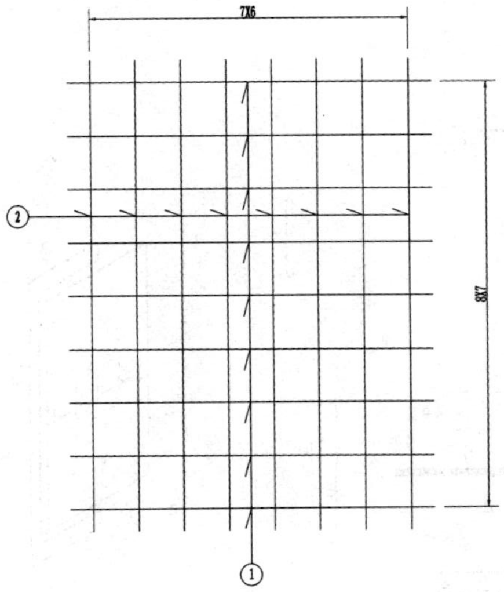

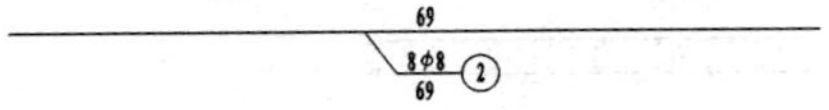

一个支座(56×75)垫石材料数量表

编号	直径 (mm)	长度 (cm)	根数	共长 (m)	共重 (kg)	总重 (kg)
1	φ8	48.00	9	4.32	1.72	3.9
2	φ8	69.00	8	5.52	2.18	
C40混凝土(m^3)					平均0.04	

注：

1. 图中尺寸除钢筋直径以毫米计，余均以厘米为单位。
2. 支座垫石顶面必须水平，以保证支座的水平放置。
3. 在浇筑台帽与盖梁时注意要预埋支座垫石钢筋网。
4. 一个支座对应一个垫石。
5. d_1、d_2为调节桥面横坡的高度。
6. 必须保证墩中心线与支座中心线重合。
7. 垫石中心高度均为10cm，布置详见桥墩一般构造图。

附图1-7　支座垫石钢筋图

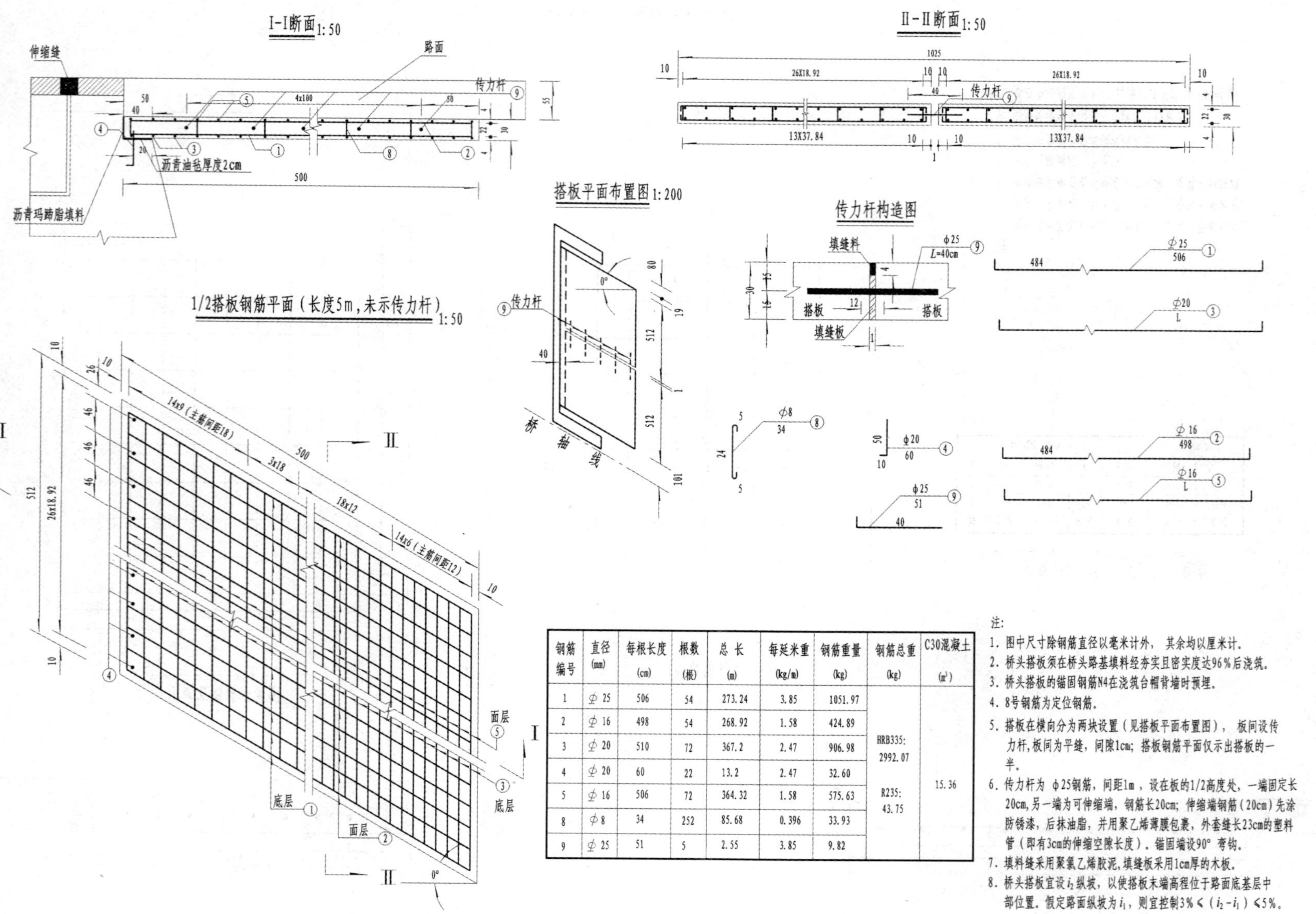

钢筋编号	直径 (mm)	每根长度 (cm)	根数 (根)	总长 (m)	每延米重 (kg/m)	钢筋重量 (kg)	钢筋总重 (kg)	C30混凝土 (m³)
1	Φ25	506	54	273.24	3.85	1051.97	HRB335: 2992.07	15.36
2	Φ16	498	54	268.92	1.58	424.89		
3	Φ20	510	72	367.2	2.47	906.98		
4	Φ20	60	22	13.2	2.47	32.60		
5	Φ16	506	72	364.32	1.58	575.63	R235: 43.75	
8	Φ8	34	252	85.68	0.396	33.93		
9	Φ25	51	5	2.55	3.85	9.82		

注：

1. 图中尺寸除钢筋直径以毫米计外，其余均以厘米计。
2. 桥头搭板须在桥头路基填料经夯实且密实度达96%后浇筑。
3. 桥头搭板的锚固钢筋N4在浇筑台帽背墙时预埋。
4. 8号钢筋为定位钢筋。
5. 搭板在横向分为两块设置（见搭板平面布置图），板间设传力杆，板间为平缝，间隙1cm；搭板钢筋平面仅示出搭板的一半。
6. 传力杆为 φ25钢筋，间距1m，设在板的1/2高度处，一端固定长20cm，另一端为可伸缩端，钢筋长20cm；伸缩端钢筋（20cm）先涂防锈漆，后抹油脂，并用聚乙烯薄膜包裹，外套缝长23cm的塑料管（即有3cm的伸缩空隙长度）。锚固端设90°弯钩。
7. 填料缝采用聚氯乙烯胶泥，填缝板采用1cm厚的木板。
8. 桥头搭板宜设i_2纵坡，以使搭板末端高程位于路面底基层中部位置。假定路面纵坡为i_1，则宜控制3%≤（i_2-i_1）≤5%。

附图1-8　桥头搭板构造图(一)

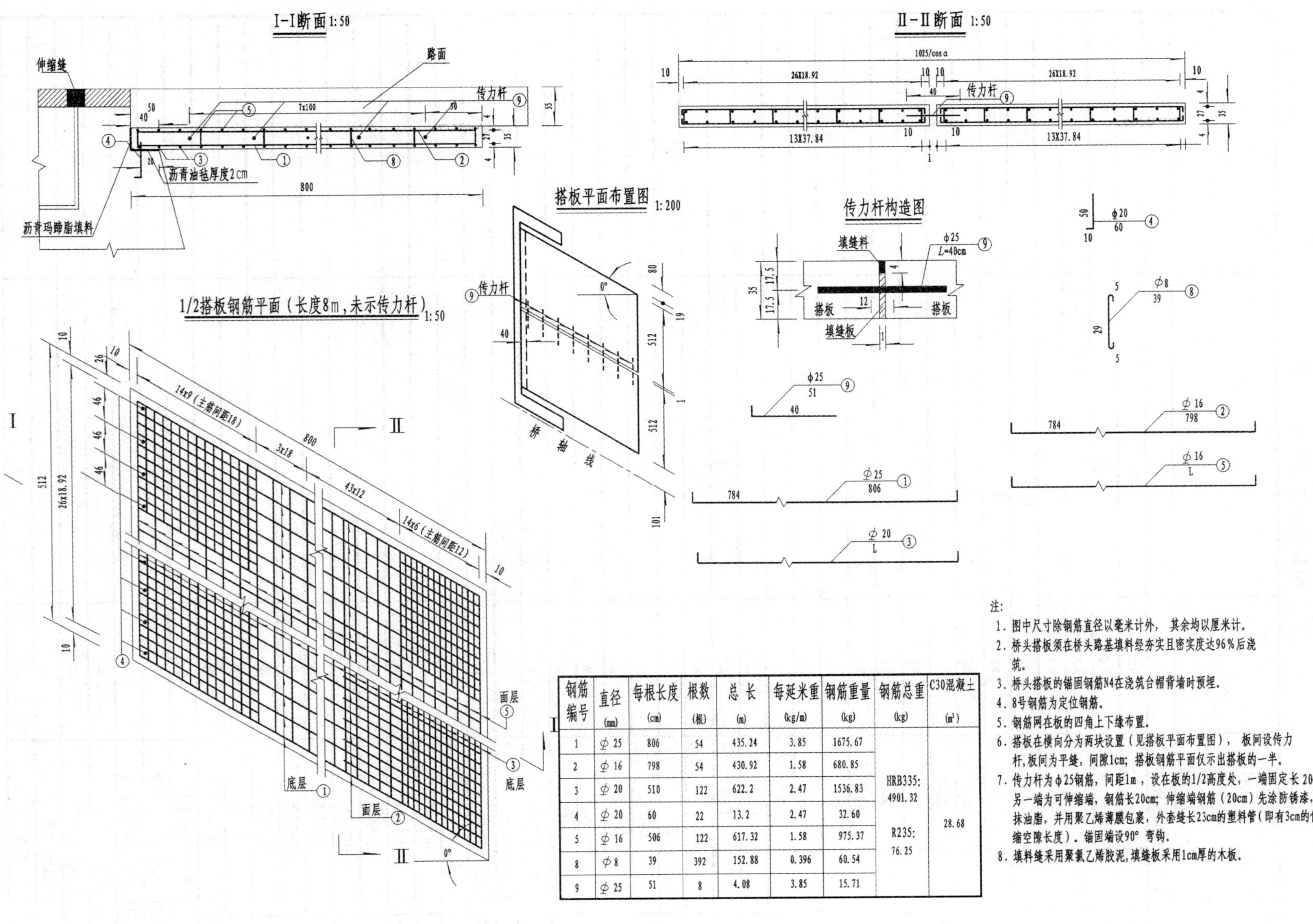

钢筋编号	直径 (mm)	每根长度 (cm)	根数 (根)	总长 (m)	每延米重 (kg/m)	钢筋重量 (kg)	钢筋总重 (kg)	C30混凝土 (m³)
1	Φ25	806	54	435.24	3.85	1675.67	HRB335: 4901.32 R235: 76.25	28.68
2	Φ16	798	54	430.92	1.58	680.85		
3	Φ20	510	122	622.2	2.47	1536.83		
4	Φ20	60	22	13.2	2.47	32.60		
5	Φ16	506	122	617.32	1.58	975.37		
8	Φ8	39	392	152.88	0.396	60.54		
9	Φ25	51	8	4.08	3.85	15.71		

注:

1. 图中尺寸除钢筋直径以毫米计外，其余均以厘米计。
2. 桥头搭板须在桥头路基填料经夯实且密实度达96%后浇筑。
3. 桥头搭板的锚固钢筋N4在浇筑台帽背墙时预埋。
4. 8号钢筋为定位钢筋。
5. 钢筋网在板的四角上下缘布置。
6. 搭板在横向分为两块设置（见搭板平面布置图），板间设传力杆，板间为平缝，间隙1cm；搭板钢筋平面仅示出搭板的一半。
7. 传力杆为ϕ25钢筋，间距1m，设在板的1/2高度处，一端固定长20cm，另一端为可伸缩端，钢筋长20cm；伸缩端钢筋（20cm）先涂防锈漆，后抹油脂，并用聚乙烯薄膜包裹，外套缝长23cm的塑料管（即有3cm的伸缩空隙长度）。锚固端设90°弯钩。
8. 填料缝采用聚氯乙烯胶泥，填缝板采用1cm厚的木板。

附图1-9　桥头搭板构造图(二)

附录2　桩基构造

全桥桩基工程数量汇总表

附表2-1

项目 材料			单　　位	桩　　基	合　　计
ϕ^s15.20钢绞线			kg		
钢筋	R235	ϕ8	kg		
		ϕ10	kg		
		ϕ12	kg		
		ϕ25	kg		
		小计	kg		
	HRB335	$\underline{\phi}$8	kg		
		$\underline{\phi}$10	kg		
		$\underline{\phi}$12	kg		
		$\underline{\phi}$16	kg		
		$\underline{\phi}$20	kg		
		$\underline{\phi}$22	kg		
		$\underline{\phi}$25	kg		
		$\underline{\phi}$28	kg		
		小计	kg		
混凝土	C20		m^3		
	C25水下混凝土		m^3		
	C25		m^3		
	C30		m^3		
	C40		m^3		
	现浇C50		m^3		
	预制C50		m^3		
	小计		m^3		
沥青混凝土			m^3		
C25片石混凝土			m^3		
M7.5号砂浆砌30号片石			m^3		
防水剂			m^2		
波纹管	ϕ外97		m		
	ϕ外87		m		
	ϕ外77		m		
	外90×外25		m		
锚具	15-11型		套		
	15-10型		套		
	15-9型		套		
	15-8型		套		
	BM15-5		套		
钢板及其他钢材			kg		
$GJZF_4$ 350×350×65支座			个		
GJZ 450×500×84支座			个		
80型伸缩缝			m		
160型伸缩缝			m		
检测钢管			kg		
挖方			m^3		
其他					

桩基材料数量表

附表2-2

位置	墩号	桩长H(cm)	编号	直径(mm)	每根长(cm)	根数	共长(m)	共重(kg)	C25混凝土(m³)
左幅桥	1	900	1	φ28	895	36	322.2	1556.23	22.90
			2	φ20	517	6	28.44	70.23	
			3	φ8	44288	1	442.88	175.38	
			4	φ22	513	11	56.43	168.16	
			5	φ12	50	18	9	7.99	
		900	1	φ28	895	36	322.2	1556.23	22.90
			2	φ20	517	6	28.44	70.23	
			3	φ8	44288	1	442.88	175.38	
			4	φ22	513	11	56.43	168.16	
			5	φ12	50	18	9	7.99	
	2	1200	1	φ28	1195	36	430.2	2077.87	30.54
			2	φ20	517	7	36.19	89.39	
			3	φ8	60199	1	601.99	238.39	
			4	φ22	513	11	56.43	168.16	
			5	φ12	50	24	12	10.66	
		1200	1	φ28	1195	36	430.2	2077.87	30.54
			2	φ20	517	7	36.19	89.39	
			3	φ8	60199	1	601.99	238.39	
			4	φ22	513	11	56.43	168.16	
			5	φ12	50	24	12	10.66	
	3	1200	1	φ28	1195	36	430.2	2077.87	30.54
			2	φ20	517	7	36.19	89.39	
			3	φ8	60199	1	601.99	238.39	
			4	φ22	513	11	56.43	168.16	
			5	φ12	50	24	12	10.66	
		1200	1	φ28	1195	36	430.2	2077.87	30.54
			2	φ20	517	7	36.19	89.39	
			3	φ8	60199	1	601.99	238.39	
			4	φ22	513	11	56.43	168.16	
			5	φ12	50	24	12	10.66	
	4	1200	1	φ28	1195	36	430.2	2077.87	30.54
			2	φ20	517	7	36.19	89.39	
			3	φ8	60199	1	601.99	238.39	
			4	φ22	513	11	56.43	168.16	
			5	φ12	50	24	12	10.66	
		1200	1	φ28	1195	36	430.2	2077.87	30.54
			2	φ20	517	7	36.19	89.39	
			3	φ8	60199	1	601.99	238.39	
			4	φ22	513	11	56.43	168.16	
			5	φ12	50	24	12	10.66	
	5	1500	1	φ28	1495	36	538.2	2599.51	38.17
			2	φ20	517	9	43.95	108.54	
			3	φ8	76111	1	761.11	301.40	
			4	φ22	513	11	56.43	168.16	
			5	φ12	50	30	15	13.32	
		1500	1	φ28	1495	36	538.2	2599.51	38.17
			2	φ20	517	9	43.95	108.54	
			3	φ8	76111	1	761.11	301.40	
			4	φ22	513	11	56.43	168.16	
			5	φ12	50	30	15	13.32	
	8	2000	1	φ28	1995	36	718.2	3468.91	50.89
			2	φ20	517	11	56.87	140.47	
			3	φ8	102631	1	1026.31	406.42	
			4	φ22	513	11	56.43	168.16	
			5	φ12	50	40	20	17.76	
		2000	1	φ28	1995	36	718.2	3468.91	50.89
			2	φ20	517	11	56.87	140.47	
			3	φ8	102631	1	1026.31	406.42	
			4	φ22	513	11	56.43	168.16	
			5	φ12	50	40	20	17.76	

位置	墩号	桩长H(cm)	编号	直径(mm)	每根长(cm)	根数	共长(m)	共重(kg)	C25混凝土(m³)
右幅桥	1	900	1	φ28	895	36	322.2	1556.23	22.90
			2	φ20	517	6	28.44	70.23	
			3	φ8	44288	1	442.88	175.38	
			4	φ22	513	11	56.43	168.16	
			5	φ12	50	18	9	7.99	
		900	1	φ28	895	36	322.2	1556.23	22.90
			2	φ20	517	6	28.44	70.23	
			3	φ8	44288	1	442.88	175.38	
			4	φ22	513	11	56.43	168.16	
			5	φ12	50	18	9	7.99	
	2	1000	1	φ28	995	36	358.2	1730.11	25.45
			2	φ20	517	6	31.02	76.62	
			3	φ8	49592	1	495.92	196.38	
			4	φ22	513	11	56.43	168.16	
			5	φ12	50	20	10	8.88	
		1000	1	φ28	995	36	358.2	1730.11	25.45
			2	φ20	517	6	31.02	76.62	
			3	φ8	49592	1	495.92	196.38	
			4	φ22	513	11	56.43	168.16	
			5	φ12	50	20	10	8.88	
	3	1200	1	φ28	1195	36	430.2	2077.87	30.54
			2	φ20	517	7	36.19	89.39	
			3	φ8	60199	1	601.99	238.39	
			4	φ22	513	11	56.43	168.16	
			5	φ12	50	24	12	10.66	
		1200	1	φ28	1195	36	430.2	2077.87	30.54
			2	φ20	517	7	36.19	89.39	
			3	φ8	60199	1	601.99	238.39	
			4	φ22	513	11	56.43	168.16	
			5	φ12	50	24	12	10.66	
	4	2100	1	φ28	2095	36	754.2	3642.79	53.44
			2	φ20	517	12	59.46	146.85	
			3	φ8	107935	1	1079.35	427.42	
			4	φ22	513	11	56.43	168.16	
			5	φ12	50	42	21	18.65	
		2100	1	φ28	2095	36	754.2	3642.79	53.44
			2	φ20	517	12	59.46	146.85	
			3	φ8	107935	1	1079.35	427.42	
			4	φ22	513	11	56.43	168.16	
			5	φ12	50	42	21	18.65	
	7	1700	1	φ28	1695	36	610.2	2947.27	43.26
			2	φ20	517	10	49.12	121.31	
			3	φ8	86719	1	867.19	343.41	
			4	φ22	513	11	56.43	168.16	
			5	φ12	50	34	17	15.10	
		1700	1	φ28	1695	36	610.2	2947.27	43.26
			2	φ20	517	10	49.12	121.31	
			3	φ8	86719	1	867.19	343.41	
			4	φ22	513	11	56.43	168.16	
			5	φ12	50	34	17	15.10	
	8	1600	1	φ28	1595	36	574.2	2773.39	40.72
			2	φ20	517	9	46.53	114.93	
			3	φ8	81415	1	814.15	322.40	
			4	φ22	513	11	56.43	168.16	
			5	φ12	50	32	16	14.21	
		1600	1	φ28	1595	36	574.2	2773.39	40.72
			2	φ20	517	9	46.53	114.93	
			3	φ8	81415	1	814.15	322.40	
			4	φ22	513	11	56.43	168.16	
			5	φ12	50	32	16	14.21	

续上表

位置	墩号	桩长H(cm)	编号	直径(mm)	每根长(cm)	根数	共长(m)	共重(kg)	C25混凝土(m^3)	位置	墩号	桩长H(cm)	编号	直径(mm)	每根长(cm)	根数	共长(m)	共重(kg)	C25混凝土(m^3)
左幅桥	6	1200	1	φ28	1195	40	478	2308.74	37.70	右幅桥	5	1500	1	φ28	1495	40	598	2888.34	47.12
			2	φ20	580	7	40.60	100.28					2	φ20	580	9	49.30	121.77	
			3	φ8	60199	1	601.99	238.39					3	φ8	76111	1	761.11	301.40	
			4	φ22	591	11	65.01	193.73					4	φ22	591	11	65.01	193.73	
			5	φ12	50	24	12	10.66					5	φ12	50	30	15	13.32	
		1200	1	φ28	1195	40	478	2308.74	37.70			1500	1	φ28	1495	40	598	2888.34	47.12
			2	φ20	580	7	40.60	100.28					2	φ20	580	9	49.30	121.77	
			3	φ8	60199	1	601.99	238.39					3	φ8	76111	1	761.11	301.40	
			4	φ22	591	11	65.01	193.73					4	φ22	591	11	65.01	193.73	
			5	φ12	50	24	12	10.66					5	φ12	50	30	15	13.32	
	7	1500	1	φ28	1495	40	598	2888.34	47.12		6	1500	1	φ28	1495	40	598	2888.34	47.12
			2	φ20	580	9	49.30	121.77					2	φ20	580	9	49.30	121.77	
			3	φ8	76111	1	761.11	301.40					3	φ8	76111	1	761.11	301.40	
			4	φ22	591	11	65.01	193.73					4	φ22	591	11	65.01	193.73	
			5	φ12	50	30	15	13.32					5	φ12	50	30	15	13.32	
		1500	1	φ28	1495	40	598	2888.34	47.12			1500	1	φ28	1495	40	598	2888.34	47.12
			2	φ20	580	9	49.30	121.77					2	φ20	580	9	49.30	121.77	
			3	φ8	76111	1	761.11	301.40					3	φ8	76111	1	761.11	301.40	
			4	φ22	591	11	65.01	193.73					4	φ22	591	11	65.01	193.73	
			5	φ12	50	30	15	13.32					5	φ12	50	30	15	13.32	

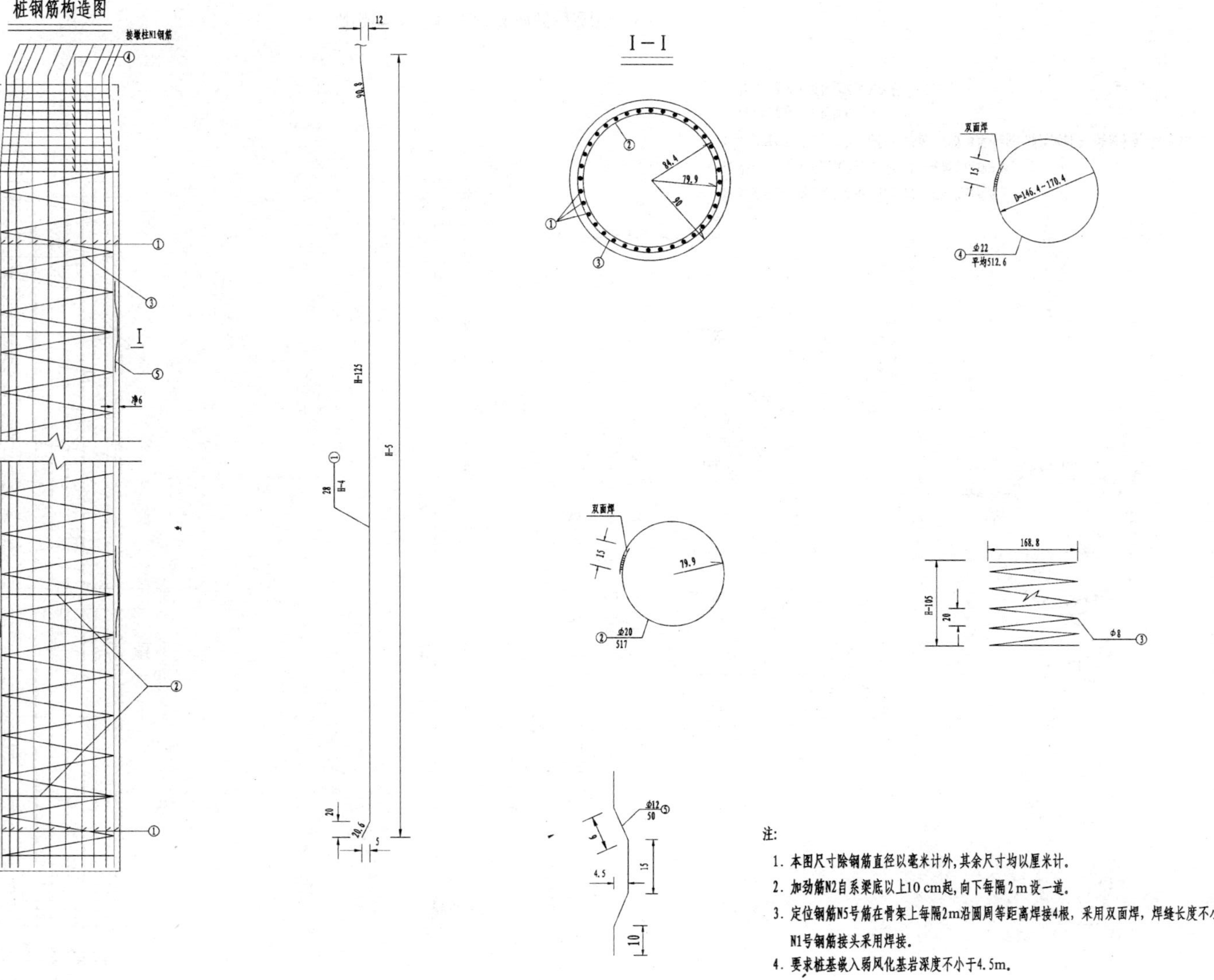

注:

1. 本图尺寸除钢筋直径以毫米计外,其余尺寸均以厘米计。
2. 加劲筋N2自系梁底以上10 cm起,向下每隔2 m设一道。
3. 定位钢筋N5号筋在骨架上每隔2m沿圆周等距离焊接4根,采用双面焊,焊缝长度不小于5*d*.
   N1号钢筋接头采用焊接。
4. 要求桩基嵌入弱风化基岩深度不小于4.5m。

附图2-1　桥墩桩基钢筋构造图(一)

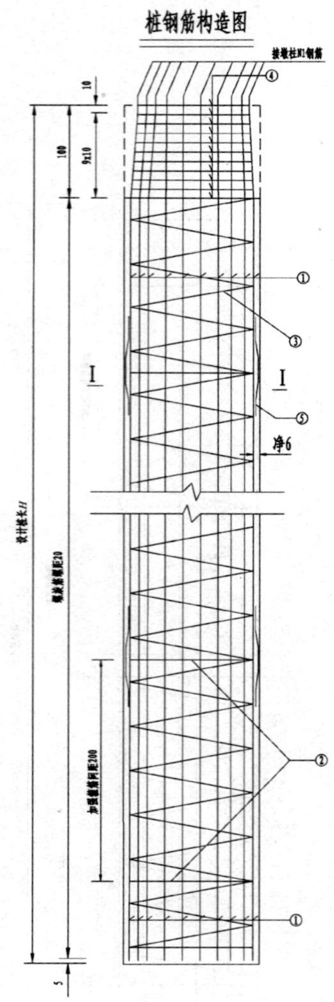

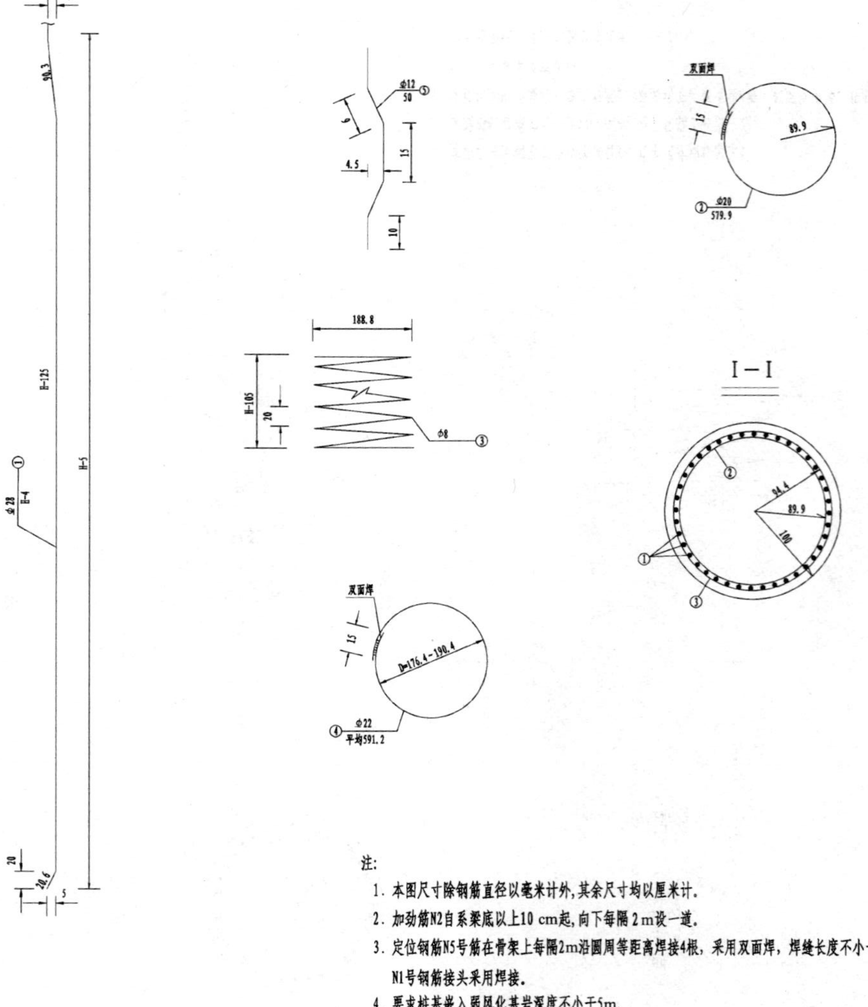

注:

1. 本图尺寸除钢筋直径以毫米计外,其余尺寸均以厘米计。
2. 加劲筋N2自系梁底以上10 cm起,向下每隔 2 m设一道。
3. 定位钢筋N5号筋在骨架上每隔2m沿圆周等距离焊接4根,采用双面焊,焊缝长度不小于5*d*,N1号钢筋接头采用焊接。
4. 要求桩基嵌入弱风化基岩深度不小于5m。

附图2-2 桥墩桩基钢筋构造图(二)

附录3 桥墩构造

全桥桥墩工程数量汇总表

附表3-1

材料 \ 项目			单位	桥墩：盖梁及支座垫石	桥墩：墩柱	桥墩：系梁	合计
ϕ^s15.20钢绞线			kg				
钢筋	R235	φ8	kg				
钢筋	R235	φ10	kg				
钢筋	R235	φ12	kg				
钢筋	R235	φ25	kg				
钢筋	R235	小计	kg				
钢筋	HRB335	φ8	kg				
钢筋	HRB335	φ10	kg				
钢筋	HRB335	φ12	kg				
钢筋	HRB335	φ16	kg				
钢筋	HRB335	φ20	kg				
钢筋	HRB335	φ22	kg				
钢筋	HRB335	φ25	kg				
钢筋	HRB335	φ28	kg				
钢筋	HRB335	小计	kg				
混凝土	C20		m^3				
混凝土	C25水下混凝土		m^3				
混凝土	C25		m^3				
混凝土	C30		m^3				
混凝土	C40		m^3				
混凝土	现浇C50		m^3				
混凝土	预制C50		m^3				
混凝土	小计		m^3				
沥青混凝土			m^3				
C25片石混凝土			m^3				
M7.5号砂浆砌30号片石			m^3				
防水剂			m^2				
波纹管	φ外97		m				
波纹管	φ外87		m				
波纹管	φ外77		m				
波纹管	外90×外25		m				
锚具	15-11型		套				
锚具	15-10型		套				
锚具	15-9型		套				
锚具	15-8型		套				
锚具	BM15-5		套				
钢板及其他钢材			kg				
$GJZF_4$ 350×350×65支座			个				
GJZ 450×500×84支座			个				
80型伸缩缝			m				
160型伸缩缝			m				
检测钢管			kg				
挖方			m^3				
其他							

附表3-2

桥墩（1.5m）高程及尺寸表

项目	1号墩		2号墩		4号墩		5号墩	7号墩	8号墩	
	左幅	右幅	左幅	右幅	左幅	右幅	左幅	右幅	左幅	右幅
桩号	K58+961.397	K58+968.050	K58+991.489	K59+998.048	K59+051.674	K59+058.045	K59+081.766	K59+148.039	K59+172.043	K59+148.039
设计高程(m)	1242.616	1242.791	1243.42	1243.599	1245.109	1245.294	1245.993	1248.035	1248.806	1248.035
盖梁横坡 i (%)	-2	2	-2	2	-2	2	-2	2	-2	2
W1 (m)	12410.327	1240.502	1241.131	1241.310	1242.820	1243.005	1243.704	1245.746	1246.517	1246.713
W2 (m)	1240.279	1240.454	1241.083	1241.262	1242.772	1242.957	1243.656	1245.698	1246.469	1246.665
W3 (m)	1240.231	1240.406	1241.035	1241.214	1242.724	1242.909	1243.608	1245.650	1246.421	1246.617
W4 (m)	1240.183	1240.358	1240.987	1241.166	1242.676	1242.861	1243.560	1245.602	1246.373	1246.569
W5 (m)	1240.135	1240.310	1240.939	1241.118	1242.628	1242.813	1243.512	1245.554	1246.325	1246.521
H1 (m)	1238.564	1238.739	1239.368	1239.547	1241.057	1241.242	1241.941	1243.983	1244.754	1244.950
H2 (m)	1238.698	1238.873	1239.502	1239.681	1241.191	1241.376	1242.075	1244.117	1244.888	1245.084
H3 (m)	1232.131	1231.172	1227.935	1224.980	1235.624	1232.675	1225.508	1228.416	1233.321	1242.383
H4 (m)	1230.531	1229.572	1226.335	1223.380	1234.024	1231.075	1223.908	1226.816	1231.721	1240.783
H5 (m)	1223.131	1222.172	1215.935	1214.980	1223.624	1211.675	1210.508	1211.416	1213.321	1226.383
h1 (m)	6.43	7.57	11.43	14.57	5.43	8.57	16.43	15.57	11.43	2.57
h2 (m)	6.57	7.43	11.57	14.43	5.57	8.43	16.57	15.43	11.57	2.43
h3 (m)	9.00	9.00	12.00	10.00	12.00	21.00	15.00	17.00	20.00	16.00

附表3-3

桥墩(1.5m)桩基中心坐标表

桥墩号	1		2		3		4	
	X(m)	Y(m)	X(m)	Y(m)	X(m)	Y(m)	X(m)	Y(m)
1号桥墩	2779905.3291	519537.3328	2779911.2201	519540.5243	2779919.2664	519537.3116	2779925.1628	519540.4933
2号桥墩	2779919.5298	519510.8833	2779925.4447	519514.0304	2779933.4226	519510.8404	2779939.3426	519513.9778
4号桥墩	2779947.3329	519457.6666	2779953.2945	519460.7244	2779961.1379	519457.5822	2779967.1043	519460.6304
5号桥墩	2779960.9332	519430.9033	2779966.9176	519433.9162				
7号桥墩					2780001.2047	519376.9319	2780007.2381	519379.8451
8号桥墩	2780000.5211	519350.0094	2780006.5719	519352.8864	2780014.1562	519349.8497	2780020.2114	519352.7177

附表3-4

桥墩高程及尺寸表

项目	3号墩		6号墩	
	左幅	右幅	左幅	右幅
桩号	K86+974.419	K86+970.972	K87+094.395	K87+092.327
设计高程(m)	1198.588	1198.726	1193.789	1193.872
盖梁横坡i(%)	-2	2	-2	2
W1（m）	1241.927	1242.109	1244.579	1244.77
W2（m）	1241.879	1242.061	1244.531	1244.722
W3（m）	1241.831	1242.013	1244.483	1244.674
W4（m）	1241.783	1241.965	1244.435	1244.626
W5（m）	1241.735	1241.917	1244.387	1244.578
W1′（m）	1241.961	1242.143	1244.615	1244.806
W2′（m）	1241.913	1242.095	1244.567	1244.758
W3′（m）	1241.865	1242.047	1244.519	1244.710
W4′（m）	1241.817	1241.999	1244.471	1244.662
W5′（m）	1241.769	1241.951	1244.423	1244.614
H1（m）	1240.121	1240.363	1242.774	1243.025
H2（m）	1240.255	1240.497	1242.908	1243.159
H3（m）	1224.688	1222.796	1215.341	1216.458
H4（m）	1223.088	1221.196	1213.741	1214.858
H5（m）	1212.688	1210.796	1203.341	1201.458
h1（m）	15.43	17.57	27.43	26.57
h2（m）	15.57	17.43	27.57	26.43
h3（m）	12.00	12.00	12.00	15.00

附表3-5

桥墩桩基中心坐标表

桥墩号	1		2		3		4	
	X(m)	Y(m)	X(m)	Y(m)	X(m)	Y(m)	X(m)	Y(m)
3号桥墩	2779933.5317	519484.3268	2779939.4701	519487.4293	2779947.3803	519484.2628	2779953.3237	519487.3557
6号桥墩	2779974.3317	519404.0385	2779980.3386	519407.0062	2779988.0508	519403.9152	2779994.0623	519406.8737

附表3-6

桥墩高程及尺寸表

项目	7号墩	5号墩
	左幅	右幅
桩号	K59+141.951	K59+088.043
设计高程(m)	1247.842	1246.181
盖梁横坡i(%)	-2	2
j(%)	3.120	2.960
H1 (m)	1245.434	1243.773
H2 (m)	1245.638	1243.977
H3 (m)	1244.169	1242.508
H4 (m)	1244.303	1242.642
H5 (m)	1217.536	1216.009
H6 (m)	1215.936	1214.409
H7 (m)	1202.536	1201.009
h1 (m)	26.63	26.77
h2 (m)	26.77	26.63
h3 (m)	15.00	15.00

附表3-7

桥墩桩基中心坐标表

桥墩号	1		2		3		4	
	X(m)	Y(m)	X(m)	Y(m)	X(m)	Y(m)	X(m)	Y(m)
5号桥墩					2779974.6950	519430.7992	2779980.6841	519433.8026
7号桥墩	2779987.5282	519377.0728	2779993.5573	519379.9952				

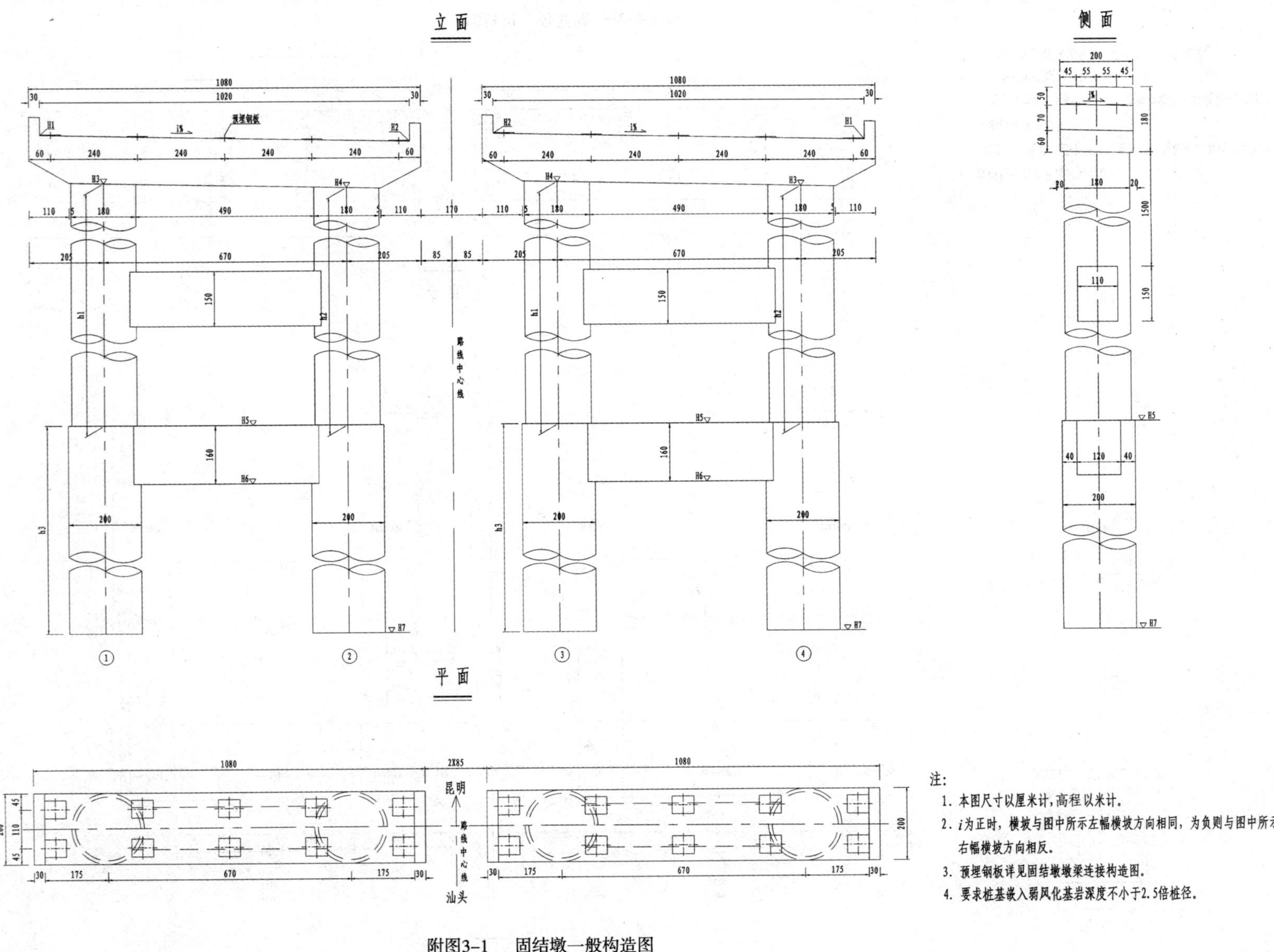

注：

1. 本图尺寸以厘米计，高程以米计。
2. i为正时，横坡与图中所示左幅横坡方向相同，为负则与图中所示右幅横坡方向相反。
3. 预埋钢板详见固结墩墩梁连接构造图。
4. 要求桩基嵌入弱风化基岩深度不小于2.5倍桩径。

附图3-1　固结墩一般构造图

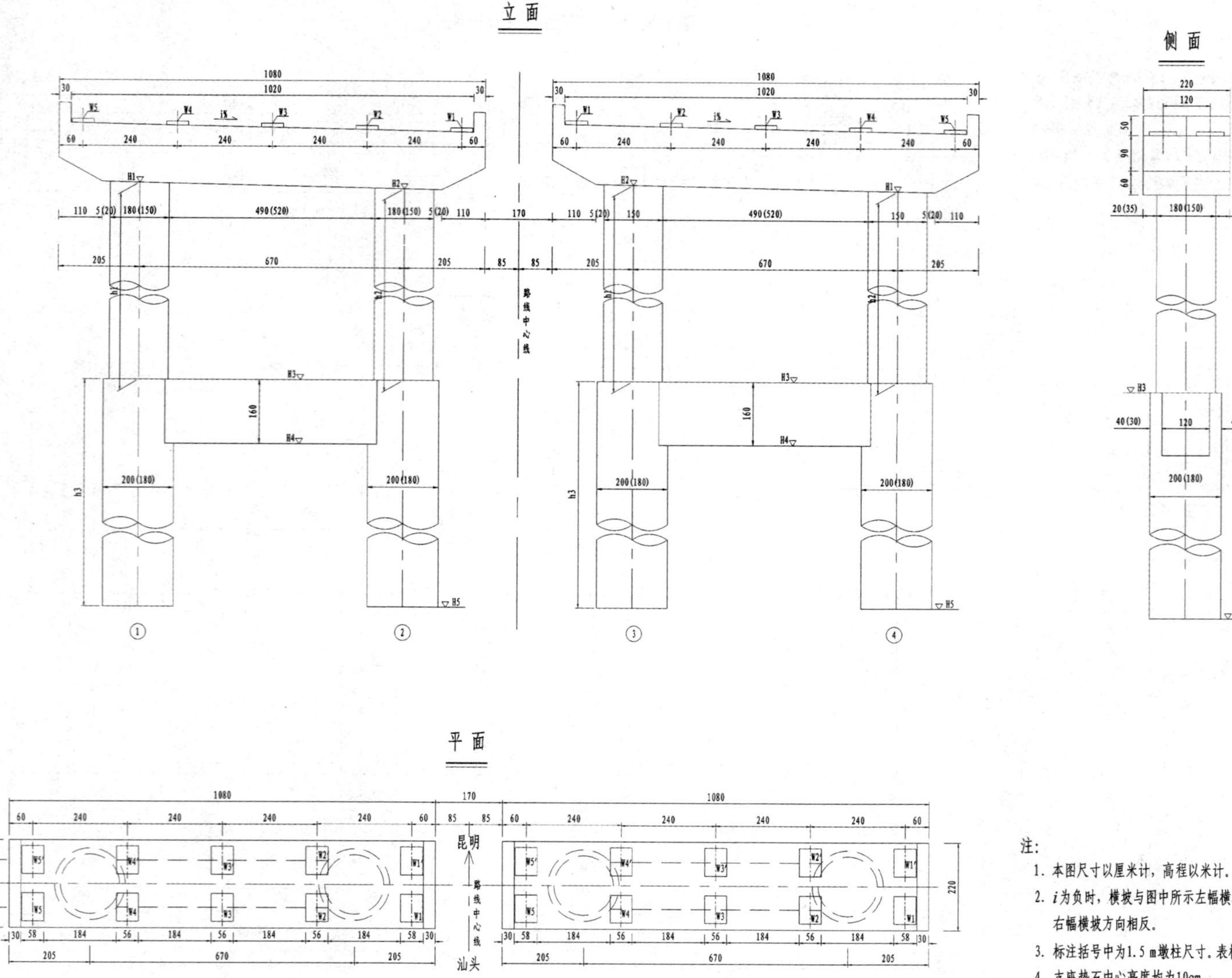

注:

1. 本图尺寸以厘米计，高程以米计。
2. i为负时，横坡与图中所示左幅横坡方向相反，为负则与图中所示右幅横坡方向相反。
3. 标注括号中为1.5 m墩柱尺寸。表格中括号内数据为4号桩长。
4. 支座垫石中心高度均为10cm。
5. 要求桩基嵌入弱风化基岩深度不小于2.5倍桩径。

附图3–2　分联墩一般构造图

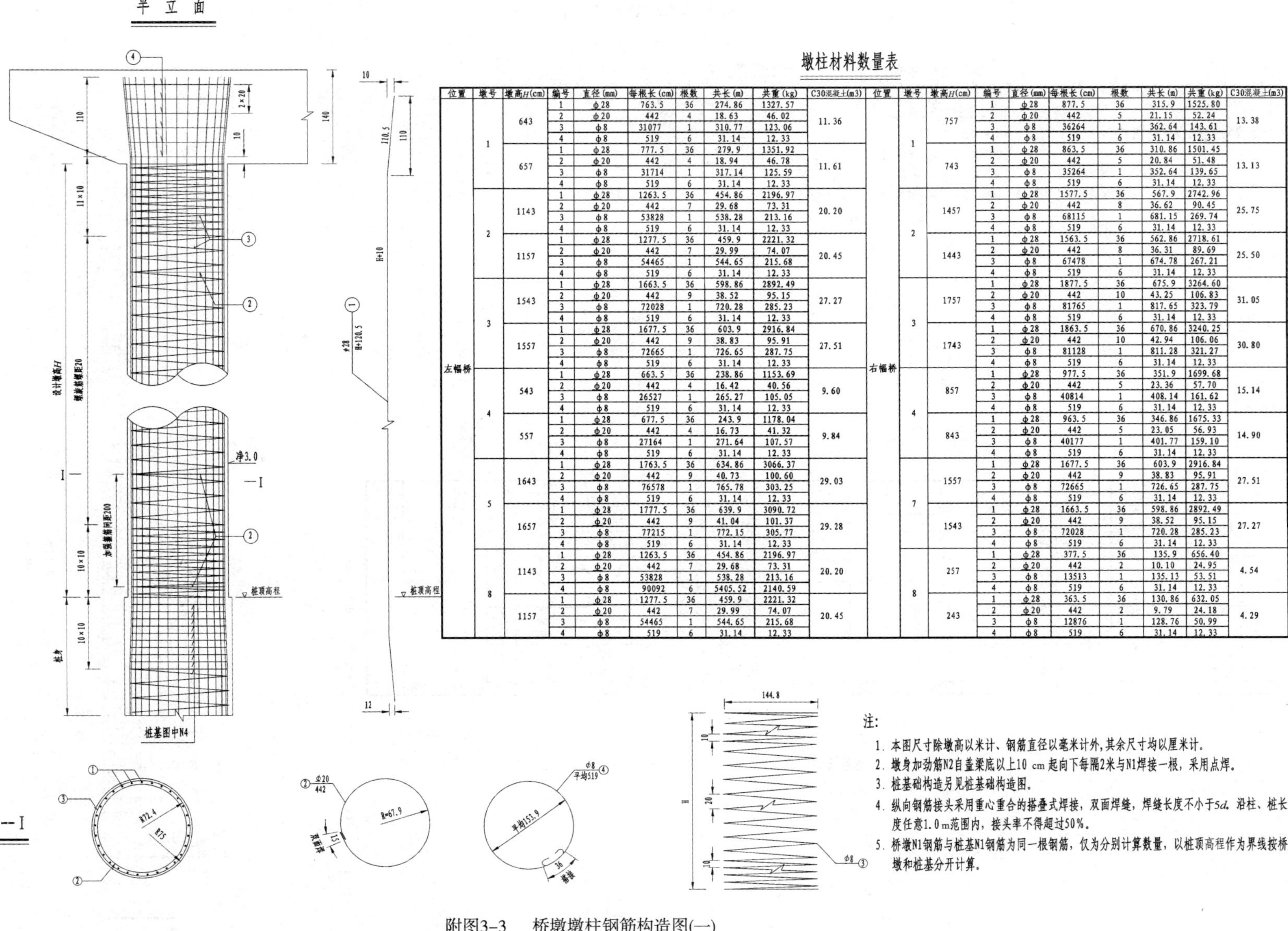

墩柱材料数量表

位置	墩号	墩高H(cm)	编号	直径(mm)	每根长(cm)	根数	共长(m)	共重(kg)	C30混凝土(m3)	位置	墩号	墩高H(cm)	编号	直径(mm)	每根长(cm)	根数	共长(m)	共重(kg)	C30混凝土(m3)
左幅桥	1	643	1	ϕ28	763.5	36	274.86	1327.57	11.36	右幅桥	1	757	1	ϕ28	877.5	36	315.9	1525.80	13.38
			2	ϕ20	442	4	18.63	46.02					2	ϕ20	442	5	21.15	52.24	
			3	ϕ8	31077	1	310.77	123.06					3	ϕ8	36264	1	362.64	143.61	
			4	ϕ8	519	6	31.14	12.33					4	ϕ8	519	6	31.14	12.33	
		657	1	ϕ28	777.5	36	279.9	1351.92	11.61			743	1	ϕ28	863.5	36	310.86	1501.45	13.13
			2	ϕ20	442	4	18.94	46.78					2	ϕ20	442	5	20.84	51.48	
			3	ϕ8	31714	1	317.14	125.59					3	ϕ8	35264	1	352.64	139.65	
			4	ϕ8	519	6	31.14	12.33					4	ϕ8	519	6	31.14	12.33	
	2	1143	1	ϕ28	1263.5	36	454.86	2196.97	20.20		2	1457	1	ϕ28	1577.5	36	567.9	2742.96	25.75
			2	ϕ20	442	7	29.68	73.31					2	ϕ20	442	8	36.62	90.45	
			3	ϕ8	53828	1	538.28	213.16					3	ϕ8	68115	1	681.15	269.74	
			4	ϕ8	519	6	31.14	12.33					4	ϕ8	519	6	31.14	12.33	
		1157	1	ϕ28	1277.5	36	459.9	2221.32	20.45			1443	1	ϕ28	1563.5	36	562.86	2718.61	25.50
			2	ϕ20	442	7	29.99	74.07					2	ϕ20	442	8	36.31	89.69	
			3	ϕ8	54465	1	544.65	215.68					3	ϕ8	67478	1	674.78	267.21	
			4	ϕ8	519	6	31.14	12.33					4	ϕ8	519	6	31.14	12.33	
	3	1543	1	ϕ28	1663.5	36	598.86	2892.49	27.27		3	1757	1	ϕ28	1877.5	36	675.9	3264.60	31.05
			2	ϕ20	442	9	38.52	95.15					2	ϕ20	442	10	43.25	106.83	
			3	ϕ8	72028	1	720.28	285.23					3	ϕ8	81765	1	817.65	323.79	
			4	ϕ8	519	6	31.14	12.33					4	ϕ8	519	6	31.14	12.33	
		1557	1	ϕ28	1677.5	36	603.9	2916.84	27.51			1743	1	ϕ28	1863.5	36	670.86	3240.25	30.80
			2	ϕ20	442	9	38.83	95.91					2	ϕ20	442	10	42.94	106.06	
			3	ϕ8	72665	1	726.65	287.75					3	ϕ8	81128	1	811.28	321.27	
			4	ϕ8	519	6	31.14	12.33					4	ϕ8	519	6	31.14	12.33	
	4	543	1	ϕ28	663.5	36	238.86	1153.69	9.60		4	857	1	ϕ28	977.5	36	351.9	1699.68	15.14
			2	ϕ20	442	4	16.42	40.56					2	ϕ20	442	5	23.36	57.70	
			3	ϕ8	26527	1	265.27	105.05					3	ϕ8	40814	1	408.14	161.62	
			4	ϕ8	519	6	31.14	12.33					4	ϕ8	519	6	31.14	12.33	
		557	1	ϕ28	677.5	36	243.9	1178.04	9.84			843	1	ϕ28	963.5	36	346.86	1675.33	14.90
			2	ϕ20	442	4	16.73	41.32					2	ϕ20	442	5	23.05	56.93	
			3	ϕ8	27164	1	271.64	107.57					3	ϕ8	40177	1	401.77	159.10	
			4	ϕ8	519	6	31.14	12.33					4	ϕ8	519	6	31.14	12.33	
	5	1643	1	ϕ28	1763.5	36	634.86	3066.37	29.03		7	1557	1	ϕ28	1677.5	36	603.9	2916.84	27.51
			2	ϕ20	442	9	40.73	100.60					2	ϕ20	442	9	38.83	95.91	
			3	ϕ8	76578	1	765.78	303.25					3	ϕ8	72665	1	726.65	287.75	
			4	ϕ8	519	6	31.14	12.33					4	ϕ8	519	6	31.14	12.33	
		1657	1	ϕ28	1777.5	36	639.9	3090.72	29.28			1543	1	ϕ28	1663.5	36	598.86	2892.49	27.27
			2	ϕ20	442	9	41.04	101.37					2	ϕ20	442	9	38.52	95.15	
			3	ϕ8	77215	1	772.15	305.77					3	ϕ8	72028	1	720.28	285.23	
			4	ϕ8	519	6	31.14	12.33					4	ϕ8	519	6	31.14	12.33	
	8	1143	1	ϕ28	1263.5	36	454.86	2196.97	20.20		8	257	1	ϕ28	377.5	36	135.9	656.40	4.54
			2	ϕ20	442	7	29.68	73.31					2	ϕ20	442	2	10.10	24.95	
			3	ϕ8	53828	1	538.28	213.16					3	ϕ8	13513	1	135.13	53.51	
			4	ϕ8	90092	6	5405.52	2140.59					4	ϕ8	519	6	31.14	12.33	
		1157	1	ϕ28	1277.5	36	459.9	2221.32	20.45			243	1	ϕ28	363.5	36	130.86	632.05	4.29
			2	ϕ20	442	7	29.99	74.07					2	ϕ20	442	2	9.79	24.18	
			3	ϕ8	54465	1	544.65	215.68					3	ϕ8	12876	1	128.76	50.99	
			4	ϕ8	519	6	31.14	12.33					4	ϕ8	519	6	31.14	12.33	

注：

1. 本图尺寸除墩高以米计、钢筋直径以毫米计外,其余尺寸均以厘米计。
2. 墩身加劲筋N2自盖梁底以上10 cm起向下每隔2米与N1焊接一根，采用点焊。
3. 桩基础构造另见桩基础构造图。
4. 纵向钢筋接头采用重心重合的搭叠式焊接，双面焊缝，焊缝长度不小于$5d$。沿柱、桩长度任意1.0 m范围内，接头率不得超过50%。
5. 桥墩N1钢筋与桩基N1钢筋为同一根钢筋，仅为分别计算数量，以桩顶高程作为界线按桥墩和桩基分开计算。

附图3-3　桥墩墩柱钢筋构造图(一)

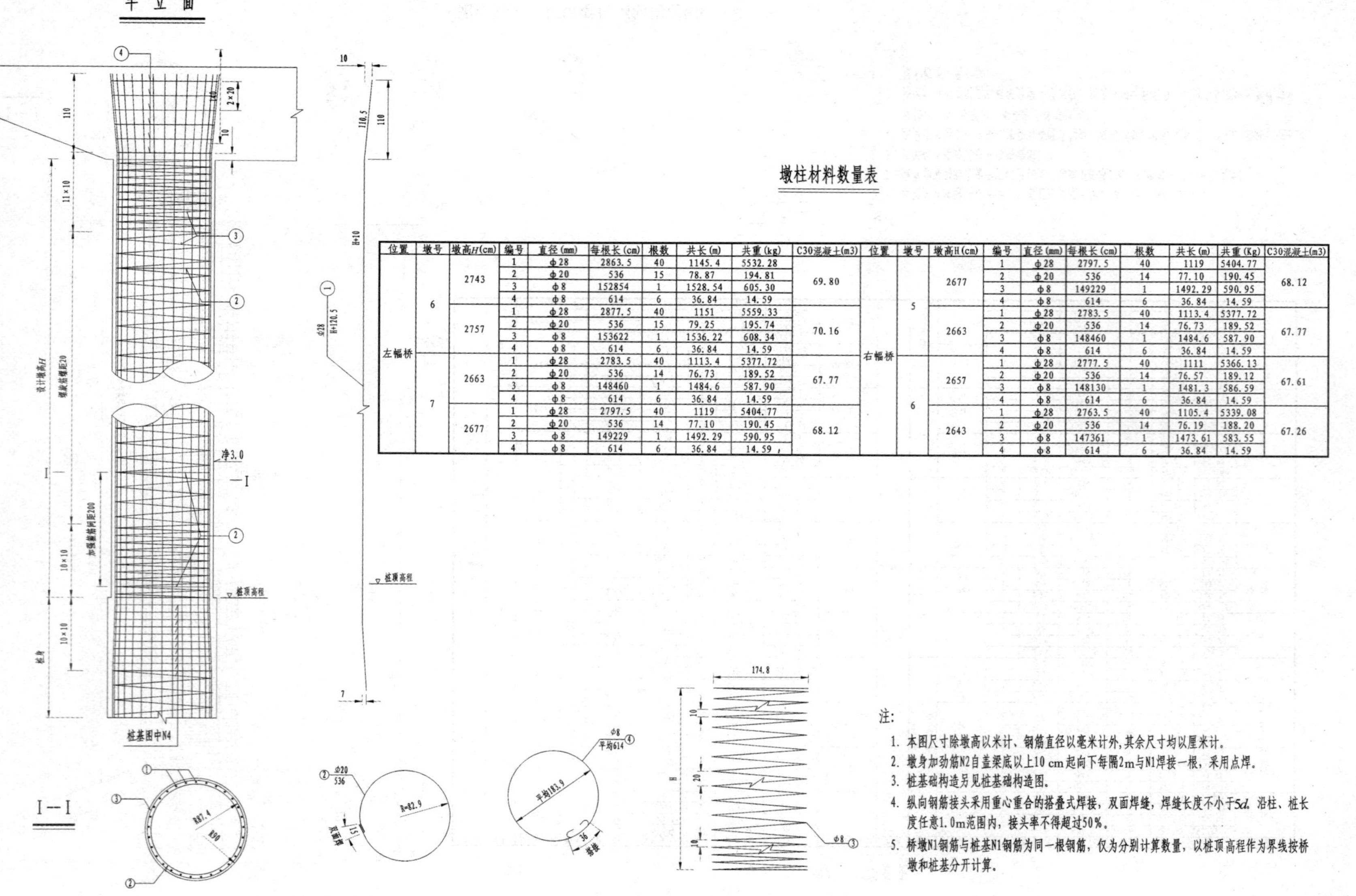

墩柱材料数量表

位置	墩号	墩高H(cm)	编号	直径(mm)	每根长(cm)	根数	共长(m)	共重(kg)	C30混凝土(m3)
左幅桥	6	2743	1	φ28	2863.5	40	1145.4	5532.28	69.80
			2	φ20	536	15	78.87	194.81	
			3	φ8	152854	1	1528.54	605.30	
			4	φ8	614	6	36.84	14.59	
		2757	1	φ28	2877.5	40	1151	5559.33	70.16
			2	φ20	536	15	79.25	195.74	
			3	φ8	153622	1	1536.22	608.34	
			4	φ8	614	6	36.84	14.59	
	7	2663	1	φ28	2783.5	40	1113.4	5377.72	67.77
			2	φ20	536	14	76.73	189.52	
			3	φ8	148460	1	1484.6	587.90	
			4	φ8	614	6	36.84	14.59	
		2677	1	φ28	2797.5	40	1119	5404.77	68.12
			2	φ20	536	14	77.10	190.45	
			3	φ8	149229	1	1492.29	590.95	
			4	φ8	614	6	36.84	14.59	

位置	墩号	墩高H(cm)	编号	直径(mm)	每根长(cm)	根数	共长(m)	共重(Kg)	C30混凝土(m3)
右幅桥	5	2677	1	φ28	2797.5	40	1119	5404.77	68.12
			2	φ20	536	14	77.10	190.45	
			3	φ8	149229	1	1492.29	590.95	
			4	φ8	614	6	36.84	14.59	
		2663	1	φ28	2783.5	40	1113.4	5377.72	67.77
			2	φ20	536	14	76.73	189.52	
			3	φ8	148460	1	1484.6	587.90	
			4	φ8	614	6	36.84	14.59	
	6	2657	1	φ28	2777.5	40	1111	5366.13	67.61
			2	φ20	536	14	76.57	189.12	
			3	φ8	148130	1	1481.3	586.59	
			4	φ8	614	6	36.84	14.59	
		2643	1	φ28	2763.5	40	1105.4	5339.08	67.26
			2	φ20	536	14	76.19	188.20	
			3	φ8	147361	1	1473.61	583.55	
			4	φ8	614	6	36.84	14.59	

注：

1. 本图尺寸除墩高以米计、钢筋直径以毫米计外，其余尺寸均以厘米计。
2. 墩身加劲筋N2自盖梁底以上10 cm起向下每隔2m与N1焊接一根，采用点焊。
3. 桩基础构造另见桩基础构造图。
4. 纵向钢筋接头采用重心重合的搭叠式焊接，双面焊缝，焊缝长度不小于5*d*. 沿柱、桩长度任意1.0m范围内，接头率不得超过50%。
5. 桥墩N1钢筋与桩基N1钢筋为同一根钢筋，仅为分别计算数量，以桩顶高程作为界线按桥墩和桩基分开计算。

附图3-4　桥墩柱钢筋构造图(二)

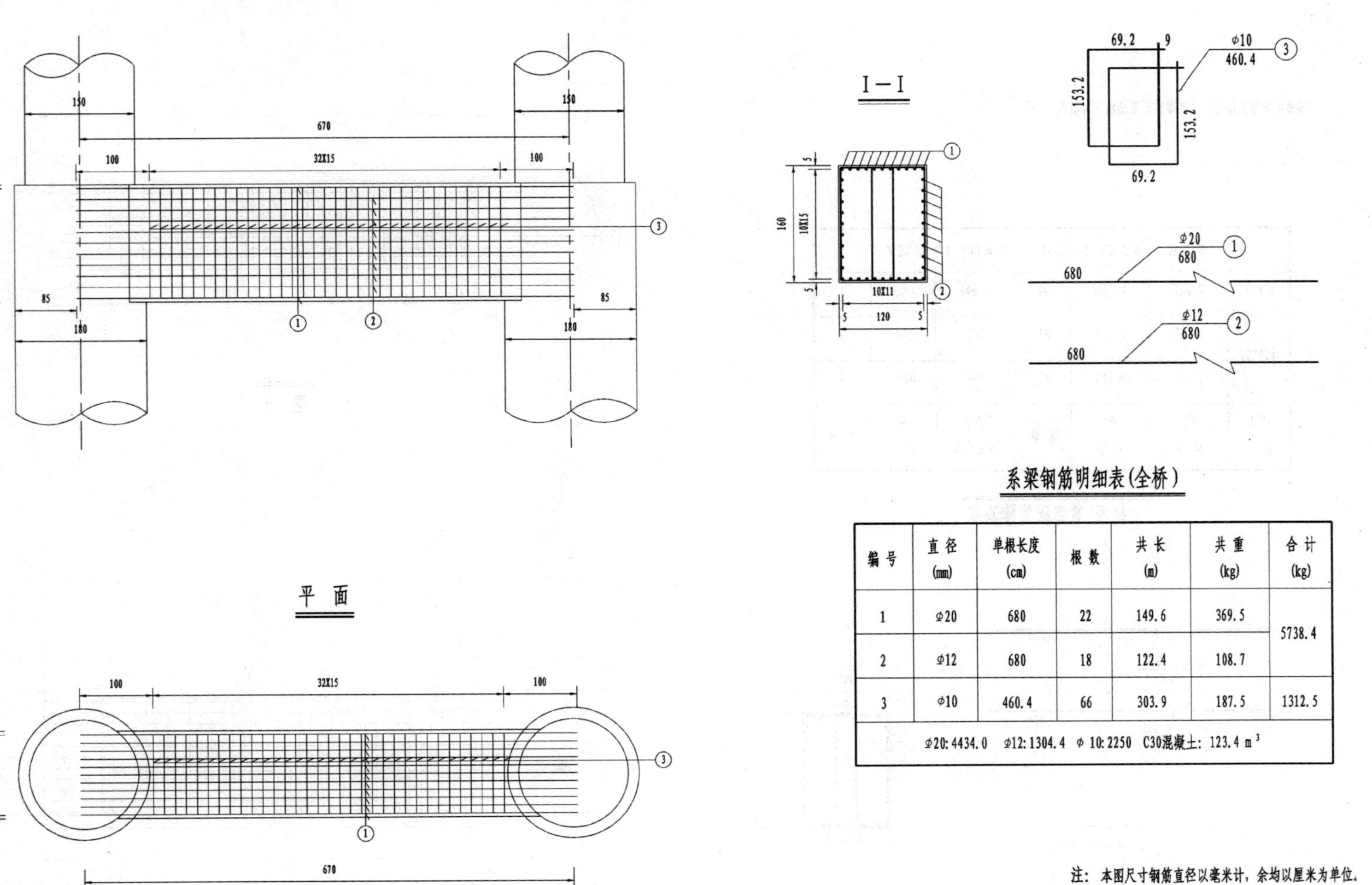

系梁钢筋明细表(全桥)

编号	直径(mm)	单根长度(cm)	根数	共长(m)	共重(kg)	合计(kg)
1	φ20	680	22	149.6	369.5	5738.4
2	φ12	680	18	122.4	108.7	
3	φ10	460.4	66	303.9	187.5	1312.5
φ20: 4434.0　φ12: 1304.4　φ10: 2250　C30混凝土: 123.4 m³						

注：本图尺寸钢筋直径以毫米计，余均以厘米为单位。

附图3-5　桩顶系梁钢筋布置图(一)

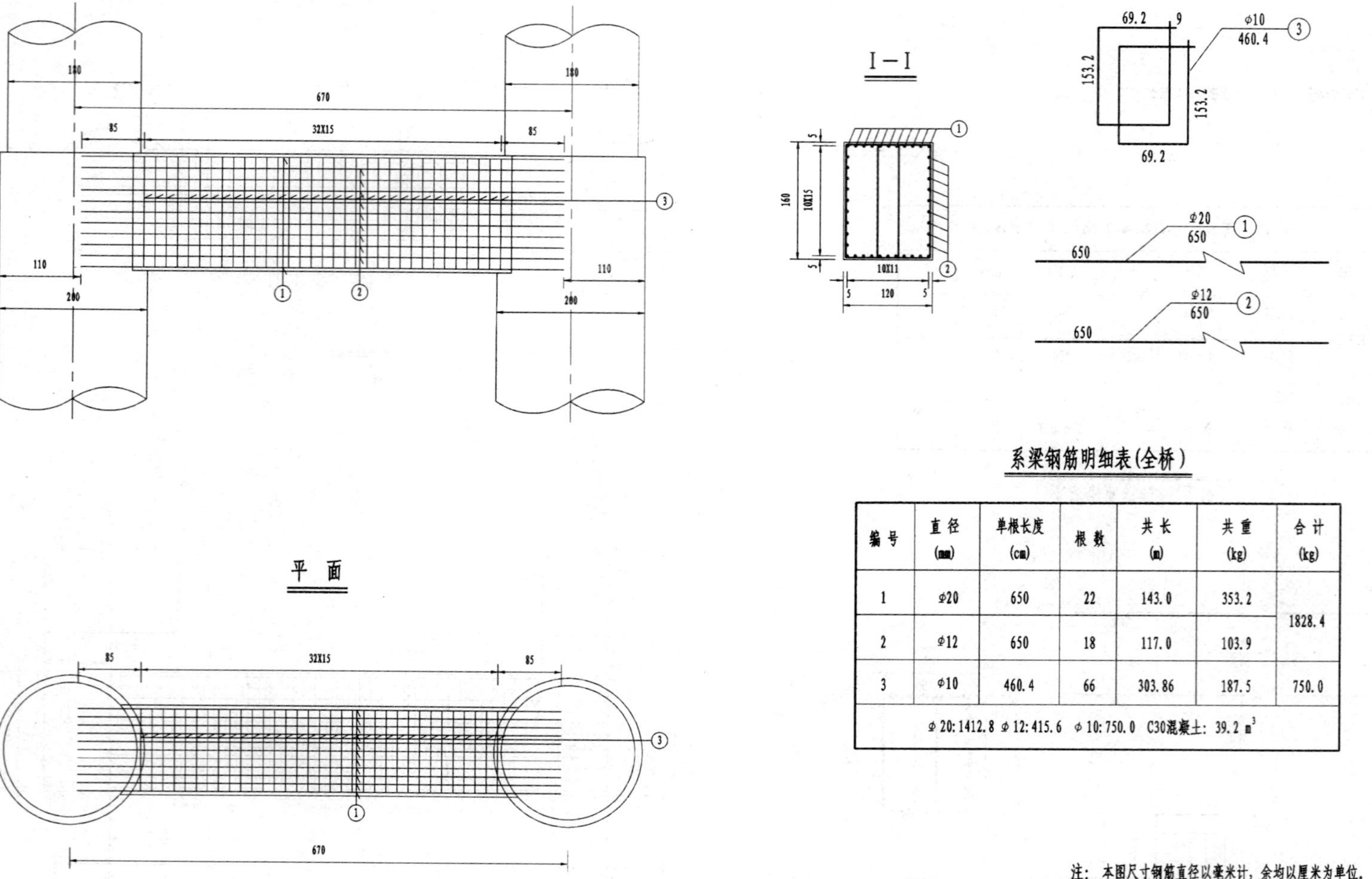

系梁钢筋明细表(全桥)

编号	直径 (mm)	单根长度 (cm)	根数	共长 (m)	共重 (kg)	合计 (kg)
1	φ20	650	22	143.0	353.2	1828.4
2	φ12	650	18	117.0	103.9	
3	φ10	460.4	66	303.86	187.5	750.0
φ20:1412.8 φ12:415.6 φ10:750.0 C30混凝土：39.2 m³						

附图3-6　桩顶系梁钢筋布置图(二)

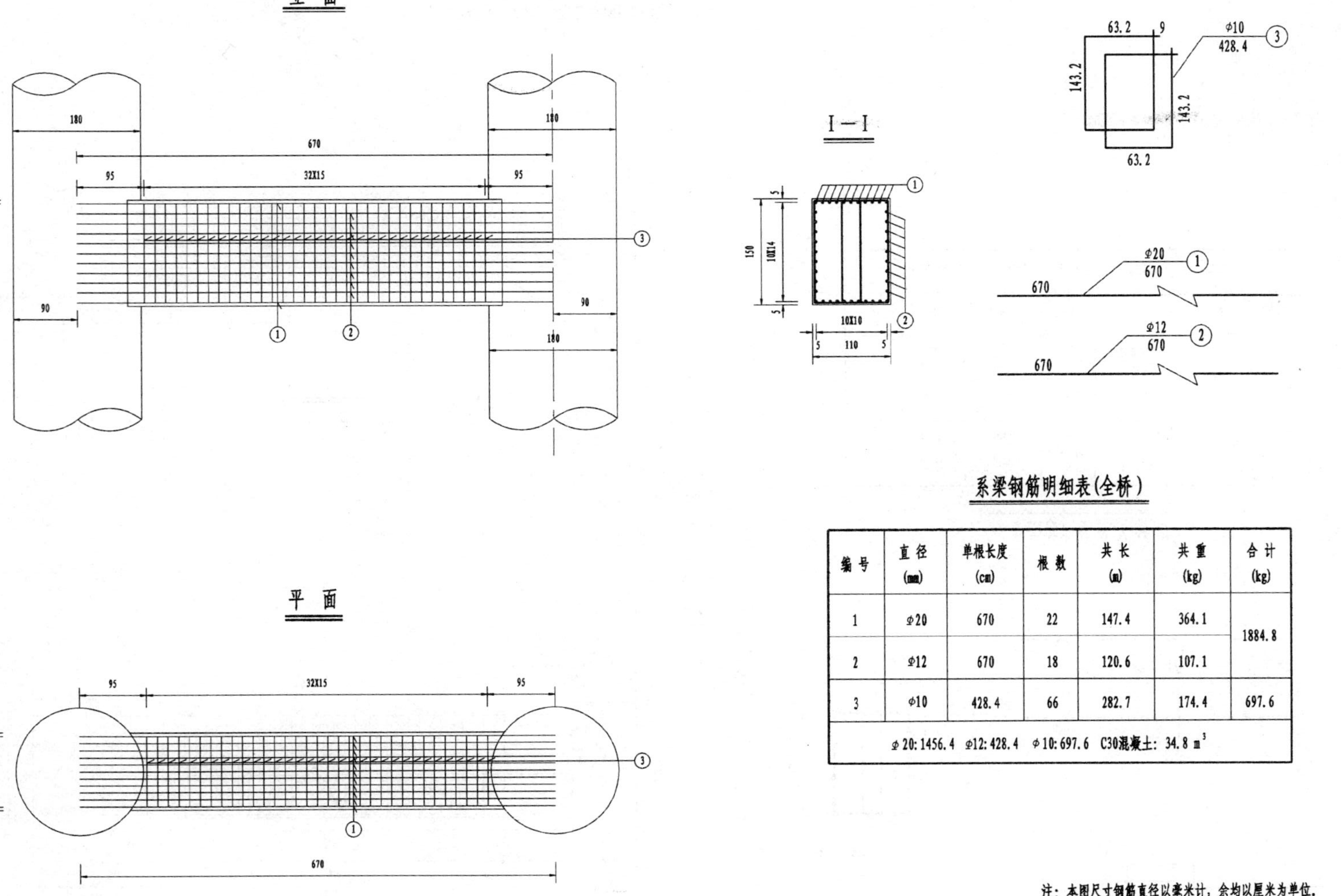

系梁钢筋明细表(全桥)

编号	直径 (mm)	单根长度 (cm)	根数	共长 (m)	共重 (kg)	合计 (kg)
1	Φ20	670	22	147.4	364.1	1884.8
2	Φ12	670	18	120.6	107.1	
3	Φ10	428.4	66	282.7	174.4	697.6
Φ20:1456.4　Φ12:428.4　Φ10:697.6　C30混凝土：34.8 m^3						

注：本图尺寸钢筋直径以毫米计，余均以厘米为单位。

附图3-7　桥墩系梁钢筋布置图(一)

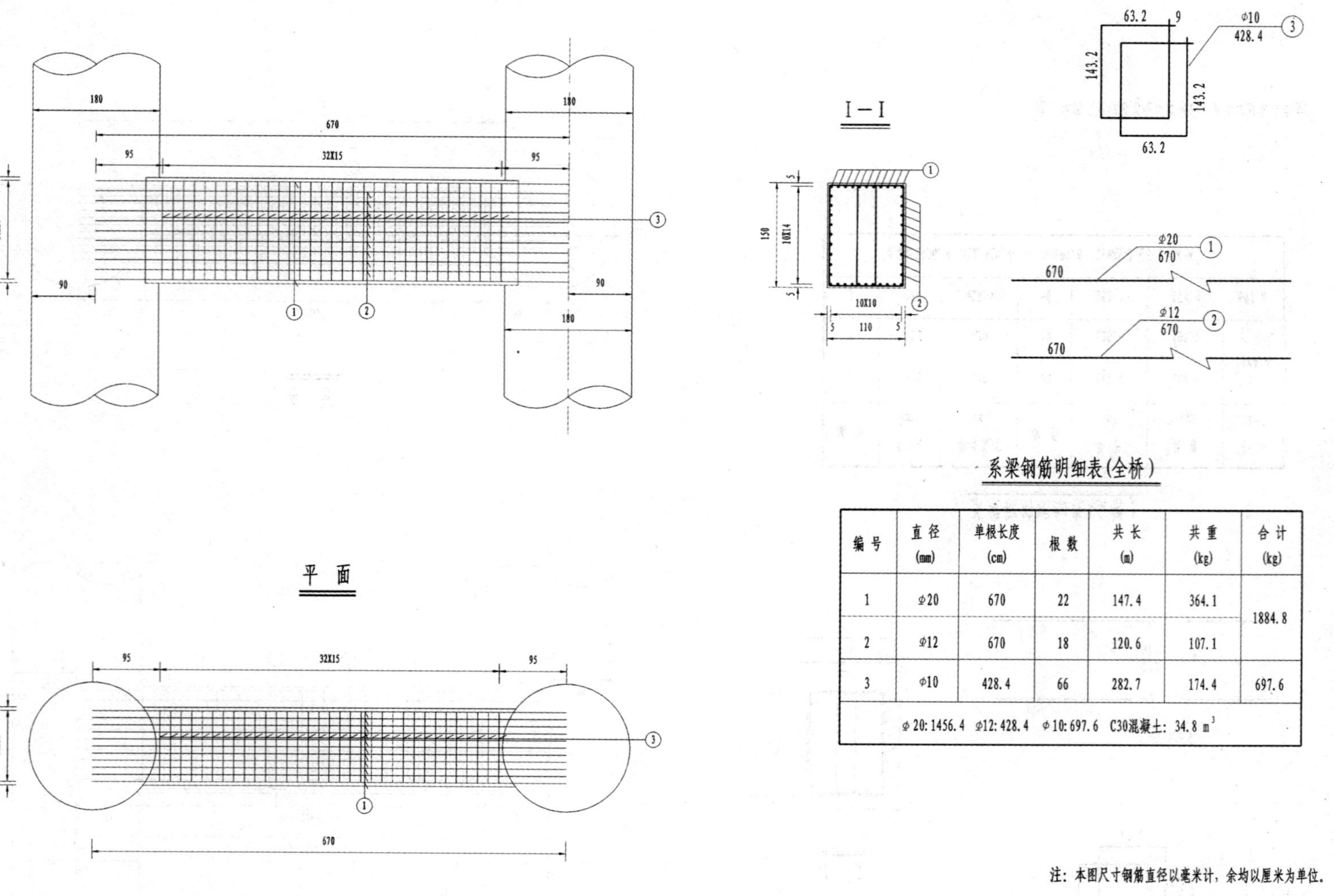

系梁钢筋明细表(全桥)

编号	直径 (mm)	单根长度 (cm)	根数	共长 (m)	共重 (kg)	合计 (kg)
1	φ20	670	22	147.4	364.1	1884.8
2	φ12	670	18	120.6	107.1	
3	φ10	428.4	66	282.7	174.4	697.6
φ20:1456.4 φ12:428.4 φ10:697.6 C30混凝土: 34.8 m^3						

注：本图尺寸钢筋直径以毫米计，余均以厘米为单位。

附图3-8 桥墩系梁钢筋布置图(二)

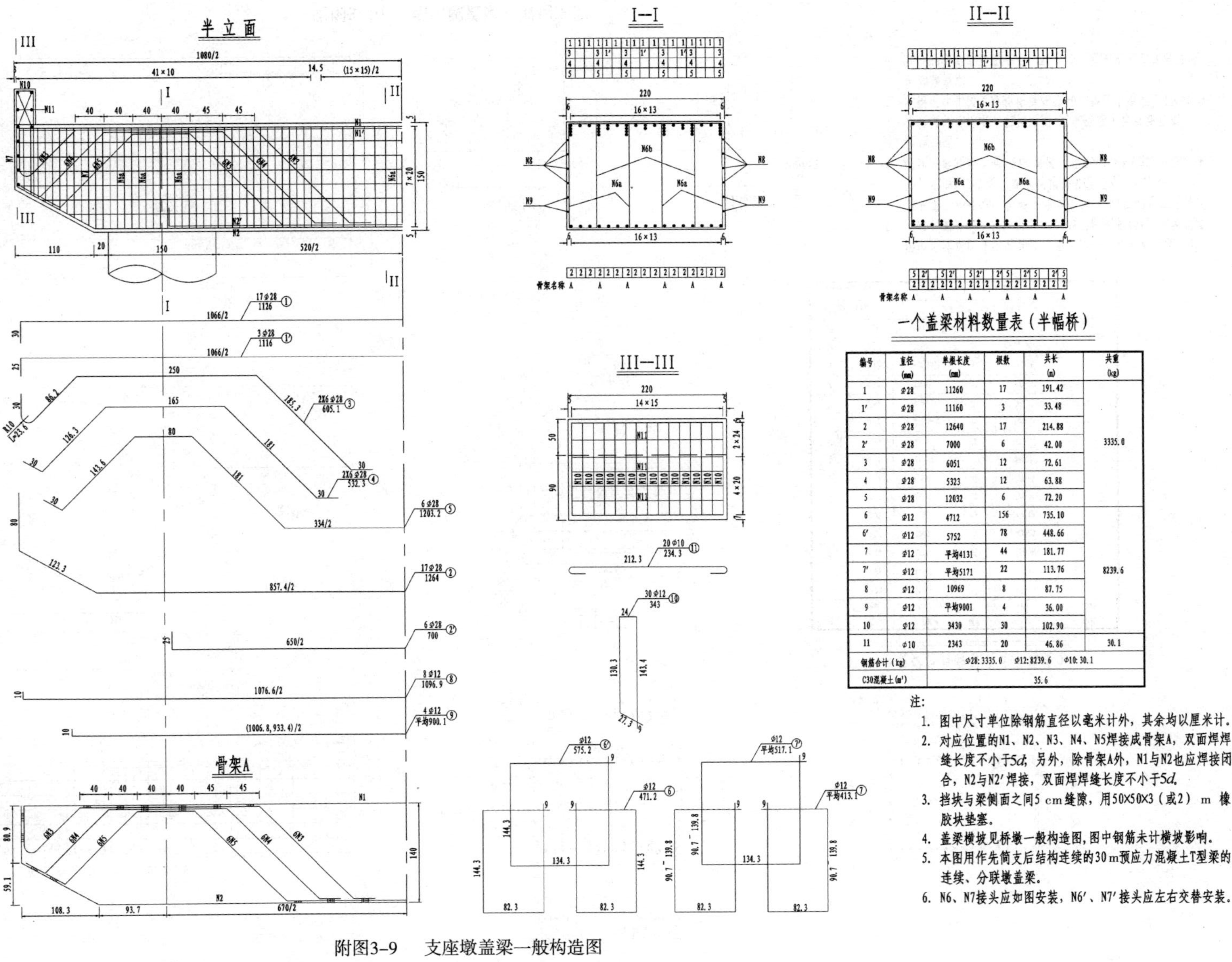

一个盖梁材料数量表（半幅桥）

编号	直径(mm)	单根长度(mm)	根数	共长(m)	共重(kg)
1	φ28	11260	17	191.42	3335.0
1′	φ28	11160	3	33.48	
2	φ28	12640	17	214.88	
2′	φ28	7000	6	42.00	
3	φ28	6051	12	72.61	
4	φ28	5323	12	63.88	
5	φ28	12032	6	72.20	
6	φ12	4712	156	735.10	8239.6
6′	φ12	5752	78	448.66	
7	φ12	平均4131	44	181.77	
7′	φ12	平均5171	22	113.76	
8	φ12	10969	8	87.75	
9	φ12	平均9001	4	36.00	
10	φ12	3430	30	102.90	
11	φ10	2343	20	46.86	30.1
钢筋合计(kg)	φ28:3335.0　φ12:8239.6　φ10:30.1				
C30混凝土(m³)	35.6				

注：

1. 图中尺寸单位除钢筋直径以毫米计外，其余均以厘米计。
2. 对应位置的N1、N2、N3、N4、N5焊接成骨架A，双面焊焊缝长度不小于5d，另外，除骨架A外，N1与N2也应焊接闭合，N2与N2′焊接，双面焊焊缝长度不小于5d。
3. 挡块与梁侧面之间5 cm缝隙，用50×50×3（或2） m 橡胶块垫塞。
4. 盖梁横坡见桥墩一般构造图，图中钢筋未计横坡影响。
5. 本图用作先简支后结构连续的30 m预应力混凝土T型梁的连续、分联墩盖梁。
6. N6、N7接头应如图安装，N6′、N7′接头应左右交替安装。

附图3-9　支座墩盖梁一般构造图

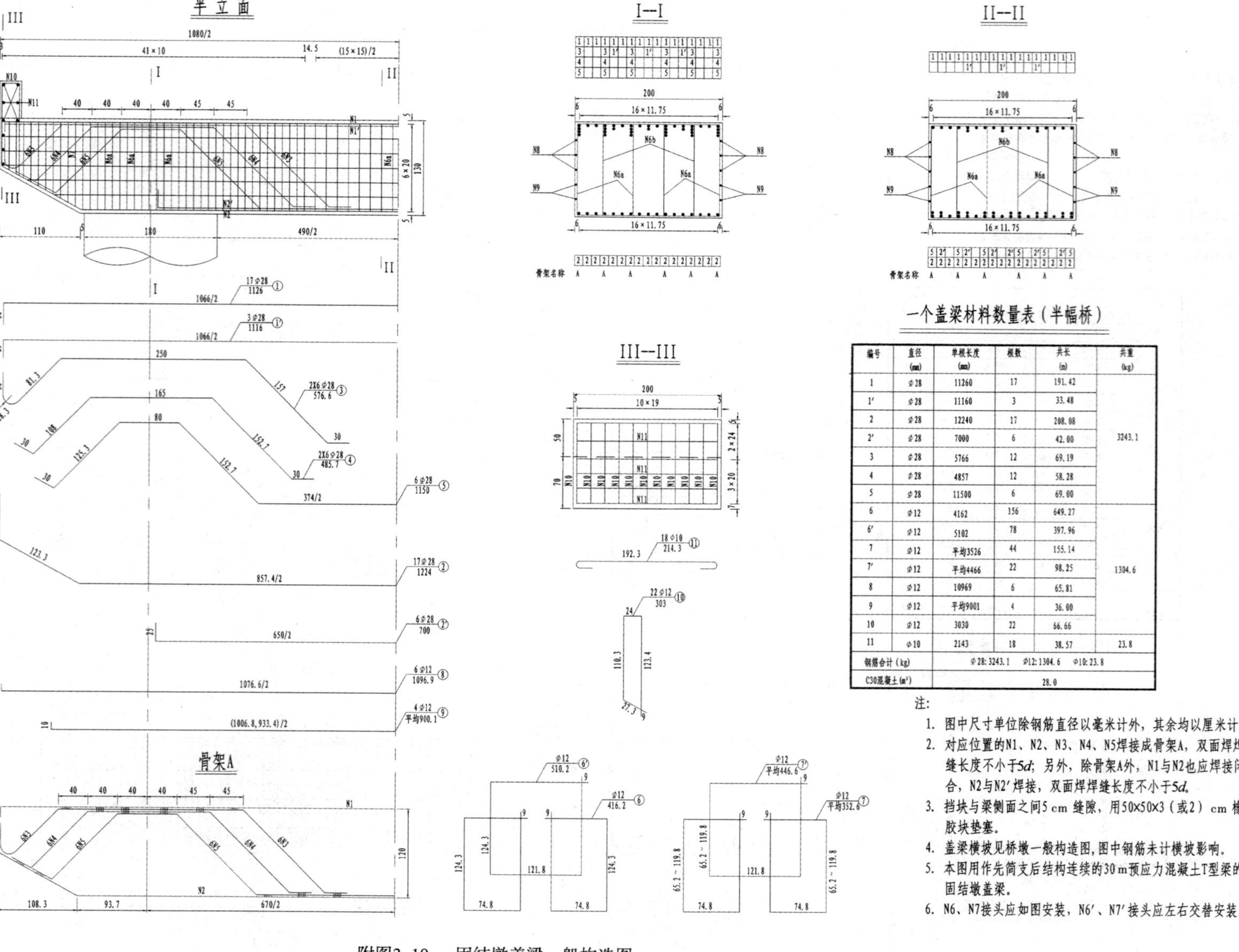

一个盖梁材料数量表（半幅桥）

编号	直径 (mm)	单根长度 (mm)	根数	共长 (m)	共重 (kg)
1	φ28	11260	17	191.42	3243.1
1′	φ28	11160	3	33.48	
2	φ28	12240	17	208.08	
2′	φ28	7000	6	42.00	
3	φ28	5766	12	69.19	
4	φ28	4857	12	58.28	
5	φ28	11500	6	69.00	
6	φ12	4162	156	649.27	1304.6
6′	φ12	5102	78	397.96	
7	φ12	平均3526	44	155.14	
7′	φ12	平均4466	22	98.25	
8	φ12	10969	6	65.81	
9	φ12	平均9001	4	36.00	
10	φ12	3030	22	66.66	
11	φ10	2143	18	38.57	23.8
钢筋合计 (kg)	φ28: 3243.1　φ12: 1304.6　φ10: 23.8				
C30混凝土 (m³)	28.0				

注：

1. 图中尺寸单位除钢筋直径以毫米计外，其余均以厘米计。
2. 对应位置的N1、N2、N3、N4、N5焊接成骨架A，双面焊焊缝长度不小于5*d*；另外，除骨架A外，N1与N2也应焊接闭合，N2与N2′焊接，双面焊焊缝长度不小于5*d*。
3. 挡块与梁侧面之间5 cm 缝隙，用50×50×3（或2）cm 橡胶块垫塞。
4. 盖梁横坡见桥墩一般构造图，图中钢筋未计横坡影响。
5. 本图用作先简支后结构连续的30 m预应力混凝土T型梁的固结墩盖梁。
6. N6、N7接头应如图安装，N6′、N7′接头应左右交替安装。

附图3-10　固结墩盖梁一般构造图

参 考 文 献

[1] 中华人民共和国行业标准. JTJ 041—2000 公路桥涵施工技术规范[S]. 北京:人民交通出版社,2000.

[2] 王常才. 桥涵施工技术[M]. 北京:人民交通出版社,2002.

[3] 凌志平,易经武. 基础工程[M]. 北京:人民交通出版社,2002.

[4] 罗娜. 桥梁工程概论[M]. 北京:人民交通出版社,2007.

[5] 李永珠. 桥梁工程[M]. 北京:人民交通出版社,2002.

[6] 中交第一公路工程局有限公司. 公路工程施工工艺标准(桥涵)[M]. 北京:人民交通出版社,2007.